大学生
法律知识读本

主编 ○ 徐科琼

四川大学出版社

责任编辑:曾春宁
责任校对:曾　鑫
封面设计:何东琳
责任印制:王　炜

图书在版编目(CIP)数据

大学生法律知识读本 / 徐科琼主编. —成都：四
川大学出版社，2017.9
　ISBN 978-7-5690-1214-9

　Ⅰ.①大…　Ⅱ.①徐…　Ⅲ.①法律-中国-高等学校
-教材　Ⅳ.①D92

中国版本图书馆 CIP 数据核字（2017）第 248494 号

书　名	大学生法律知识读本	
主　编	徐科琼	
出　版	四川大学出版社	
地　址	成都市一环路南一段24号（610065）	
发　行	四川大学出版社	
书　号	ISBN 978-7-5690-1214-9	
印　刷	郫县犀浦印刷厂	
成品尺寸	185 mm×260 mm	
印　张	15	
字　数	316 千字	
版　次	2017 年 10 月第 1 版	
印　次	2017 年 10 月第 1 次印刷	
定　价	28.00 元	

◆读者邮购本书,请与本社发行科联系。
　电话:(028)85408408/(028)85401670/
　(028)85408023　邮政编码:610065
◆本社图书如有印装质量问题,请
　寄回出版社调换。
◆网址:http://www.scupress.net

目 录

第一章　法律基础知识

第一节　法律是什么

一、法的演进

（一）法的起源

法是一种社会历史现象，是在一定社会历史条件下产生和发展的，有其自身的发生和演变规律。为了更好地理解法的基本精神和价值指向，把握法的特点并正确运用法律，我们先了解法的起源。

法的起源是指法在人类历史上最初是怎样产生的。关于法律的起源，古今中外许多思想家、法学家对此进行了探讨，提出了关于法的起源的各种学说，概括起来，主要分为三类：

第一，法起源于宇宙产生的时候，也就是说，法律先于人类社会而存在。显然，这里所讲的法不是人类社会活动的产物，而是被人格化的超人类力量，如各种各样的神为人类创造的法，即是神法、上帝之法。

第二，法律与社会共存亡，即法律与人类社会同步产生，有社会就必然有法律；反之，无法律的社会也就不成其为社会。

第三，法律是人类社会发展到一定历史阶段的产物，法律作为上层建筑，是一种社会历史现象，有其自身的起源和发展的规律。

马克思主义认为，法既不是从来就有的，也不是永恒存在的，而是人类社会发展到一定历史阶段才出现的社会现象。在原始社会，社会规范主要表现为原始习惯，是人们在共同生产和生活中自然形成的，依赖于氏族成员内心的信念、从小养成的行为惯性、氏族首领的威信等予以保证实施的，其效力范围通常也仅限于本氏族。随着私有制、阶级的出现和国家的产生，社会规范的特征彻底改变了。国家，这种凌驾于社会之上的特殊公共权力系统，对部分社会规范进行认可、制定、实行，并用强制力保证实现，其适用范围也打破氏族界限，延伸至国家权力所及地域内的所有居民。这部分规范就是"法律"。

（二）法产生的根源

原始社会末期，随着生产力的发展，出现了剩余产品，原始公有制被私有制和阶级剥削取代，氏族联盟和氏族习惯被国家和法所代替。所以，法的产生同产品的生产、分配、交换以及私有制和阶级的出现是分不开的，有其经济的、阶级的、社会的根源。

1. 私有制和商品经济的产生是法产生的经济根源

在原始社会后期，生产技术的改进，引发了三次社会大分工，促进了生产资料私有制的形成和发展，财富向少数人的累积，除了自由人和奴隶的区别，还有富人和穷人的差距。新的社会分工促使公有制解体，私有制产生。不同形式的所有制背后，存在着各种不同的利益集团。与对抗性的所有制经济关系相适应的是两个对抗性的社会利益集团：奴隶主阶级和奴隶。奴隶主凭借掌握的财富和权力强制奴隶参与劳动成为整个社会的经济基础。奴隶主阶级为了维护自己赖以生存的经济条件，同时也是为了避免社会各集团在冲突和争夺中同归于尽，从本阶级的利益和意志出发，制定和认可一些特殊的行为规则，并依靠国家强制力保证实施，以达到维持社会秩序和保护奴隶制经济发展的双重目的。可见，法是为了维护某种所有制和特定的阶级利益，调整一定社会秩序和经济关系的需要而产生的。

2. 阶级的产生是法产生的阶级根源

私有制的发展促使私有者为创造剩余产品而吸收更多的劳动者，战俘作为奴隶存活下来，奴隶制开始萌芽。伴随着个体劳动取代共同劳动，形成了个体家庭私有制和子女继承制，社会趋向两极分化。原始习惯已再难以调整相互的矛盾和利益关系，奴隶主阶级为了稳固其统治地位，把被统治阶级的活动约束在符合统治阶级根本利益的范围内，除了组织国家军队武力镇压被统治阶级的反抗外，还将其阶级意志制定为法律。换言之，私有制和阶级的形成需要有凌驾于社会之上的强制力量来调整新的社会关系，需要一种特殊的公共权力来确认并维护社会成员相互间的权利和义务，于是法应运而生。可见，法是阶级矛盾不可调和的产物和表现。

3. 社会的发展是法产生的社会根源

社会资源是有限的，而人的欲望是无限的。人类的进步、社会的发展，需要新的社会规范来解决资源的有限性和人的欲望无限性之间的矛盾，分配社会资源、解决社会矛盾、维持社会稳定。当然，解决矛盾和冲突的手段很多，但是侧重点各不同。道德、宗教更注重解决人的欲望，控制人的欲望；生产力的发展、技术革新等解决社会资源的有限问题，即把"蛋糕"做大。但是，"蛋糕"越大，人的胃口也会越大，矛盾依然存在。法律的意义就在于它在这两个方面同步前进，既能解决社会资源问题，把"蛋糕"做大，又能够把人们的胃口限制在适当的程度。

二、法律的特征

从法的起源来看，法是一种复杂的社会历史现象。法律关系根源于物质的生活关系，法律是人的主观对客观的反映。主观上法是国家意志和统治阶级意志的体现，因为取得并掌握国家权力的统治阶级利用其政治优势，有可能、也有必要将其阶级意志上升为国家意志并体现为国家的法律；客观上，法的内容是由一定的社会物质生活条件所决定的，法律制度的性质和内容总是与其所在的社会生产关系相适应的，有什么样的生产关系，就有什么性质的法律。只有透过各种法律现象，把握其本质特征，才能真正领会法律的含义。

（一）法律是调整人们行为的社会规范

1. 法律只是行为规范

现代法律不调整单纯的思想，不直接调整人们的内心观念。很多冤假错案就是因为没弄明白这一点而发生的，比如在中国，过去的反革命思想罪、古代的腹诽罪，都是将人的思想、观念作为法律调整的对象。在生活中往往有这种情况，有人在一起聊天时说"过年了，没钱了，我想抢银行"、"某某太讨厌了，我想好好修理他"之类的话，这样单纯表达思想的行为法律上并没有予以禁止，但是道德上是不允许的，可能受到社会的谴责。也就是说，道德既是行为规范，还是思想规范。我们可以说"你这个想法是不道德的"，却不能说"你这个想法是违法的"。正如马克思所说："对于法律来说，除了我的行为以外，我是根本不存在的，我根本不是法律的对象。我的行为就是法律在处置我时所应依据的唯一的东西。"①

2. 法律调整人们具有社会意义的行为

法律调整的是人们具有社会意义的行为，不是调整单纯的具有个人意义的行为。比如，你在家里开着音响听音乐，或者走在路上戴着耳机，对别人没有造成影响，这就是个人行为，就不涉及法律问题；但是，如果在家把音响声音开得很大，影响了左邻右舍的休息，或者在大街上、公共广场等公众场合大吵大闹，就不合适了，就涉及到他人了，就可能违反法律了。所以，法律调整的是人们之间的相互关系或交互关系等。

---

① 《马克思恩格斯全集》第1卷，人民出版社1995年版，第121页。

3. 法律只调整人们的一些基本社会行为

法律只调整人们生活中的一些基本的社会行为，而不是所有的具有社会意义的行为。比如，法不调整恋爱、友谊等，但是调整婚姻，因为婚姻关涉人类社会的秩序、繁衍等基本问题。

（二）法律是由国家制定或认可，具有国家意志性，体现了国家对人的行为的评价

国家的存在是法存在的前提条件，法律的特殊性在于它是由国家制定或认可的。没有国家，就谈不上国家意志，没有国家意志，就不可能有体现这种意志的法律。一切的法，都要通过国家制定和认可这两种途径：第一，法的制定，是指国家立法机关按照法定程序创制规范性法律文件的活动。全国人民代表大会及其常委会是我国的立法机关。第二，法的认可，是指国家通过一定的方式承认社会上某种已经存在的社会规范具有法律效力的活动，如民法中的公序良俗原则。

法是由国家制定或认可还意味着：体现国家意志的法具有系统性和国家意志性。法的系统性要求一个国家只能有一个总的法律体系，而且该法律体系内部各规范之间不能相互抵触。法是实现国家意志的重要手段，法具有国家意志性，这是法与其他社会规范的区别之一。宗教规范、风俗习惯、道德规范、单位纪律等虽然都具有一定的规范性，但由于都不是国家或以国家的名义制定或认可的，因而不具有国家意志的属性。正如列宁指出的："意志如果是国家的，就应该表现为政权机关所制定的法律，否则'意志'这两个字只是毫无意义的空气震动而已。"[①] 但法不等于国家意志，国家意志的表现形式是多方面的，它可以表现为法，也可以在政治、伦理等领域得以体现。

（三）法是由国家强制力保证实施的行为规范

任何社会规范都具有一定的强制性，区别在于其保证实施的社会力量，如道德规范主要依靠传统习惯、社会舆论、人们的内心信念等加以维持，违反道德规范不仅要遭受社会舆论的批评和指责，承受道德责任、道德责难，还将受到自我良心的谴责。宗教规范主要通过清规戒律、惩罚制度来保证教徒的遵守。有别于其他社会规范，法律强制性的特殊之处在于法是以国家强制力为后盾，由国家强制力来保证实施的。不管人们的主观愿望如何，只要在法律的效力范围内，人们都必须遵守法律，否则将招致国家强制力的干涉，受到相应的法律制裁。

---

① 《列宁全集》第 25 卷，人民出版社 1988 年版，第 75 页。

（四）法律由社会物质生活条件所决定

任何社会为了维护正常的生产秩序，都要有一定的规则来对生产关系进行调整，否则，社会的生产、分配、交换就无法正常进行。法作为一种社会规范，归根结底，源于社会的经济生活条件，也就是说，人们的行为规则是从生产活动中产生出来的。马克思说："只有毫无历史知识的人才不知道，君主们在任何时候都不得不服从经济条件，并且从来不能向经济条件发号施令。无论是政治的立法还是市民的立法，都只是表明和记载经济关系的要求而已。"[①] 迄今为止的法的发展史已经证明：第一，法总是同一定的财产关系相联系，确认一定形式的生产资料的占有事实；第二，法总是适应一定的交换方式，反映一定的交换方式的要求，使个人服从生产和交换的一般条件；第三，法总是适应一定的分配方式，贯彻一定的分配原则。总之，法是由一定的物质生活方式决定的。

三、法律的效力

（一）法律的效力层次

法律的效力层次是指法律文件之间的效力等级关系。根据我国立法法的有关规定，我国法律的效力层次可概括为以下方面。

1. 上位法的效力高于下位法

法律文件的效力层次决定于其制定主体的法律地位。

第一，宪法是我国的根本大法，具有最高的法律效力，在中国特色社会主义法律体系中居于统帅地位，一切法律、行政法规、地方性法规的制定都必须以宪法为依据，不得与宪法相抵触。

第二，全国人大及其常委会制定的法律（狭义的法律），是中国特色社会主义法律体系的主干，是国家法制的基础，解决的是国家发展中带有根本性、全局性、长期性的问题，为行政法规、地方性法规的制定提供了重要依据，行政法规和地方性法规不得与法律相抵触。

第三，行政法规是国务院履行宪法和法律赋予的职责的重要形式。行政法规就执行法律的规定和履行国务院行政管理职权的事项作出规定；同时，对应当由全国人大及其常委会制定法律的事项，国务院可以根据全国人大及其常委会的授权决定先制定行政法规。

第四，地方性法规是人民依法参与国家事务管理、促进地方经济社会发展的重

---

① 马克思：《哲学的贫困》，人民出版社 1962 年版。

要途径和形式。省、自治区、直辖市的人大及其常委会根据本行政区域的具体情况和实际需要，在不同宪法、法律、行政法规相抵触的前提下，可以制定地方性法规。

2. 特别法优于一般法

根据使用范围的不同，法可以分为一般法和特别法。一般法是指在一国范围内，对于一般的人和事都有效力的法；特别法是指在一国的特定地区、特定期间或对特定事件、特定公民有效的法，如特别行政区法、未成年人保护法、老年人权益保障法等。在同一位阶的法律之间，如果同一事项，两种法律都有规定的，特别法比一般法有效，优先适用特别法。

3. 新法优于旧法

在同一位阶的法律之间，后生效的法优于先生效的法。

（二）法律对人的效力

法律对人的效力，是指法律适用于哪些人、对谁有效力。中国公民和中国法人在中国境内当然地、一律适用中国法律。中国公民在中国境外原则上也应遵守中国法律并受中国法律的保护。

外国人在中国除享有外交特权和豁免权的以外，都要适用中国法律。中国法律保护他们在中国的法定权利和合法利益，也依法处理其违法行为。外国人在中国境外，实施了对中国社会有影响的行为，理论上中国法律都可以适用，旨在保护中国的国家利益，保障中国驻外工作人员、留学生、侨民的合法利益。

（三）法律的空间效力

法律的空间效力是指法律适用于哪些地区、在哪些地域有效力。法的空间效力范围主要由法的形式、效力等级、调整对象或内容等因素决定。通常有三种空间效力范围。

1. 法律在国家主权所及全部领域有效

一般来说，一国的法律在国家主权所及全部领域有效，包括属于主权范围的全部领陆、领空、领水，也包括该国驻外使馆和在境外航行的飞机或停泊在境外的船舶。中华人民共和国宪法和全国人大及其常委会制定的法律，国务院制定的行政法规，除有特别规定外，都在全国范围内有效。

2. 一定区域内有效

这有两种情况，第一，地方性法律、法规仅在特定行政区域有效，如地方性法规、自治法规；第二，虽然由国家最高立法机关或最高行政机关制定的，但法律本身规定只在某一地区生效，如全国人大常委会关于经济特区的立法就只适用于一定的经济特区。

3. 具有域外效力

这如涉及民事、贸易和婚姻家庭的法律。法的域外效力范围，由国家之间的条约确定，或由法本身明文规定。

（四）法律的时间效力

法律的时间效力，即法律何时生效、何时终止效力，以及对其生效前的行为和事件有无溯及力。

1. 法律的生效时间

法律的生效时间一般是根据法律的具体性质和实际需要来决定的，主要有以下几种形式：①自法律颁发之日起生效；②由该法直接规定具体生效时间；③由专门法规定该法的具体生效时间；④法律颁布后到一定期限开始生效。

2. 法律规范效力终止的时间

法律规范终止生效的时间通常有：①新的法律公布实施后，原有法律自动失去效力；②新的法律生效时，明文规定原有的法律废止；③因已完成其历史任务而自然失去效力；④法律本身明确规定生效期限，期限届满自行终止效力；⑤由有关机关颁发专门的决议、决定，宣布废止某些法律，从宣布废除之日起，该法即停止生效。

3. 法律的溯及力

法律的溯及力，即法律法规对其生效前发生的事件和行为是否适用。在通常情况下，法律不溯及既往，但也有一些例外。在刑法的适用上，现代各国通常采取"从旧兼从轻"的原则。刑法的"从旧兼从轻"原则，用最简单的话理解就是："有利于被告人"的准则。在我国，刑法的该规定主要是针对我国 1979 年旧刑法和 1997 年现行刑法之间的矛盾问题，且主要是针对新刑法溯及力的问题，即新刑法对公布之前的行为认为是否是犯罪问题，以及如何适用等问题。比如，当遇到一个人的犯罪是在新刑法颁布以前，此时要考虑的是先适用旧刑法，即行为时的法律规定（从旧）。其次，如果是适用新的刑法更有利于被告人，如不认为是犯罪，或者是新刑法处罚较轻，则应该对被告人适用新刑法。再次，如果适用旧法更有利于被告人的话，如旧法不认为是犯罪或者旧法规定的刑罚更轻时，则对被告人适用旧法。最后，根据每个案件的具体情况，来决定是适用旧法还是新法，即"从旧兼从轻"原则。

四、法律关系的内容

法律关系是指在法律法规调整社会关系的过程中所形成的人们之间权利与义务的关系，是法律关系主体之间的一种权利和义务关系。因此，权利和义务就构成了法律关系的内容。

（一）权利和义务的概念

法律权利是法律赋予人的可以做出某种行为的许可和保障。权利是以国家的法律规定为前提的，没有相应的法律规定，就没有相应的法律权利。从权利主体的角度上看，他们之所以享有权利，他们的某种行为之所以具有权利的性质，并不在于他们自认为这样做多么合理，而在于受到国家的承认和保护。同时，权利不仅是国家许可的保障的行为，而且是可以按照权利主体自己的意愿来决定是否实施的行为。也就是说，对于法律规定的可以做的行为，权利主体具有可做、可不做的完全的自主决定能力。从法律上看，有无自主决定能力是权利和义务的重要区别之一。义务是国家通过法律规定要求人们做或者禁止人们做的某种行为。对于义务主体来说，法律规定的义务是必须履行的，而不管义务主体的主观愿望如何。拒绝履行法律义务将受到相应的法律制裁。因此，对于法律规定的必须做或者禁止做的行为，义务主体没有自主决定的能力。而权利主体对于权利，则可以享有，也可以放弃。

（二）权利和义务的关系

1. 权利和义务的对等性

公民权利和义务的对等性主要表现为以下方面。

公民在享有权利和适用法律上一律平等：

①公民不分民族、性别、出身、职业、宗教信仰、教育程度、财产状况和职位高低，都一律平等地享有宪法和法律规定的权利。

②国家机关在适用法律时对公民也一律平等，任何公民的正当权利和合法利益，都平等地予以保护。

③国家不允许任何组织或者个人享有宪法和法律之外的特权。人人都必须在宪法和法律的范围内活动。

公民平等地享有宪法和法律确认的权利和自由，同时平等地承担宪法和法律规定的义务，任何公民不可以只享有权利而不尽义务，也不可以只尽义务而不享有权利。

2. 权利与义务的一致性

公民拥有某一项权利，相应的，其他人就有不得侵害公民这一权利的义务。可以说，权利与义务是共存的，任何一项权利都必然伴随着一个或几个保证其实现的义务。无义务的权利和无权利的义务都是不存在的。权利和义务的一致性体现在以下方面。

（1）公民享有权利，同时应履行义务

不允许任何公民只享有权利和自由，而不去履行义务，因为这样就会使权利和义务相分离、相脱节，导致特权现象的产生。我国《宪法》第 33 条第 3 款规定："任何公民享有宪法和法律规定的权利，同时必须履行宪法和法律规定的义务。"

（2）权利和义务是相互依存的

这是一个事物的两个方面。例如，宪法规定父母有抚养未成年子女的义务，成年子女有赡养、扶助父母的义务。在这一宪法规范中，父母和子女之间互有权利和义务，父母对子女抚养是一种义务，而子女接受父母的抚养就是一种权利；成年子女赡养父母是一项义务，父母接受成年子女的赡养又是一种权利。

（3）权利和义务是彼此结合的

法律规定的一些权利同时也是一些义务，如公民的劳动权、受教育权等，它们既是公民的权利，也是公民的义务，不能随意放弃。如宪法规定公民有劳动的权利和义务，公民有受教育的权利和义务。所以，劳动和教育既是权利也是义务，是权利与义务的结合。

（4）权利和义务是目的和手段的关系

离开了法律权利，法律义务就失去了履行的价值和动力；同样，离开了法律义务，法律权利就形同虚设。

第二节　为什么我们需要法律

一、法律有助于规范人们的行为

（一）法律的规范性

法律如同道德规范、宗教规范等其他社会规范一样，具有规范性。法律的规范性在于为人们的行为提供标准、模式、方向。法律是人们从大量的实际、具体行为中高度抽象、概括出来的行为模式，它的对象是一般的人，是能反复多次适用的。法律所提供的行为模式是对法律效力所及的所有公民一概适用的，不允许有法律规定之外的特权，即"法律面前人人平等"。

每一个法律规范由行为模式和法律后果两部分构成。行为模式是指法律为人们的行为所提供的标准和方向，一般有 3 种情况：第一，授权性规范，表示行为人可以这样行为；第二，命令性规范，行为人必须这样行为；第三，禁止性规范，行为人不被允许这样行为。其中第二和第三种又称为义务性规范。法律后果是行为人的具有法律意义的行为在法律上所应承受的结果。法律后果分为两种：第一，肯定性法律后果，即行为人依据法律规范的行为模式行为，引起的一种积极的结果，从而国家承认行为合法、有效，应予保护甚至奖励。第二，否定性法律后果，是指行为人违反法律规范的行为模式而行为，导致的一种消极的结果，国家不承认行为合法，因而行为无效或者受到法律的制裁。

（二）法律的规范作用

法律的规范作用是指法律对人们行为的指引作用、评价作用、预测作用、强制作用和教育作用。

1. 指引作用

法律明确规定并引导人们在特定条件下什么可以做、什么应当做或什么不应当做，以此对行为者的行为产生影响。指引作用是通过规定人们的权利和义务来实现的。

法律权利给予了主体做出或不做出某种行为的自由度，比如对自己财产的所有权，你可以行使所有权，也可以放弃所有权，还可以选择实现所有权的方式，如果有谁破坏或干涉了你的所有权，你有权利请求他停止侵害并承担相应的法律责任。法律义务是指国家通过法律规定给予法律主体的一种约束手段，是法律规定的应当做出和不得做出的行为的界限，比如，每个人都有尊重他人人身财产安全的义务，如果有人未经他人允许悄悄拿走他人财物，则构成盗窃罪。

法律的指引作用主要是通过授权性规范、义务性规范和禁止性规范三种规范形式实现的。授权性规范是有选择的指引。法律规范为人们的行为提供一个可以选择的模式，根据这种指引，人们可以自行决定行为方式。这通常是一种按照权利性规则而产生的指引作用。比如，法律规定了公民有创办公司的权利，并且鼓励公民去创办公司。公民可以依据公司法创办公司，也可以不创办公司；但是，如果公民决定要创办公司，则创办公司的行为和程序就必须接受公司法的确定指引。

禁止性规范和义务性规范属于确定的指引。义务性规范要求人们必须根据法律规范的指示而行为，要求人们必须从事一定的行为；禁止性规范要求人们不得从事一定的行为，而为人们设定消极义务。若人们违反这种确定的指引，法律通过设定的违法后果（否定式的违法后果）来予以处理，以此来保证确定性指引的实现。比如，法律规定子女有赡养父母的义务，如果子女未尽到对父母的赡养义务，就是违法的，严重的构成遗弃罪，要承担刑事责任。这属于积极的作为义务。再如法律规定故意杀人是违法行为，法律明确地指出来，希望人不要去从事故意杀人的行为。这就是消极的不作为义务。可见，人们在法律行为过程中，确定的指引和有选择的指引并不是截然分开的，换个说法，也就是权利和义务总是相应的。再比如，我对我的杯子享受所有权，我可以选择如何来行使和体现我的所有权，我可以用它来喝水、可以将它送人，甚至可以将它丢进垃圾桶，这属于有选择的指引；但是，我在行使我的所有权时，却必须遵循法律的规定，不得侵害他人的合法权益，如我将杯子丢进垃圾桶时，不能砸在别人身上了，这又是属于确定的指引。

2. 评价作用

法的评价作用是指法律对人们的行为是否合法或者违法及其违法程度具有判断、衡量的作用。相较于其他社会规范，法律的评价作用具有公开性、概括性和稳定性，所以，这种评价更明确、更具体、更客观。比如，甲、乙两人谈恋爱，感情也很稳定，已经确定将来一定会结婚。有一次，甲的母亲生病，着急用钱，而甲又没有足够的钱，想到乙有一笔存款，存折也放在家里，于是就想用乙的这笔钱。甲打电话给乙，由于乙在外地出差，工作忙，没有及时接电话。甲认为两人的关系既已如此，可以不分彼此，于是拿着乙的存折去银行把这笔钱取出来给妈妈治病了，甲也忙着各种事情，总没找到合适的机会把这事告诉乙。这事过去了 3 个月，一天乙突然发现自己存折上的钱没有了，问甲，甲才把事情经过告诉了乙。乙很生气，认为甲不尊重自己，没有经过自己同意而取走自己的钱，要求甲还钱。甲认为乙太小气，且手上没有这么多钱，因而不愿意还。于是乙向法院提起诉讼，控告甲侵犯了自己的财产权，要求判决甲返还相应数额的钱并赔偿损失。如果基于道德，可能有人会谴责甲，也有人会谴责乙，因为对于这事，我们可以从道德的不同的角度对当事人进行评价。但是，法律却明文规定，未经所有权人同意或授权而处分他人财物的行为是违法的，侵犯了所有权人的所有权。由此我们也可以知道，法院的判决是一定会支持乙的诉讼请求的。

3. 预测作用

法的预测作用表现为人们可以依据法律规范事先估计到当事人双方将如何行为以及行为的法律后果。法律的预测作用包括：第一，对如何行为的预测。当事人根据法律规范预计对方当事人将如何行为，自己又将如何采取相应行为。比如，小李向小王借钱，小王明知小李口碑不太好，有可能这钱有借无还，因而提前想好了应对之策，把钱交给小李时，邀上两人都熟悉的小张一起，并让小李亲自写了一张借条，想着人证、物证俱全，就不怕小李不还钱了。第二，对行为后果的预测。由于法律规范的存在，人们可以预见到自己的行为在法律上是合法的还是非法的，在法律上是有效的还是无效的，是会受到国家肯定、鼓励或保护的，还是将被撤销、否定或制裁的。比如，甲、乙两人素有矛盾，甲在一次公众场合故意让乙下不来台，并且言语上对乙有挑衅侮辱。乙当时很生气，但碍于当时自己势单力薄就忍下来了。后来，乙越想越生气，实在难以忍下这口气，想要找人好好教训、"修理"甲，甚至恨不得杀了甲。但是，刑法规定，杀人是违法犯罪行为，故意杀人可能会判无期徒刑甚至死刑，"修理"甲也就是故意伤害甲的身体，一样是违法的，构成故意伤害罪，一样要承担刑事法律责任。思前想后，乙最终还是放弃了去实施杀人或伤害甲的这个行为。

4. 教育作用

法的教育作用是指通过法律的实施，法律规范对人们今后的行为发生直接或间接的诱导影响。在法律的实施过程中，体现于自己规则和原则中的思想、观念和价值对社会成员产生各种影响，使法律的信念在社会成员内心得以确立，达到使法律的外在规范内化于人的内心，进而养成尊重和遵守法律的习惯。法律的教育作用通过正、反两方面来实现。

（1）正面教育

通过对合法行为加以保护、赞许或奖励，对一般人的行为起到引领、示范作用。

（2）反面教育

通过对违法行为实施制裁，对包括违法者在内的一般人均起到警示和警戒的作用。比如，对故意杀人行为人的惩罚，不仅对违法行为人起到教育作用，而且也让普通公民认识到故意杀人是不对的，将受到法律的制裁，以至于不敢杀人。

5. 强制作用

强制作用表现在，法为保证自己得以充分实现，运用国家强制力制裁、惩罚违法行为。比如，法律规定对故意杀人的刑罚处罚，并对故意杀人者处以刑罚处罚，产生威吓力，以此来强制人不敢实施故意杀人的行为。再如，违规建筑必须被拆迁。这说明，法律的强制作用具有制裁、惩罚违法和犯罪的作用。法的强制作用是法的其他作用的保障。如果没有强制作用，法的指引作用就会弱化，评价作用就会在很大程度上失去意义，预测作用的实际效果就会产生疑问，教育作用的实效也会受到影响。

二、法律有助于形成良好的社会秩序

任何社会都需要秩序，而秩序的形成和维持都需要一定的规则、规范，按照不同的规范都能形成相应的秩序，如按照家庭规范形成一定的家庭秩序，按照道德规范形成一定的道德秩序，按照学校的纪律规范形成学习秩序，相应的，按照法律规范就形成了法律秩序。

（一）法律秩序

法律秩序是指按照法律规范的要求建立法律关系，并最终达到社会生活良性运行的有序状态。人类历史上存在过与法律秩序相对立的无政府状态和专制状态，这两种状态对人类的社会秩序产生过巨大威胁。在无政府状态下，任何人都不受他人或群体的权力与命令的支配；无政府主义者片面地赞赏和鼓吹个人自由，并假定人性生而善良、具有合群性，不需要国家、政府及强制性规则的存在，人们自然会形成亲密无间的社会秩序。对此，马克思主义予以坚决反对，绝大多数资产阶级学者也看到了无政府主义的危害，认为彻底消灭国家或其他有组织的政府形式将会使人们建立起不受干扰的和睦融洽的联合是完全不可能的。因此，法律秩序同无政府状态是绝对对立的，按照法律规则建构社会的法律秩序，必然要求反对无政府主义。同时，按照法律规则建构法律秩序，必然意味着反对专制主义。法律规则的普遍性、明确性、连续性的特点与专制统治者的任性是不相容的。

（二）建立和维持法律秩序的途径

1. 法律确立国家基本制度

我们知道，法律与国家紧密相连，法律是统治阶级维护自身权益和统治的工具。统治阶级利用法律在经济上确认并维护自己所依存的经济基础，在政治上维护其对被统治阶级的政治统治甚至镇压，在思想意识形态上维护有利于统治阶级的政治思想、道德等意识形态，比如，我国封建社会在法律上确认有利于封建专制统治的自给自足的小农经济，实行重农抑商的政策和法律规范，宣扬三纲五常的伦理道德等等。

2. 法律规范在执行社会公共事务中的作用

社会公共事务对全社会的一切成员有利，具有"公益性"。法律规定政府有执行社会公共事务方面的义务，主要表现在：

①维护人们的基本生活条件，包括维护最低限度的社会治安，保障社会成员的基本人身安全，保障食品卫生、生态平衡、环境和资源利用、交通安全等。

②维护生产和交换条件，如维护生产管理、保障基本劳动条件、调节各种交易行为等。

③促进公共设施建设，组织社会化大生产，如规划、组织农业生产、兴修水利、建筑道路桥梁，以及开办工业等，并对这些活动实现管理。

④确认和执行技术规范，包括规定产品、服务质量和标准，控制和管理高度危险品、危险作用，对消费者权益的保护等。

⑤促进教育、科学和文化事业，如通过法律保护人们的受教育权，鼓励兴办教育和科技发明，保护人类优秀的文化遗产，要求政府兴办各种图书馆、博物馆等文化设施。

3. 实现法律的自由、正义价值

维护一定的社会秩序是法律的目的和职能，但是，秩序必须接受自由、正义标准的规制，换言之，秩序价值仅仅是法律的价值之一，而不是法律的唯一价值。法

律的基本价值还包括自由、正义等。法律必须承认、尊重和维护人的自由权利，自由是人的最本质的需要，处于法的价值的顶端。正义是自由的价值外化，成为位于自由之下制约其他价值的法律标准。所以，秩序应当表现为实现自由、正义的社会状态，践踏自由、正义的法律被认为是"恶法"，而"恶法非法"已是社会共识，因为片面强调秩序价值的唯一性，实际上是在为强权、暴政和权力的任性寻找理论上的合法借口。

三、法律是建设社会主义法治国家的依据

公民的法律意识和法律素养是建成法治国家的前提和基础，建设社会主义法治国家，大学生应有相应的法律意识。

（一）正确认识国家权力和公民权利

法治国家的精髓在于规范和约束权力。权力属于人民，权力来源于人民，国家只是权力的行使者，因而法无授权即无权力。限制国家权力，一般通过两种方式实现，一是明确权力界限，限制国家权力的行使方式和范围；二是权力分配，将国家权力按照一定标准进行划分，并合理配置给不同的国家机关。这两种方式主要还是通过法律来具体运作。现代法治国家为了对内保障公民权利，对外保障国家权力在国际竞争中的有利地位，越来越倾向于主动限制国家权力，认为法律是公民权利的保障书，接受国家权力的有限性，承认政府必须"有所为""有所不为"。在公民权利和国家权力的关系上，公民权利是第一，国家权力是其次，强调国家权力的取得必须合法化。国家权力必须来源于公民授权，并且必须经正当程序，同时接受公民的监督和制约。国家权力在法定范围内行使的自由裁量不得侵害公民权利，最终达到国家权力回归人民权益。

（二）奉行法律至上

法律至上是依法治国的基本要求。法律体现了广大人民的根本意志，法律至上体现了人民利益和人民意志至上。法律至上要求任何组织、个人均以法律为行为标杆和尺度，在对待和处理法律问题时，每个人都应该服从法律。

法律至上首先是宪法至上，维护和树立宪法的权威，任何组织和个人都不得有超越宪法和法律的特权。

其次，建立法治政府，依法行政，政府的一切行为都应当在法律的授权下行使，法无授权即不可为。

第三，强化司法公正，依法裁判，即司法裁判要做到以法律为准绳，严格依法判定当事人的权利、义务及责任。

最后，全民守法是推进依法治国的必然要求。法律赋予了公民政治、经济、社会、文化等方面的各项权利，只有越来越多的公民真正增强法治意识、养成守法行为方式，才能做到既实现自身权利，同时也尊重他人的权利和自由，从而建成法治社会。

（三）公民在法律面前皆平等

有了法律至上的基础之后，则必须坚持在法律面前的人人平等。我国宪法明确规定："公民在法律面前一律平等"。平等权是中国公民的一项基本权利，公民同等地依法享有权利和履行义务。一切符合法律规定的权利主体都享有法律规定的权利，权利主体之间是平等的。比如，法律规定的人格权、身份权等基本权利，即使是罪犯，其人格、尊严等也和其他公民一样受到法律保护。

我们也必须认识到，法律规定的平等权也有相对性，究其原因有二：第一，法律规定的平等是机会的平等，并非实际结果的平等。权利的实现有赖于公民个体的努力，由于公民个体的自身条件和能力差异而出现结果的不平等，如法律规定公民有接受高等教育的权利，但是并非每个中学生都有机会或能力能进入大学学习。第二，由于某些公民的特定行为引发一定法律后果，比如在一定条件被限制或剥夺的权利，如因被刑事定罪而被剥夺政治权利的公民与未被剥夺政治权利的公民，在政治领域中所享有的权利就不可能是平等的；因群体类别不同而产生的不同权利，比如同是杀人行为，法律的惩罚对于成年人与未成人、成年人中的男性与怀孕妇女就有所区别。

第三节　法律是如何运行的

一、立法

立法是行使立法权的过程和表现，是指一定的国家机关依照法定职权和程序，制定、修改、废止法律和其他规范性法律文件及认可法律的活动。立法权是国家权力体系中最重要的、核心的权力，是一定的国家机关享有的制定、修改、废止法律等规范性法律文件的权力。

（一）立法的特征

立法具有以下特征：

第一，立法是一项国家职能活动，是以国家的名义进行的活动，其目的是为了实现国家和社会生活的有效调控；

第二，立法是依照法定职权和程序进行的专门活动；

第三，立法是产生具有规范性、国家强制性的普遍行为规则的活动；

第四，立法是通过权利和义务的设定，对社会进行权威的、有效的资源分配、财富分配，从而实现社会控制、社会调整，实现社会动态平衡。

（二）我国的立法体制

我国的立法体制是"一元、两极、多层次"。"一元"是指我国是一个单一制统一的多民族国家，全国只有一个统一立法体系，行使国家立法权的是全国人民代表大会及其常委会；"两极"是指我国的立法体制分为中央立法和地方立法；"多层次"表现为从中央到地方的各级法律规范制定主体、制定出规范性法律文件的效力是有等级的，即不得与宪法和上位法相抵触。我国宪法规定，全国人民代表大会及其常务委员会行使国家立法权，制定法律；国务院根据宪法和法律制定行政法规，国务院下属的部委根据法律和行政法规，制定部门规章；省和直辖市的人民代表大会及其常务委员会在不同宪法、法律、行政法规相抵触的前提下，可以制定地方性法规；民族自治地方的人民代表大会有权依照当地民族地区的政治、经济和文化特点，制定自治条例和单行条例；省、自治区的人民政府所在地的市和经国务院批准的较大的市的人民代表大会及其常委会根据本市的具体情况和实际需要，在不同宪法、法律、行政法规和本省、自治区的地方性法规相抵触的前提下，可以制定地方性法规；省、自治区、直辖市人民政府及省、自治区的人民政府所在地的市和经国务院批准的较大的市的人民政府，可以根据法律和国务院的行政法规，制定地方政府规章。

二、执法

执法有广义和狭义之分。广义的执法，是指国家行政机关、司法机关及其公职人员依照法定职权和程序实施法律的活动。狭义的执法，专指国家行政机关及其公职人员依法行使职权、履行职责、实施法律的活动。

（一）执法的特点

1. 执法主体是国家行政机关及其公职人员

我国的行政执法主体大致分为两类：一是中央和地方各级政府，即国务院和地方各级人民政府；二是各级政府中享有执法权的下属行政机构；此外，法律授权的社会组织、行政机关依法委托的社会组织在一定范围内执行法律。

2. 执法具有国家权威性

执法具有国家权威性，是以国家的名义对社会进行全面管理。行政机关执行法律的过程就是代表国家进行社会管理的过程，社会大众应当服从。因为在现代社会，为了避免混乱，从经济到政治，从卫生到教育，从公民的出生到公民的死亡，都需要有法可依，因而大量的法律内容涉及社会生活组织与管理的各个方面。

3. 执法具有国家强制性

一定的行政权是进行有效社会管理的前提，行政机关执行法律的过程也是行使执法权的过程。行政权是一种国家权力，既是公权力的行使，能够改变社会的资源分配、控制城市的人口规模等，也在很大程度上影响着公民的个人生活，如升学、就业、结婚、迁徙等。

4. 执法具有单方面性和主动性

执行法律既是国家行政机关进行社会管理的权力，也是对社会、对民众承担的义务。这要求行政机关在进行社会管理时，不一定需要行政相对人的请求（主动性）和同意（单方面性），为了执行社会公共事务职能和保障公民的人身财产安全，应当以积极的行为主动执行法律、履行职责。如卫生行政机关负责食品卫生检查、如果行政机关不主动执法并因此给国家或社会造成损失，就构成失职，将承担法律责任。

（二）依法行政的原则

依法行政是基本的执法原则，行政机关必须根据法定权限、法定程序和法治精神进行执法活动，越权无效。

1. 避免执法任意性、偶然性

执法的涉及面非常广，执法的人员数量比较多，机构比较复杂，所以执法相对来说最容易出错，因为它有比较大的自由裁量权，并且涉及社会公众的面非常广，如一般人可能和法院一辈子都打不上一次交道，但不跟行政单位打交道却是不可能的，最起码出生要上户口、结婚要登记、上学要和教育部门打交道等。所以，执法直接关系到公民的权利义务的实现。只有依法行政，使行政机关依法行事，才能克服、避免行政活动本身可能产生的任意性、偶然性。

2. 防止行政机关滥用权力

行政权是国家权力中的一项极为重要的权利，它掌管着社会的财产、武装力量，关系到公民的生、老、病、死。法律一方面规定了通过法律手段对社会生活及国家事务进行管理的方式、方法，为行政机关的管理活动提供了法律依据；另一方面又对行政权的行使规定了限度、限制和程序，从而从实体上和程序上防止滥用行政权，保证行政权的行使始终服从于人民利益。

三、司法

司法是指国家司法机关及其公职人员依照法定职权和程序适用法律处理案件的专门活动。在多数情况下，只要公民和社会组织依法行使权利并履行义务，法律就能够在社会实际生活中得以实现，而无须司法。在两种情况下会涉及司法：第一，当法律关系主体在相互的关系中发生了自己无法解决的争议，致使法律权利和义务无法实现时，需要司法机关适用法律裁决纠纷、解决争端；第二，当法律关系主体在其活动中遇到违法或侵权行为时，需要司法机关适用法律制裁违法、犯罪，恢复权利。

在我国，司法机关是指国家检察机关和审判机关，人民检察院行使法律监督权，人民法院行使审判权。而在西方国家，绝大多数国家的一般司法机关只指审判机关，检察机关一般列入行政机关。

（一）司法和执法的区别

1. 司法是被动的，实行不告不理

也就是说，法院的法官不能主动上门找案源，我国过去有很多法官走出法院，深入大中型企业，为它们解决"三角债"等问题，那是律师干的活，不是法官的活。

2. 司法是终极性的，是最终的决定

这里所指的终极性，指的是审判机关的决定的终极性。有时候说，警察可以是腐败的，检察官可以是腐败的，唯有法官不能腐败。为什么呢？因为法院是社会正义的最后一道防线，是正义的天平，这个天平出问题了找谁也解决不了，因为它是争议、纠纷解决的最终的环节。所以，终极性的特征对司法提出了更高的要求。

（二）司法公正

司法公正是社会正义的一个重要组成部分，既包括实体公正，也包括程序公正。公民在法律面前一律平等的原则，以事实为依据、以法律为准绳的原则，司法机关依法独立行使职权的原则都与司法公正有着密切的联系。但是，我们这里强调的程序公正主要是审判组织的公正和审判程序的公正。程序公正的内容比较广泛，主要涉及如下内容：与自身有关的人不应该是该案件的法官，或者任何人不得做自己案件的法官；结果中不应该包含审判者个人的利益；审判者不应该有支持或反对某一方的偏见；对各方当事人的诉讼都应给予公平的注意；审判者应听取双方的证据和论据；各方当事人都应该得到公平机会听取对方的意见、提出异议、作出反应等。

四、守法

守法是指国家机关、社会组织和公民个人以法律为自己的行为准则，依照法律行使权利、履行义务的活动。

(一) 守法的主体

守法主体即要求谁守法。我国现行宪法明确规定："一切国家机关和武装力量，各政党和各社会团体、各企业事业组织都必须遵守宪法和法律，一切违反宪法和法律的行为，必须予以追究。任何组织或者个人都不得有超越宪法和法律的特权。"这表明，所有人都是守法主体，所有国家机关、社会组织和个人都有义务守法，都要在宪法和法律的范围内活动。

(二) 守法的内容

我们以前常说"奉公守法"，守法大多要求人们不做法律所禁止的事情或做法律要求必须做的事情，也就是说，人们通常把守法仅仅理解为遵守禁令和履行法律规定的积极义务。这只是消极的、被动的守法，使得遵守法律成为人们的一种义务，成为不得乱说乱动的被动束缚。我们现在讲守法，既包括遵守义务性规范和禁止性规范，还包括根据授权性规范积极主动地行使自己的权利。

(三) 正确理解守法

要正确理解守法的两层含义：依法享有并行使权利，依法承担并履行义务。

享受法律权利不仅是遵守法律的一个组成部分，而且还是其中的主要内容，因为社会的进步依赖于人们运用各种手段和才能去改造自然、创造财富，这正是行使法律权利的表现。德国法学家耶林指出：实现自己的权利，是个人的使命，否则他放弃的不仅是他自身的利益，更是其共同体的利益，因而牺牲一种被侵害的权利是懦弱的行为。

权利的行使是有限度的，必须依法行使，这是法律关于享受权利的又一项要求。法律对每种权利的内容、对象等都有着严格的规定，行使权利必须在权利的范围内进行，不得妨害或侵犯他人的利益，如民法关于相邻关系的规定中对所有权的限制和延伸，继承法规定遗嘱不能剥夺未成年人、丧失劳动能力人的继承权等。

第四节　法律与其他规范有何区别

一、法律与道德

（一）法律与道德的区别

道德是关于善与恶、正义与非正义、荣誉与耻辱等观念以及同这些观念相适应的，由社会舆论、传统习惯和内心信念来保证实施的行为规范的总和。道德和法律都属于社会规范的范畴，都具有规范性、强制性等特点。但是，它们各自在国家的政治生活、社会生活中所起的作用不完全一样，甚至存在一定的冲突。《后汉书·列女传》记载了赵娥杀李寿案。东汉灵帝年间，一女名赵娥，幼时其父被一个叫李寿的人杀害，其3个兄弟相继因瘟疫亡故。于是，复仇重任落在了赵娥身上。赵娥不顾乡邻和家人的劝阻，发誓手刃仇人。一日，赵娥在都亭前与李寿相遇，赵娥立即跳下车牵住李寿的马，挥刀砍去，马受伤而惊，将李寿摔在道旁沟里。赵娥找到李寿，就地砍去，用力过猛，刀入树干而折断，李寿受伤。赵娥弃刀一跃骑到李寿身上，左手抵住他的额头，右手卡住他的喉咙，反复周旋，最终李寿气闭。赵娥遂拔出李寿的刀，割下李寿的头，拿到都亭尊长面前，愿认罪伏法。当时的法律禁止复仇，凡因复仇杀人者要处死刑。此案依法极易处理。但受理此案的官员，因敬佩赵娥的"孝行"和勇气，竟在法庭上频频示意赵娥逃走，自己也摘下乌纱帽，交出印信，准备逃走，因为他知道枉法放走人犯，必遭罪责。而对于这位法官的处理方式，赵娥并不领情，说："臣妇虽微，犹知宪制，杀人之罪，法所不纵；今既犯之，无义可逃；乞求刑戮，殒身超世，肃明王法。"守尉知道赵娥很难顺从，就强迫她回家。赵娥仍坚持己见，毫不服从。守尉无奈，只得收她入狱。守尉因同情复仇而枉顾国法，文弱女子因复仇不顾国法，都是因为道德；守尉欲放纵犯人的同时甘愿弃官逃亡，赵娥杀人请求制裁，皆因法律的威严。而关于道德和法律，同样的事情却得出了不一样的、甚至相反的结论。作为国家的法律，所有人都应该承认其正当性，服从其管辖，哪怕他是违背道德标准的；当法律和道德冲突的时候，法律是第一位的。

可见，道德与法律的冲突自古就有，从古代的"赵娥杀李寿案"到现在的"人肉搜索现象"，我们可以看到法律和道德并不能完全保持一致，主要有如下区别。

1. 要求不同

从遵守程度看，道德的要求相对低，不遵守道德会受到谴责等；法律的要求高，如违反必受追究。从内在要求看，道德的要求更高，法律未做要求的，道德会有要求。

2. 效力不同

道德一般没有强制力，不能强制实施，而是依靠各种教育、好的习俗、内心信念、社会良知和舆论谴责等来维持和实现；而法律具有强制约束力，坚持"有法必依，违法必究"。

3. 形式不同

法律由国家依程序制定或认可并向全社会公开颁布后才能生效，法律是成文的。道德有些有明文规定，如行业制定的各种职业道德规范、社会文明公约、各种倡言等，而绝大部分不成文。道德是人们约定俗成的公序良俗。

（二）法律与道德的联系

道德与法律都属于上层建筑，都是为一定的经济基础服务的。多数情况下，法律是对既有道德规范的确认和重述，法律是人们道德生活中的见证和外部沉淀，其联系主要表现在以下方面。

1. 法律是传播道德的有效手段

道德可分为两类：第一类是确保社会有序化的道德，即社会要维系下去所必需的"最低限度的道德"，如不得暴力伤害他人、不得以欺诈手段谋取权益、不得危害公共安全等。这类道德通常上升为法律，通过制裁或奖励的方法得以推行。第二类包括那些有助于提高人们生活质量、增进人与人之间紧密关系的原则，如博爱、无私等。这类道德是较高要求的道德，一般不宜转化为法律，否则将会混淆法律与道德，结果是"法将不法，德将不德"。法律的实施，本身就是一个惩恶扬善的过程，不仅有助于人们法律意识的形成，还有助于人们道德的培养。因为法律作为一种社会规范，国家支持什么、反对什么，都有统一的标准；而法律所包含的评价标准与大多数公民最基本的道德信念是一致或接近的。所以，法的实施对社会道德的形成和普及起了重大作用。

2. 道德是法律的评价标准和推动力量，为法律的有益补充

首先，法律应当包含最低限度的道德。没有道德基础的法律，是一种"恶法"，是无法获得人们尊重和自觉遵守的。

其次，道德对法的实施有保障作用。"徒善不足以为政，徒法不足以自行"。执法者的职业伦理的提高，守法者的法律意识、道德观念的加强，都对法的实施有积极的作用。

最后，道德对法有补充作用。有些不宜由法律调整的，或者本应由法律调整但因立法滞后尚"无法可依"的，道德调整就起了重要的补充作用。

3. 道德和法律在某些情况下可相互转化

一些道德随着社会的发展逐渐凸显出来，被认为对社会非常重要并有被经常违反的危险，立法者就有可能将它纳入法律的范畴；反之，某些过去曾被视为不道德因而运用法律加以禁止的行为，则有可能退出法律领域而转为由道德调整。

总之，法律与道德是有区别的，不能混为一谈；同时，法律与道德又是相互联系的，二者功能互补，都是社会调控的重要手段，这就使得德法并治有了必要。

二、法律与政策

政策是指国家政权机关、政党组织和其他社会政治集团为实现自己所代表的阶级、阶层的意志与利益，以权威形式标准化地规定在一定历史时期内应当达到的奋斗目标、遵循的行动原则、完成的明确任务、运用的工作方式、采取的一般步骤和具体措施等。可见，政策也是一种社会规范，在社会秩序调整方面发挥着独特的作用。

（一）政策与法律的区别

1. 两者的制定机关和程序不同

法律是由国家专门立法机关或拥有立法权的其他国家机关依照法定程序创制的，其立法权限和创制程序均有严格而复杂的规定。而政策的制定则出于多门，其程序也相对简单。有政府制定的国家政策，政党制定的党内政策；有中央机关制定的中央政策，地方机关制定的地方政策；有党和国家的总政策，也有某一方面的具体政策（如经济政策、人口政策、环保政策）。

2. 两者的表现形式不同

在现代国家，法律通常采用制定法或成文法形式，也可采用不成文形式（如不成文的习惯法）或非制定法形式（如英美法系国家的判例法）。而政策则通常采用纲领、决议、宣言、声明、命令、会议记录、领导人讲话或报告等形式，其内容比较概括，很少用具体条文进行表述。

3. 两者的调整范围、方式不同

从范围上看，法律调整的是那些对国家、社会有较大影响的社会关系；而政策调整的社会关系则比法律广泛得多。从方式上看，法律一般调整较为稳定的社会关系，侧重对既有社会关系的确认、保护和控制；政策则是应对手段，不仅要处理既有的问题，而且要对形成中的或将要出现的问题作出反应，因而侧重采取灵活多样的措施，以适应社会情势不断发展变化的需要。

4. 两者的稳定程度不同

法律有较大的稳定性，一旦制定，就要相对稳定地存在一个时期；政策则有较大的灵活性，其内容经常发生变化。法律凭借稳定性来维护其权威、效力和尊严；政策则凭借灵活性来维持其对社会生活、社会关系调整的有效性，因而在重大的社会危机面前具有较大的应变能力和调控能力。

（二）法律和政策的相互作用

同为上层建筑的组成部分，政策与法律没有本质上的矛盾，其制定和实施都体现了国家意志，在社会调整的整个系统中，各自作为独特的社会调整手段，均承担着各自的职能。两者相互配合、相互作用。

1. 法律以政策为导向

首先，政策是法律制定的依据之一。在立法过程中，无论是立法动议的提出，还是法律草案的草拟，都应参考当时国家和执政党的总体精神，一些经过检验比较成熟的政策，可直接转化为法律。

其次，政策对法律的实施具有指导作用。执法人员在执行法律时，不仅要通晓法律条文，还要熟悉国家在各个时期所制定的政策，拥有较高的政策水平。只有这样，他们才能既正确合法、又公平合理地适用法律处理案件，而且在法律有漏洞、无法可依的情况下，政策还可以作为法律的非正式渊源，代行法律的作用。

2. 政策依靠法律贯彻实施

政策是法律所要体现的一般原则、精神和内容，而法律是国家政策的定型化、条文化。也就是说，不仅政策对法律有指导作用，反过来法律对政策的贯彻落实也有很大促进作用，是实现国家政策最重要的手段。当然，实现政策的形式很多，法律只是其中之一，只有同贯彻政策的其他形式相互配合，才能发挥更大的作用。

三、法律与纪律

（一）纪律

纪律是一定组织，如政权机关、社会团体、企业、事业单位等，为了维护集体利益和保证工作正常进行而制定的约束本组织成员的行为规范。纪律可以是书面的，也可以是口头临时的规定。纪律和道德、法律一样，都属于上层建筑的范畴。纪律的表现形式多种多样，有企事业单位、学校等规章制度确立的劳动纪律、工作纪律和学习纪律；有政党、人民团体、群众组织，如工会、妇联等规定其成员必须遵守的组织纪律；有各行各业的职业纪律和不同部门的具体规章制度等。各种纪律都与人们的日常生活有着密切而广泛的联系。从理论上讲，纪律可以分为3类：

第一，政治纪律。这是指社会成员基于政治态度和政治信仰，为维护而不是损害其基本政治利益和整体经济利益而恪守的纪律。我国现阶段的政治纪律主要指坚持党的基本路线和基本纲领，执行党的路线、方针和政策，在思想上、政治上与党中央保持高度一致。在我国，遵守政治纪律不仅是共产党员的责任，也是全国人民的职责。因为政治纪律所包含的内容集中体现了人民利益，我们遵守政治纪律，维护的不只是党的利益，也是人民的根本利益。

第二，组织纪律。这是指特定的社会组织要求其成员必须遵守和执行的纪律，如党纪、团纪就属于组织纪律。社会主义组织纪律主要指中国共产党和共青团的纪律，主要内容是：个人服从组织、少数服从多数、下级服从上级、全党服从中央。

第三，职业纪律。这是指根据不同职业的需要而制定的既有共性又各具特色的规章制度，是人们从事职业活动所必须遵守的行为规范，如心理咨询师对患者的个人信息履行保密义务、教师在开考前对考试内容恪守秘密、餐饮业员工对餐具进行严格消毒处理、销售人员营业以质论价等。

（二）法律与纪律的区别

1. 制定机关及实施保障机关不同

法律是国家立法机关制定的，纪律是单位自己制定的。以国家的名义制定的并由国家强制力保障实施的行为规范称为法律；由民间社会团体、政党组织、学校、工厂和企事业单位规定的、并由本单位自行组织、保证实施的行为规则称为纪律，是保障企事业单位顺利进行生产、经营和管理的重要条件。

2. 有效范围不同

在没有特别规定的情况下，法律在国家主权范围内具有普遍的效力，纪律只在本单位有效。

3. 处罚不同

纪律作为一种行为规则，也是以服从为前提的，同法律一样，都具有强制性，都是依靠强制力来维持的，但它们在强制的力度和维持的方式上是有区别的。纪律的强制力与法律的相比是弱化的。法律的强制力是国家强制力，违反法律有相应的行政执法机构或司法机关处罚，一般表现为限制或剥夺人的行动自主性，对于特别严重的违法者还将剥夺其政治权利或生命权，如对触犯刑法者给以拘留、逮捕或判刑，有些还给违法者以经济上的处罚，如罚款、没收等。然而，对于违反纪律者的处理，通常是本单位内部处理，只能通过一定的行政手段来推行，只能给以纪律处理，如批评、警告、记过、开除等相对缓和或温和的方式。

4. 稳定性不同

法律是由国家制定的,具有很强的稳定性,制定和修改都必须遵循法定的程序。法律一旦制定并生效,在比较长的时间内是不能顺便改变的。纪律的稳定性相对差些,组织内部可以根据新情况、新问题对本单位的纪律进行修改和完善,制定和修改的程序也相对比较简单。

(三)法律与纪律的联系

1. 有些纪律在条件成熟后,可以上升为法律

比如,单位领导人、会计人员和其他人员伪造、变造、毁灭会计凭证、会计账簿的,在过去只要没有贪污、盗窃等违法行为,都以违反纪律论处。我国会计法施行以后,有这种行为的人不论有无其他违法行为,都要承担法律责任,情节严重的还要依法追究刑事责任。

2. 纪律不能与法律相矛盾和违抗

法律高于纪律。法律与纪律之间是法宽而大,纪律严而小。纪律可以严于法律,但是不能与法律冲突,比如,违反劳动纪律要受到行政处分,最严重的处分是"开除",都不得涉及对公民的人身、财产等合法权益的侵害,若无其他违法行为,不涉及法律秩序,就不会受到法律制裁。再如,一些口头临时宣布的纪律,包括会议主持人宣布的会场纪律,旅游组织者宣布的集合、开车时间等活动纪律,都不得和法律相冲突。

第五节 如何理解法治

一、法治

法治这个概念,自古就有。亚里士多德对法治的界定,被学界认为是对于"法治"一词的经典且权威的解释。他在《政治学》中说:"法治应包含双重含义:已经成立的法律获得普遍的服从,而大家所服从的法律本身又应当是制定良好的法律。"在亚里士多德看来,"普遍的服从"就是统治者和普通公民均应服从于法律。同时,亚里士多德特别强调当权者要依法行政、依法办事;统治权最终存在于法律之中,执政者严格依照法律统治,才是法治的最高精神。"在法律详备的地方,当权者要严格执行法律;在法律不详尽的地方,当权者也不能靠专断的命令行事,而应遵循法律的原本精神作出最公正的裁判。当权者的权力只是监护法律,其权力一

旦超出这个界限，就会引起政体的覆灭。"法治并不仅仅是依法治理，更重要的是依良法治理。关于良法是什么，亚里士多德给出了 4 条标准：第一，良法的价值原则必须契合人类社会的正义、公平，这是法律应有之义；第二，能够有助建立符合正义和德善的政体，并能长久维护这种政体；第三，不得剥夺和限制自由，即"法律不应被看作（同自由相对立的）奴役，法律毋宁是拯救"；第四，良法符合社会公众利益而非只是谋求某一阶级或个人的利益。

中国古时的法治概念，虽然与现代的民主法治内涵不尽相同，但是也有着一定的关联。法律面前人人平等，是一条现代法治的基本原则。战国时期的法家，就已经提出"刑无等级"的观念。韩非子说："法之不行，自上犯之"，强调"法不阿贵"，"刑过不避大臣，赏罚不遗匹夫"。可见，封建社会的法律虽然主要承担着维护统治阶级利益的任务，但却是以正义的形式公之于众的，具有维护所有人生存权利的含义，因而在一定的条件下为社会所认可。

新中国成立以来，特别是党的十一届三中全会以来，我们党在解决人治问题上采取了有力措施，这是有目共睹的。但是，由于社会主义制度还不完善，人治和人治思想依然有它的市场，人治是中国经济发展迟缓的重要原因。

国家治理现代化首先是国家治理的法治化，法治化是国家治理现代化的必由之路。1959 年 1 月，在印度新德里，国际法学家会议提出了一份法治宣言。这份宣言将法治界定为："一个动态概念……不仅用以保障和促进个人在自由社会中享有的公民和政治权利，而且要创造社会的、经济的、教育的和文化的条件，帮助他们实现正当愿望和人格尊严。"法治有两大理念：首先，不论法律的内容为何，国家的一切权力都要根源于法，而且要依法行使。其次，法律本身应该以"尊重人的尊严"这一崇高价值为基础。20 世纪 70 年代以来，西方学者将程序公正纳入法治，强调法的良好运作程序，同时还强调维护、体现法治的基本制度构建。简而言之，法治，就是良法之治，是以民主为基础的，以严格依法办事为核心的，以制约权力为关键的社会理想、社会治理机制以及社会活动与秩序状态。

在当今中国，法治已经成为党和政府治国理政的基本方式，在国家治理和社会治理中发挥着愈来愈重要的作用。党的十八届四中全会提出："法律是治国之重器，良法是善治之前提。建设中国特色社会主义法治体系，必须坚持立法先行，发挥立法的引领和推动作用，抓住提高立法质量这个关键。要恪守以民为本、立法为民理念，贯彻社会主义核心价值观，使每一项立法都符合宪法精神、反映人民意志、得到人民拥护。要把公正、公平、公开原则贯穿立法全过程，完善立法体制机制，坚持立改废释并举，增强法律法规的及时性、系统性、针对性、有效性。"

二、法治与法制

(一)中国法制建设历程

1954 年我国首部宪法即"五四宪法"的制定,标志着我国步入社会主义法制建设轨道,迎来了第一个法制建设高潮。但是好景不长,从 1957 年起,我国的民主和法制事业逐渐进入低谷,特别是"文革"十年,民主和法制几乎消失殆尽。党的十一届三中全会后,通过拨乱反正、实行改革开放,确立了"有法可依、有法必依、执法必严、违法必究"的基本方针,努力开创民主与法制的新局面,法制建设得到了恢复和发展。党的十五大和十六大均提出了"到 2010 年形成有中国特色社会主义法律体系"的任务。经过各方面坚持不懈的努力,在 2010 年底,我国形成了以宪法为统帅的、多个层次法律规范构成的中国特色社会主义法律体系,已经实现了各方面都"有法可依"的法制局面。

(二)中国法治建设新阶段

1997 年党的十五大将依法治国确立为党领导人民治国理政的基本方略,建设社会主义法治国家被确立为治国理政的建设目标,实现了从"法制"到"法治"的历史性转变,中国特色社会主义法治建设由此进入到一个新阶段。实现从"法制"到"法治"的飞跃,标志着我们党的法治理论和法治实践进入到一个新的阶段、新的高度。它使我国的法治建设从过去单纯的制度建设拓展到状态建设,使我们对法的功能认识从过去单纯的"专政工具"扩展到"公正治理"的平衡器,同时也为后来党的十八届四中全会实现从"法律体系""法制体系"到"法治体系"的转变,提供了理论基础和法治建设实践基础。

(三)法制与法治

"法制"与"法治"的差别,实质是更多地从"法"的角度理解法治,还是从"治"的角度理解法治。从"治"的角度理解,就需要从实践效果看,到底人们在知法、懂法以后,是不是在守法、用法,特别是能不能够遵法、信法。这一认识,从党和国家提出"建设社会主义法治"、到大力推进"依法治国",经历了一个从良法到善治的发展过程。

从基本形态上看,法律体系、法制体系是相对静态的,法治体系则是相对动态的。法制是法律和制度的总称,而法治是指运用法律和制度治理国家、治理社会。所以,法治体系和法律体系的最大差别,就是法治体系是立体的、动态的、有机完整的体系,而法律体系是静态的制度体系。将立法、执法、司法、守法各个环节纳入其中，体现了法治的整体要求。

从内容范围上看，法律体系、法制体系的"法"，包括规范个人行为、社会生活和市场秩序的法，也包括规范国家、政府、政党治理行为的法；而法治体系的"法"，主要是指规范国家、政府、政党治理行为的法，也就是说，法治的"法"主要是治理官府和官吏的法。法律体系、法制体系相对于法治体系而言是手段，后者是目的。完善法律体系和法制体系，是为建设法治体系和法治国家服务的。过去我们强调法制，重在法律和制度，要求有法可依、有法必依、执法必严、违法必究。党的十八届四中全会指出，实现"法治"必须科学立法、严格执法、公正司法、全民守法。相比于法制体系，法治体系内容更加明确，划分为法律规范体系、法治实施体系、法治监督体系、法治保障体系和党内法规体系；范围更广，增加了实施、监督、保障环节，并将党内法规明确纳入；各内涵之间关系更加协调、统一，法律规范体系和党内法规体系是基础，实施体系是重点，监督和保障体系是关键。

三、社会主义法治体系

中国特色社会主义法治体系涵盖我国的经济、政治、文化、社会、生态文明和党的建设等各领域，涵盖立法、执法、司法和守法等法治全过程和所有环节，是建设社会主义法治国家的重要抓手和衡量尺度。

（一）完善的法律规范体系是全面推进依法治国的前提

以良法奠基善治。中国特色社会主义法律体系虽已如期形成，但法律体系中不协调、不一致、体系性差异等问题依然存在。现代社会纷繁复杂、日新月异，新生态、新业态不断涌现，经济社会生活领域大量问题还缺乏法律明确规范，如我国到现在还没有体系化的民法典等。"法律是治国之重器，良法是善治之前提。"要保证法律规范的治理，必须提升立法科学化、民主化的水平，而科学化、民主化的立法离不开人民群众的广泛参与。2015年修订的《立法法》明确规定："列入常务委员会会议议程的法律案，应当在常务委员会会议后将法律草案及其起草、修改的说明等向社会公布，征求意见，但是经委员长会议决定不公布的除外。向社会公布征求意见的时间一般不少于三十日。征求意见的情况应当向社会通报。"

（二）高效的法治实施体系是全面推进依法治国的关键

法律能否得到有效实施取决于多种条件，如法律必须公正且有权威，得到人们的信赖和信仰；执法机关必须权责清晰，执法人员素质良好，能够严格、公正、规范、文明执法；有一套确保法律正确实施的激励机制和责任追究机制；有一套完善的监督救济机制，其中司法监督至为重要。

法律的生命力在于实施，法律的权威也在于实施。再好的法律不付诸实施，法治的公正价值也就无以实现。高效的法治实施体系要求：第一，增强法律规范本身的可实施性，注重实施资源的配套性、法律规范的可接受性以及法律规范自我实现的动力和能力。第二，健全法律实施体制和法律设施，为法律实施提供有力的体制、设施与物质保障。第三，提高执法和司法人员的素质与能力。法律的高效实施，有赖于全民守法的良好氛围。司法公正对社会公正起着重要示范引领作用，司法不公对社会公正有致命的破坏作用；行政机关严格依法办事，是带动社会守法氛围形成的重要方面。第四，优化法律实施的制度环境，消除法律实施的障碍和阻力，有针对性地完善法律程序设计。

（三）严密的法治监督体系是全面推进依法治国的保障

"权力在阳光下运行，才能杜绝腐败"。一方面，进一步加强内部监督，在执法司法办案的各个环节筑起篱笆墙，真正破除各种潜规则，杜绝法外开恩、办关系案、人情案、金钱案；另一方面，以公开促公正，使权力在阳光下运行，如严格实行重大决策的公众参与、专家听证、风险评估、合法性审查等，避免"拍脑袋"决策给社会公众造成重大损害。

行政监督规范行政权力运行。在行政监督领域，作为重要经济手段的审计制度近年来已经成为社会公众所关注的焦点问题，审计报告中指出的问题越来越明确、越来越透明，相关部门的整改措施也越来越有效、越来越有力。

司法监督保障公平正义。十八大以来，司法改革的重要内容之一就是着力司法公开。最高人民法院开设了中国庭审公开网、裁判文书公开网、审判流程信息公开网、执行信息公开网这四大公开平台；最高人民检察院实现了当事人通过网络实时举报、控告、申诉的受理、流转和办案流程信息；公安部建立互联网执法公开平台，全面公开执法信息，开展开门评警活动。

（四）有力的法治保障体系是推进法治中国建设的必然要求

法治保障体系是全面推进依法治国所必需的主体和客体、硬件和软件等相关方面的综合条件。党的十八届四中全会提出的法治社会和法治队伍两大建设任务，无疑是建立有力法治保障体系的重要方面。

长期以来，司法机关"行政化""地方化"一直是司法综合症的突出问题，备受社会诟病。除此之外，司法综合症还表现在法官素质参差不齐、司法腐败严重等，这些都严重影响司法公正，损害法治权威。党的十八届四中全会提出构建有力的法治保障体系，如建立领导干部干预司法活动、插手具体案件处理的记录、通报和责任追究制度，建立健全司法人员履行法定职责保护机制，实行办案质量终身负责制和错案责任倒查问责制，等等。

（五）完善的党内法规体系是加强和改进党对全面推进依法治国领导的依据

中国共产党是一个有着8600多万党员、430多万基层党组织的大党。管理这支队伍，离不开完备的党内法规体系。宪法确认了中国共产党的执政地位，这就决定了依法治国必须依党内法规从严治党，必然要把党的建设纳入法治范畴，以法治思维和法治方式加强党的建设。加强党内法规制度建设，是管党治党的重要内容，也是保持党的先进性、纯洁性和旺盛生命力的重要保障。

提高党内法规的执行力离不开严格执法。党的十八届三中全会提出，查办腐败案件以上级纪委领导为主，线索处置和案件查办在向同级党委报告的同时必须向上级纪委报告。这大大提高了党内法规的执行力。

要进一步加强党内法规的执行力，还必须：一是完善党内法规制度体系，使党内生活更加规范化、程序化、民主化，使权力运行受到更加有效的监督和制约，使执政的制度基础更加巩固；二是注重党内法规和国家法律的衔接、协调；三是坚持党规党纪严于国家法律，党员不仅要严格遵守法律法规，还要按照党规党纪的更高标准严格要求自己。

第二章 政治生活中的法律问题

第一节 行政区划

行政区划是行政区域划分的简称，它包含两层意思：一是指对国家领土进行划分的国家行为，二是指这种国家行为的结果。就国家行为意义而言，它是指国家为便于实现行政管理，将自己的领土根据政治、经济、民族状况和地理历史条件等因素，划分成若干大小不同、层次不一的区域，并建立相应政权机关的行为。就划分结果意义而言，它是指国家划分领土而形成的行政管理区域。

一、行政区划的宪法规定

根据《中华人民共和国宪法》（以下简称《宪法》）第 30 条的规定，中华人民共和国的行政区域划分如下：

①全国分为省、自治区、直辖市；

②省、自治区分为自治州、县、自治县、市；

③县、自治县分为乡、民族乡、镇。

直辖市和较大的市分为区、县，自治州分为县、自治县、市。

自治区、自治州、自治县都是民族自治地方。

二、关于"民族镇"的问题

国务院关于停止审批民族镇的通知（1992 年 7 月 17 日发布，国函 [1992] 85 号）明确指出：行政区划是国家行政管理的基本手段，是政权建设的重要组成部分，在国家政治、经济活动和人民生活中占有十分重要的地位。行政区划是否合理、合法，对于社会和政治的稳定，对于社会主义现代化建设具有十分重要的意义。因此，行政区划工作必须严格依法办事。

当前，有的地方设置行政区域不遵照宪法规定办事，自行设立"民族镇"，而且还有进一步增多的趋势。

《中华人民共和国宪法》第30条明确规定："（一）全国分为省、自治区、直辖市；（二）省、自治区、直辖市分为自治州、县、自治县、市；（三）县、自治县分为乡、民族乡、镇。直辖市和较大的市分为区、县。自治州分为县、自治县、市。"因此，设置"民族镇"是不符合《中华人民共和国宪法》规定的，必须予以制止，否则将损害《中华人民共和国宪法》作为国家根本大法的尊严，并将造成行政区划体系的混乱，影响国家的行政管理。

各省、自治区、直辖市人民政府已停止审批"民族镇"，已经设立的另行处理。

第二节　公民的政治权利和自由

这类权利是国家旨在保障公民有直接参与政治的可能。政治权利和自由是公民作为国家政权主体而享有的参与政治生活的权利和自由，也可说是保障公民能够参与政治活动的自由。我国的一切权力属于人民，国家权力由人民代表大会行使，而公民个人享有的参与政治方面的权利，是国家权力属于人民的基石，是人民代表大会制政体的基石，也是人民当家作主地位的必然要求。

一、选举权和被选举权

《宪法》第34条规定，中华人民共和国年满18周岁的公民，不分民族、种族、性别、职业、家庭出身、宗教信仰、教育程度、财产状况、居住期限，都有选举权和被选举权；但是依照法律被剥夺政治权利的人除外。根据这条规定，我国公民享有的选举权是一种普选权。在我国，人民是国家的主人，人民有当家作主的权利，但并不是每一个人都直接行使国家权力、参加国家的重大决策和日常事务的管理，而是通过选举代表的方式，选出代表自己意愿的代表，参与各级国家权力机关，间接地管理国家、行使国家权力。因此，选举权和被选举权是人民当家作主权利的直接体现，是人民参与国家管理的基本手段，也是行使国家权力的基本形式。正因为如此，选举权是人民的政治权利，依照法律被剥夺政治权利的人不能享有选举权和被选举权。选举权是公民选择法定代表机关代表和国家公职人员的权利；被选举权是公民被推举为代表机关代表或国家公职人员的权利。二者通常合称为选举权。选举权是公民行使其他政治权利或表明主权者身份最直接而经常的方式。选举权享有的普遍程度决定了一个国家的民主程度，一国公民享有普选权即平等的选举权，表明国家有较高的民主程度。所以，选举权是公民的一项基本的政治权利。为保证我国公民这项最基本的政治权利的行使，除宪法作出原则规定外，我国立法机关还制定了选举法，对公民具体行使选举权的原则、程序和方法作了符合我国国情的规定，对选举权的行使作出了法律上的和物质上的保障，在法律保障方面，如规定对破坏选举者给予法律制裁、选举诉讼等；在物质保障方面，如规定选举经费由国库开支。

二、政治自由

政治自由是公民表达自己政治意愿的自由，包括言论、出版、集会、结社、游行、示威等方面的自由。与公民的选举权一样，政治自由也是公民作为国家政权主体而享有的参与国家政治生活的自由，也可说是保障公民能够参与政治活动的自由。如果公民不享有这些权利或自由，即便是选举权也不能得到适当的行使，因为选举过程实则是一个表达的过程，无表达即无选举。所以，这部分自由也被称为"表达自由"或"精神自由"。尽管公民表达的不一定都是政治性的意愿，但享有表达的权利却是民主政治的根本表现。

（一）言论自由

言论自由是公民对于政治和社会的各种问题有通过语言文字方式表达其思想和见解的自由。言论是公民表达意愿、相互交流思想、传播信息的必要手段和基本工具，也是形成人民意志的基础。所以，言论自由在公民的各项政治自由中居于首要地位。可以说，言论的自由程度从一个侧面上反映了一国民主化的程度。

与任何法律权利一样，公民的言论自由也必须在法律的范围内行使。滥用言论自由也就丧失了这项自由，具体而言：第一，不得利用言论自由进行反国家宣传、煽动群众反对国家，扰乱社会秩序；第二，不得利用言论自由侵犯他人的人格尊严，对他人进行侮辱、诽谤和诬告陷害；第三，言论不得有损于他人心灵高尚、败坏社会的善良风俗；第四，不得泄露国家或商业机密及他人的隐私；第五，在战争时期不得有损于本国战备。

（二）出版自由

出版自由是公民以出版物形式表达思想和见解的自由。人们为了长久保存自己的思想和见解，并为了与他人分享观点，就要把自己的思想见解付诸文字，以利于传播。因此，出版是言论的自然延伸，是固定化的言论；出版自由也就是言论自由的自然延伸，两者具有同质性。进一步说，出版自由是现代文明社会政治共同体进行思想教育和促进科学文化事业发展的一种手段，同时也是保存和传播真理的手段。

公民出版自由的实现，除了社会精神文明程度的提高外，还依赖于两个基本条件：第一，客观上国家物质文明不断取得进步，促进出版事业的发展；第二，主观上切实保障公民出版自由权的享有，从法制建设方面加强保护。1990 年我国通过了著作权法，对公民的出版自由作出了实际的保障和规范。

与言论自由一样，出版自由的行使也不能损害社会整体利益。所以，各国都有法律规范出版物的发行和传播。对于出版物的管理有两种制度，一是预防制或事前审查制，即在著作出版前审查其内容是否合法的制度；二是追惩制，即在出版物出版后根据其社会效果决定是否予以禁止和处罚的制度。我国目前实行预防制和追惩制相结合的方法，对出版进行限制，但事前审查主要由出版单位承担，国家一般不予干涉。1997 年，国务院发布了《出版管理条例》，列明了不属于出版自由保护范围内的 8 类出版物：反对宪法基本原则的、危害国家主权和统一的、危害国家安全的、破坏民族团结的、泄露国家机密的、有黄色或暴力及不道德内容的、侮辱诽谤的和其他有害的出版物，都属禁止发行之列。

（三）集会、游行、示威自由

集会自由是公民有为共同目的、临时集合在一定露天场所、讨论问题或表达意愿的自由。它也是言论自由的自然延伸，是扩大了的言论自由。具有共同意愿的人们，通过集会，可使共同观点为更多的人所知晓，使有关问题更趋深刻化、条理化，从而能够更好地实现言论自由所要达到的目的。

游行自由是公民在公共道路或露天场所以和平的方式聚会、行进、静坐，以表达其强烈意愿的自由。

示威自由是公民在公共道路或露天场所以和平的方式聚集在一起，以显示决心和力量的自由。

集会、游行、示威自由都来自于公民的请愿权。它们的共同之处，一是在于都是公民表达强烈意愿的自由；二是主要都在公共场所行使；三是必须是多个公民共同行使，属于集合性的权利，单个公民的行为通常不能形成法律意义上的集会、游行和示威。三者的不同之处在于表达意愿的程度、方式和方法有所差异。

由于这三项自由权的行使多发生在公共道路或露天场所，参加或观看的人数众多，情绪感染性强，也容易发生与政府管理部门或其他公民的对抗，对社会影响较大。所以，公民在行使这些权利时，既要符合法律规定的条件，又要注意不得损害国家的、社会的、集体的和其他公民的合法的自由和权利。凡借此进行暴力活动的，或者引起暴力冲突的集会、游行和示威，就丧失了受到法律保护的资格，并要受到法律的制裁。为了更好地保障公民正确行使集会、游行、示威的权利，维护社会的安定团结，1989 年第七届全国人大常委会通过并公布了集会游行示威法。该法对集会、游行、示威的概念和标准、主管机关和具体管理程序及措施、申请和获得许可的程序、违法行为及应承担的法律责任等，作出了明确的规定。

（四）结社自由

结社自由是指有着共同意愿或利益的公民，为长久分享共同观点或利益而组成具有持续性的社会团体的自由。结社是一定数量的公民长久保有共同观点和维护共同利益的行为，故而结社自由也是言论自由的进一步发展；同时，它也是若干公民集合起来方能实现的自由权。

公民的结社因目的不同，可以分为两种：①以营利为目的的结社，如商业结社中的公司、集团、中心等，通常由民法、商法、公司法来调整权利义务关系；②非营利性的结社，其中又分为政治性结社，如政党、政治团体等，以及非政治性结社，如宗教、慈善、文化艺术等团体。

宪法中所规定的结社自由主要是指组成政治性团体的自由。但由于政治性结社通常有较严密的组织形式，其活动对社会各方面的生活、特别是对决策过程影响巨大，所以各国法律通常对它都予以严格的控制，对反社会的、反宪法秩序的、反国家的结社，如法西斯主义的结社予以取缔。在英国，如果一个社团出于政治目的而进行身体训练，即使是为了帮助警察或军队维护社会治安，也将受到禁止。

对结社自由的程序限制，主要表现在凡结社必须申请登记，否则便是非法组织。在我国，凡符合宪法和法律规定的条件，并通过了一定的法律程序的组织，便成为合法的社会团体，都受到国家的保护。除了已有的政治性社团，如中国共产党、八个民主党派以及工会、青年团、妇女联合会等全国性社会团体外，1989年国务院发布的社会团体登记管理条例列举了其他结社的范围，规定了申请成立和解散的程序，对人民群众参与社会政治经济生活、繁荣科学文化教育事业等方面起了积极的作用。

结社和集会都是不特定的多数人聚集起来表达意愿、维护共同利益的活动或组织形式，所以二者常常相提并论。二者的区别在于，集会是临时性的聚集；而结社则是长期的、相对固定的聚集，有着更严格的组织、章程和制度。

（五）宗教信仰自由

宗教信仰自由是人们相信某一超自然神祇的拯救力量及相关神学学说的自由。它在法律上属于精神自由的范畴，由于与国家权力的行使和普通大众的生活有着相当复杂的联系，所以也可以将之列入政治权利和自由的范围。

我国《宪法》第36条第1款规定，中华人民共和国公民有宗教信仰自由。这一自由在我国法律上的含义是指：①每个公民都有按照自己的意愿信仰宗教的自由，也有不信仰宗教的自由；②有信仰这种宗教的自由，也有信仰那种宗教的自由；③有在同一宗教里信仰这个教派的自由，也有信仰那个教派的自由；④有过去信教而现在不信教的自由，也有过去不信教而现在信教的自由；⑤有按宗教信仰参加宗教仪式的自由，也有不参加宗教仪式的自由。

宗教是一种对社会生活作出超自然解释的社会意识形态，就其本质而言，是与马克思主义的世界观相对立的。我国社会主义的宪法之所以保护公民的这种信仰自由，是因为：第一，宗教是一种社会历史现象，有其发生、发展和消亡的过程，在它存在的条件未消失的时候，它还会继续存在。第二，宗教信仰属于思想范畴的问题，法律必须尊重人们的信仰，只能采取宣传教育、提高人们科学精神的方式予以解决，决不能强迫命令，粗暴压制。第三，宗教的存在具有长期性、国际性、民族性和群众性的特点，正确处理好宗教问题，对于民族团结、国家统一和国际交往，都有重要意义。

因此，《宪法》第36条第2款规定，任何国家机关、社会团体和个人不得强制公民信仰宗教或者不信仰宗教，不得歧视信仰宗教的公民和不信仰宗教的公民。也就是说，就信仰而言，我国公民的宗教信仰问题是公民个人的私事，不能以任何理由——国家权力、组织需要或个人力量——强制信仰。

尽管作为精神自由，宗教信仰是不能干涉的，但公民作为特定国家中的一分子，必须遵守国家法律，尊重他人的权利和利益，服从社会整体要求。因此，《宪法》第36条第3款规定，国家保护正常的宗教活动，但任何人不得利用宗教进行破坏社会秩序、损害公民身体健康、妨碍国家教育制度的活动。

许多国家的宪法都规定了宗教与国家、政治、公共教育相分离的原则。如在美国，宗教必须与国家和公立教育分离，叫做"隔火墙"（the wall of separation）原则。我国《宪法》第36条第4款规定了另一原则，宗教团体和宗教事务不受外国势力的支配，即宗教团体自主、自办、自传的"三自"原则。宗教团体可以与其他国家的宗教界保持宗教的学术文化交流联系，但不允许外国宗教势力干涉我国内部的宗教事务，我国宗教团体也不去干涉我国以外的宗教问题，以防止国际上的宗教势力干涉、控制、支配我国的宗教团体和宗教事务。

（六）公民的诉愿权

诉愿权也叫请愿权（rights of petition）。在我国，公民的诉愿权是对宪法权利的统称，即宪法规定公民享有的批评权、建议权、申诉权、控告权、检举权，以及取得赔偿权。这些权利都是公民作为国家管理活动的相对方，对抗违法失职行为的权利。由于它们在行使中多数都牵涉到国家机关的政策及活动，所以也属于政治权利和自由的一部分。

《宪法》第41条第1款规定，中华人民共和国公民对于任何国家机关和国家工作人员，有提出批评和建议的权利；对于任何国家机关和国家工作人员的违法失职行为，有向有关国家机关提出申诉、控告或者检举的权利，但是不得捏造或者歪曲事实进行诬告陷害。这些权利实际上不仅是公民受到国家机关及其工作人员不公正对待时的保卫性权利，而且也是公民监督国家机关及其工作人员履行职责的监督性权利。

批评权是公民对国家机关和国家工作人员在工作中的缺点错误提出批评意见的权利。建议权，是公民对国家机关和国家工作人员的工作提出建设性意见的权利。二者的区别在于前者是针对国家机关和国家工作人员工作中的缺点和错误，而后者是针对工作本身。我国公民可以通过新闻报刊、来信来访、座谈讨论会等多种形式和途径来行使这两项权利。

申诉权是公民的合法权益因行政机关或司法机关作出的错误的、违法的决定或裁判，或者因国家工作人员的违法失职行为而受到侵害时，向有关机关申述理由、要求重新处理的权利。

我国公民申诉权主要在下面情况下行使：第一，公民对于行政机关作出的行政处罚决定不服时，可以向其上级机关或者有关国家机关提出申诉，要求改正或者撤销原决定。第二，对已经发生法律效力的判决或裁定，当事人、被告人及其家属或者其他公民，可以向人民法院、人民检察院以至向国家权力机关提出申诉，要求前两个单位改正或者撤销原判决或裁定。第三，公民在认为受到不公正对待后，有权向任何国家机关提出申诉。

控告权是公民对任何国家机关和国家工作人员的违法失职行为，向有关机关进行揭发和指控的权利。

检举权是公民对于违法失职的国家机关和国家工作人员，向有关机关揭发事实，请求依法处理的权利。

控告权和检举权二者的共通之处，都是同违法失职行为作斗争，二者的区别在于：

第一，控告人通常是直接受到不法侵害的人，而检举人则不一定与事件有直接关系。第二，控告是为了保护自己的权益而要求对违法失职行为进行处理，检举则多为出于正义感和维护公共利益的目的。

公民行使控告权和检举权可通过如下途径：①对违法犯罪行为向司法机关提出；②对违反政纪的行为向主管单位、上级单位或监察机关提出；③对国家机关的违法决定向同级权力机关或者上级权力机关提出；④对国家机关中党的组织或党员的违法犯罪行为向同级或上级党的纪律检查委员会提出。

由于上述诉愿权都是公民针对国家机关及国家工作人员的，而后者又掌握着管理、处罚和制裁的权力，所以，《宪法》在第41条第2款对公民的诉愿作出了特别的保护：对于公民的申诉、控告或者检举，有关国家机关必须查清事实，负责处理，任何人不得压制和打击报复。我国的刑法和其他法律也都规定了对公民诉愿权行使的保护。

获得赔偿的权利是指，公民在受到国家机关不正确的处罚而得到昭雪后，或者是在国家机关和国家工作人员侵权而得到纠正后，公民要求国家负责赔偿的权利。《宪法》第 41 条第 3 款规定，由于国家机关和国家工作人员侵犯公民权利而受到损失的人，有依照法律规定取得赔偿的权利。目前，我国的国家赔偿分为行政赔偿和司法赔偿或冤狱赔偿两种形式。1989 年 4 月，第七届全国人大第二次会议通过的行政诉讼法规定了行政赔偿的原则和制度；1994 年 5 月，第八届全国人大第七次会议通过了国家赔偿法，使公民的这一宪法权利得到了切实的保障。这两项法律的通过，是我国民主建设的一大进步。

第三节　国家机构

一、国家机构的含义

国家是指一定地域的居民为共同利益而组织起来的社会共同体。为管理社会共同事务，国家必须被授予权力。在现代社会，国家的权力来自于人民的主权权利，由人民共同授予，形成了所谓的公共权力。行使公共权力的组织就是国家机构，是特定社会人们结成的最高组织形式。一般而言，国家机构是指国家为实现管理社会、维护社会秩序而建立的国家机关的总和。

国家机构区别于一般社会组织之处在如下方面。

（一）存在的基础不同

国家机构是为行使公共权力而建立的，只有它们才能行使国家权力；社会组织则是部分公民为一定目的而建立的，不具备国家职能，不能行使属于国家的权力。

（二）社会职能不同

国家机构在行使权力时，是以全社会的名义进行的；社会组织只能以自己的名义参加有关社会活动。

（三）职责不同

国家机构的主要任务是管理全社会的共同事务，全体社会成员都应服从管理；社会组织一般只能对其成员进行管理，自己组织以外的人没有服从的义务。

（四）实现组织目的的手段不同

国家机构行使权力，以国家强制力为后盾，对不服从管理的公民或组织可依法采取强制措施；社会组织对其成员虽有一定的控制能力，但其制裁能力是以成员的同意为基础的，一般不能对成员采取强制措施。

（五）命运不同

只要人类仍处于阶级社会，国家就不会消亡，国家机构也将存在；而社会组织会因为任务完成、时代变迁、人员变化等而不断成立、变更和消亡。

国家机构的概念与政府的概念基本一致。广义的政府就是我们所说的国家机构，狭义的政府一般仅指国家的行政机关。比如，"政府是为人民服务的"，就是在广义上运用政府的概念；但"政府要向人大负责"，则是在狭义上使用政府的概念。

二、全国人民代表大会

（一）全国人大的性质和地位

全国人民代表大会是最高国家权力机关，是国家的立法机关。所谓最高国家权力机关，意味着全国人大是国家权力的最高体现者，集中代表全国各族人民的意志和利益，行使国家的立法权和决定国家生活中的其他重大问题。因此，全国人大在我国国家机关体系中居于首要地位，其他任何国家机关都不能与它并列，更不能超越于它之上；全国人大在国家立法中也居于最高地位，它通过的法律和决议，其他国家机关都必须遵照执行。需要明确的是，全国人大的最高地位是宪法意义上的和国家机关之间职权划分意义上的。作为人民民主专政的国家，领导我国人民的政治核心是中国共产党。全国人大决策的政治方向和重大内容必须符合党的政治要求；全国人大代表在进行立法活动和其他重要事项时，必须自觉接受党的方针、政策的指导。然而，中国共产党不能代替全国人大制定法律，更不能向全国人大下达命令；全国人大制定的法律，中国共产党也必须遵守。

（二）全国人大的组成和任期

全国人大由代表组成。根据现行宪法和选举法，全国人大由省、自治区、直辖市的人民代表大会和军队选出的代表组成。这表明，我国实行地域代表制与职业代表制相结合，以地域代表制为主的代表机关组成方式。根据现行选举法和组织法，全国人大代表通过间接方式，由各省、自治区、直辖市人大和军队选举产生。全国人大代表名额总数不超过 3000 名，由全国人大常委会确定各选举单位代表名额比例的分配。

1954 年宪法规定的全国人大任期是 4 年，从 1975 年宪法起，全国人大行使职权的法定期限即每届任期规定为 5 年。在任期届满前的两个月以前，全国人大常委会必须完成下届全国人大代表的选举工作。如果遇到不能进行选举的非常情况，由全国人大常委会以全体委员 2/3 以上的多数通过，可以推迟选举，延长本届全国人大的任期；但在非常情况结束后一年以内，全国人大常委会必须完成下届全国人大代表的选举。

（三）全国人大的职权

全国人大的职权由宪法确认，是全国人大对其职责范围内的事项拥有的决定权限。理论上，全国人大为全权机关；但实践中，宪法规定了国家机关之间的合作分工关系，列举了每个机关的权限范围，所以，全国人大行使的职权也是有限的。根据《宪法》第 62 条的规定，全国人大的职权有以下几个方面。

1. 宪法修改权和监督权

宪法是国家根本大法，理论上只有人民才有修改宪法的权力。不过宪法规定，人民行使权力的机关是全国人大及地方各级人大。《宪法》第 64 条规定，宪法的修改由全国人大常委会或者 1/5 以上的全国人大代表提议，并由全国人大以全体代表的 2/3 以上的多数通过。宪法的生命在于实施，宪法实施最重要的保障是监督宪法实施过程。全国人大是进行宪法监督的最高机关，主要包括两个方面：第一，监督法律、行政法规、地方性法规、部门规章、政府规章是否符合宪法的原则和条文规定；第二，监督一切国家机关、武装力量、政党、社会团体、企业事业组织的行为是否违反宪法。

2. 基本法律的制定权和修改权

基本法律是指为实施宪法而由全国人大制定的最重要的法律，主要包括民刑法律、诉讼法、组织法、选举法、民族区域自治法、有关特别行政区的立法等。它们通常都涉及公民的基本权利义务、国家政治和社会某方面的重要关系，全国各族人民的利益，所以必须由全国人大行使这些法律的制定权和修改权。虽然这些法律可由全国人大常委会部分修改（特别行政区基本法除外），但有两个限制：一是不能同基本法律的基本原则相抵触；二是全国人大仍保留监督权，有权改变或者撤销全国人大常委会不恰当的修正案。

3. 中央国家机关组织权

全国人大选举全国人大常委会委员长、副委员长、秘书长和委员，选举国家主席、副主席，选举中央军事委员会主席、最高人民法院院长、最高人民检察院检察长；根据国家主席的提名，决定国务院总理的人选，根据国务院总理的提名决定国务院副总理、国务委员、各部部长、各委员会主任、审计长和秘书长的人选；根据中央军事委员会主席的提名，决定中央军委副主席和委员的人选。对于以上人员，根据全国人大主席团或者 3 个以上的代表团或者 1/10 以上的代表的罢免案，全国人大有权依照法定程序，在主席团提请大会审议并经全体代表过半数的同意后，予以罢免。

4. 国家重大问题决定权

全国人大有权审查和批准国民经济和社会发展计划以及有关计划执行情况的报告；审查和批准国家预算和预算执行情况的报告；批准省、自治区和直辖市的建置；决定特别行政区的设立及其制度；决定战争与和平问题，等等。

5. 最高监督权

全国人大有权监督由它产生的其他国家机关的工作，这些国家机关都要向全国人大负责。具体而言，最高监督权分为规范监督和工作监督两类。规范监督是对规范性法律文件的审查，全国人大有权改变或撤销其常委会不适当的决定。工作监督包括：全国人大审议其常委会的工作报告，审议国务院的工作报告，审议最高人民法院、最高人民检察院的工作报告等。

6. 其他职权

《宪法》规定，全国人大有权行使"应当由最高国家权力机关行使的其他职权"。这一弹性条款为全国人大处理难以预料的新问题、重大的紧急情况提供了宪法依据。

（四）全国人大的会议制度

全国人大以会议形式履行国家职能。议会是舶来品，从 parliament 一词的拉丁词源 parle 来看，议会就是"说话的地方"。所以，作为中国的议会，全国人大召开会议是它开展工作的基本方式。

1. 会议时间

《宪法》规定，正常情况下全国人大每年召开一次会议，自第七届全国人大以来，按照《全国人大议事规则》有关"第一季度"的规定，一般在每年的 3 月份召集会议。

2. 会议形式

（1）预备会议

全国人大的第一种会议形式是预备会议，它由全国人大常委会召集和主持，以确定本次会议的议程，选举大会主席团和秘书长，以及解决其他事项。每届全国人大召开第一次会议时的预备会议，由上一届全国人大常委会主持。之所以需要召开预备会议，与全国人大每次会议的会期较短有关，为使正式会议议程紧凑，必须事先做好准备。所以，预备会议是人民代表大会制的代议形式的重要特征。

（2）全体会议

第二种会议形式是全国人大正式召集后举行的全体会议，它是公开举行的由全体代表参加的大会。全国人大作出的对全社会有普遍约束力的决议都是在全体会议上通过的。

（3）主席团会议

主席团是全国人大举行会议期间的决策机构，其职责主要为：第一，主持本次会议；第二，提出最高国家机关领导人的人选和确定正式候选人名单；第三，组织代表团审议议案；第四，处理代表团和代表在会议期间提出的议案、罢免案、质询案等；第五，草拟供大会审议表决的决议草案。

（4）分组会议

代表团会议，也叫分组会议，是各代表团举行的会议。通常在一项重要决议案或报告向大会提出后，主席团会将它们分发各代表团组织讨论，各代表团讨论后将讨论结果上报主席团。分组会议是全国人大作为民意机关的重要表现形式，是代表们共商国是、行使权利的重要场所。

（5）联席会议或联组会议

若干代表团提出了相似议题，或者它们认为有必要，可以共同召开联席会议或联组会议。

（6）代表团团长会议

代表团团长会议讨论决定有关程序方面的问题。

在各种会议形式中，只有全体会议属于实体决策性会议，其他几种会议都是决定程序性问题的会议，或者决定内部事务的会议。

3．会议列席人员

全国人大开会时，国务院和中央军委的组成人员，最高人民法院院长，最高人民检察院检察长，当然列席会议。自 1959 年起，全国政协与全国人大几乎同步召开会议，全体政协委员在会议期间都有权列席全国人大的全体会议。其他国家机关、群众团体的负责人，经主席团批准，也可以列席会议。

（五）全国人大常委会

1．性质和地位

全国人大常委会是全国人大的常设机关，也是行使国家立法权的机关。它隶属于全国人大，服从全国人大的领导和监督，向全国人大负责并报告工作。全国人大常委会是全国人大闭会期间行使国家权力的常设机关，履行经常性的立法权、监督权。全国人大每年只召集一次，时间 15 天左右；闭会期间，其最高国家权力机关的地位，主要通过全国人大常委会来实现。

2．组成和任期

全国人大常委会由全国人大在每届全国人大第一次会议时，从代表中选举委员长，副委员长若干人，秘书长，委员若干人组成。与全国人大代表不同，全国人大常委会组成人员实行专职制，不得担任国家行政机关、审判机关和检察机关的职务。全国人大常委会组成人员中应有适当名额的少数民族人员。

全国人大常委会的任期与全国人大相同，即 5 年。但全国人大常委会在任期结束时间上与全国人大略有不同，全国人大常委会行使职权到下届全国人民代表大会选出新的常务委员会为止。全国人大常委会的组成人员得连选连任，但委员长、副委员长连续任职不得超过两届。

3. 职权

（1）宪法解释权和宪法监督权

全国人大常委会解释宪法这项权力，实际上自现行宪法制定以来从未行使过。不少学者曾建议，在全国人大常委会下设立宪法委员会，具体行使宪法解释权。常委会的监督权是经常性的监督权。

（2）立法权和法律解释权

全国人大常委会依照宪法规定享有广泛的立法权，有权制定和修改除应由全国人大制定的基本法律以外的其他法律。全国人大常委会还可以修改、补充全国人大制定的基本法律，但不得同该法的基本原则相抵触。全国人大常委会还有权解释法律。另外，在我国香港、澳门特别行政区基本法里，都规定基本法解释权由全国人大常委会行使。

（3）国家重大事务的决定权

在全国人大闭会期间，全国人大常委会拥有对国民经济和社会发展计划以及国家预算的部分调整方案的审批权；有权决定批准或废除同外国缔结的条约和重要协定；决定驻外全权代表的任免；规定军人和外交人员的衔级制度和其他专门衔级制度，规定和决定授予国家勋章与荣誉称号；决定特赦；遇到国家遭受武装侵犯或者必须履行国家间共同防止侵略的条约的情况，有权决定宣布战争状态；决定全国总动员和局部动员；决定全国或者个别省、自治区和直辖市的紧急状态等。

（4）任免权

在全国人大闭会期间，全国人大常委会有权根据国务院总理的提名，决定部长、委员会主任、审计长、秘书长的人选；根据中央军委主席的提名，决定中央军委其他组成人员的人选；根据最高人民法院院长的提请，任免副院长、审判员、审判委员会委员和军事法院院长；根据最高人民检察院检察长的提请，任免副检察长、检察员、检察委员会委员和军事检察院检察长，并且批准省、自治区、直辖市人民检察院检察长的任免。

（5）监督权

同全国人大一样，也分为法律监督权和国家机关工作的监督权两类。在法律监督权范围内，全国人大常委会有权撤销国务院制定的同宪法、法律相抵触的行政法规、决定和命令；有权撤销省、自治区、直辖市的国家权力机关制定的同宪法、法律和行政法规相抵触的地方性法规和决议。在国家机关工作监督权上，全国人大常委会对其他由全国人大产生的中央国家机关都有权进行监督。

（6）其他职权

全国人大常委会是全国人大的常设机关，宪法没有赋予它弹性权力。在宪法明列的职权之外，常委会的其他职权必须经全国人大授权；在授权范围内，全国人大常委会可作出有法律约束力的决定。例如，1993年3月，全国人大曾通过决定，授权全国人大常委会设立香港特别行政区筹备委员会的准备工作机构。

三、国家主席

按照我国宪法，国家主席是国家、国家机构和国家权力的象征。

（一）性质和地位

国家主席不是握有一定国家权力的个人，而是一个国家机关，包括国家主席和副主席。中华人民共和国主席是我国的国家元首，是国家主权的代表，国家统一和民族团结的象征，对内代表整个国家机构和国家权力，对外代表中华人民共和国和中国全体人民。由于国家主席具有国家最高代表的性质，他有着最尊贵的法律地位，无论在国内还是国外，都应受到最高级别的礼遇。

按照1949年的共同纲领，我国的国家元首是中央人民政府委员会，其主席是代表，因而是一种集体元首制。1954年宪法设置了国家主席的职位，与全国人大及其常委会结合行使国家元首的职权，所以属于一种名义上的集体国家元首。1975年和1978年宪法都没有规定国家主席的建制。1982年宪法恢复了国家主席建制，标志着我国国家机构体系恢复了正常运作的功能。

（二）产生和任期

国家主席特别尊崇的法律地位，决定了他需要有最高要求的任职条件。根据《宪法》第75条第2款的规定，国家主席、副主席的任职基本条件有二：一是在政治方面，国家主席、副主席人选必须是有选举权和被选举权的中华人民共和国公民；二是年龄方面，必须年满45周岁。作为国家的象征，国家主席还必须具备其他一些非法律因素的任职条件，在道德、声望、贡献、学识、政治态度等方面超群绝伦，得到人民的尊重。

国家主席、副主席由全国人大选举产生。其具体程序是：由全国人大主席团提出国家主席和副主席的候选人名单，然后经各代表团酝酿协商，再由主席团根据多数代表的意见确定正式候选人名单（等额名单），最后由主席团把确定的候选人交付大会表决，由大会选举产生国家主席和副主席。国家主席、副主席的任期同全国人大每届任期相同，即都是 5 年，连续任职不得超过两届。国家主席和副主席可以由全国人大罢免。

（三）职权

我国国家主席不具有个人决策权，他行使职权必须以全国人大或全国人大常委会的决定为依据；宪法规定由国家主席单独行使的职权都属于礼仪性的或象征性的，如接受外国国书等。国家主席行使职权时，主要采取主席令的形式。根据宪法规定，国家主席的职权主要有如下几种。

1. 公布权

公布权，即公布法律、发布命令的权限。法律在全国人大或全国人大常委会正式通过后，由国家主席予以颁布施行。就立法程序而言，我国法律在立法机关通过后，就具有法律效力。但如不经国家主席颁布，就表明法律还未开始实施，就不能发生实际的法律效力。国家主席根据全国人大或者全国人大常委会的决定，发布特赦令、紧急状态令、宣布战争状态等。特赦是国家免除某些犯罪或特定罪犯全部刑罚或部分刑罚的一种制度。紧急状态是指发生或即将发生特别重大突发的非常情况事件，如遇到战争，在全国或国家局部地区采取紧急权力控制，以消除其社会危害和威胁的非常措施。宣布战争状态是指国家主席根据全国人大或者全国人大常委会的决定，宣布与某国或某一国家集团处于交战状态的声明。

2. 任免权

全国人大或全国人大常委会确定国务院总理、副总理、国务委员、各部部长、各委员会主任、审计长、秘书长的正式人选后，由国家主席宣布其任职；在相反的情况下，宣布其免职。国家主席根据全国人大常委会的决定，派出或召回代表国家的常驻外交代表。

3. 国事活动权

国家主席代表国家进行国事活动，接受外国使节。根据全国人大常委会的决定，国家主席宣布批准或废除条约和重要协定。条约是主权国家间达成的、确定各种相互权利义务关系的协议。协定在广义上是条约的一种形式，但通常专指政府之间的行政协议；只有重要的协定才需经国家代议机关批准或废除，由国家主席履行批准或废除的手续。

4. 荣典权

荣典权，包括授予荣誉权和受到非常礼遇权。根据全国人大常委会的决定，国家主席代表国家授予那些对国家有重大功勋的人或单位荣誉奖章和光荣称号。国家主席在国内外重大外事活动中，有受到非常礼遇的权利。

国家副主席的任职资格与国家主席相同，但宪法未赋予其独立的权力，其职责主要是协助国家主席工作，可以受国家主席的委托，代替国家主席出访、接受外国使节等。副主席受委托行使国家元首职权时，具有与国家主席同等的法律地位，所处理的国务具有与国家主席同等的法律效力。

（四）职位补缺

《宪法》第 84 条规定，在国家主席职位空缺时，由副主席继任主席职位；副主席因故缺位时，由全国人大补选；国家主席、副主席都缺位时，由全国人大补选；在补选前由全国人大常委会委员长暂时代理主席职位。

四、国务院

国家的主要职能是维护特定社会人们的共同生活秩序。承担这项任务的主要国家机构就是一国的行政机关，在我国就是国务院及地方各级人民政府。政府要管的事情有很多，上至国民经济，下至百姓生活，几乎无所不包。这就需要赋予政府以强有力的权力和权威，使之能有效管理。但这也产生了政府权力滥用的可能，宪法就是对这种可能性的一个最高的法律抑制。

（一）国务院的性质和地位

根据宪法规定，中华人民共和国国务院是我国的中央人民政府，是最高国家权力机关的执行机关，是最高国家行政机关。由此，国务院具有双重性质和地位，执行机关表明了国务院是执行全国人大及其常委会法律的机关，行政机关则表示国务院是在全国范围内组织、领导国家行政管理活动的机关。由这种双重性质产生了它的双重地位：①相对于最高国家权力机关来说，国务院处于从属地位。国务院由全国人大及其常委会组织产生，执行全国人大及其常委会各项决议，必须对全国人大及其常委会负责并报告工作。②国务院在全国行政机关系统中居最高地位。国务院统一领导地方各级人民政府的工作，统一领导和管理国务院各部委的工作，其他国家行政机关必须服从国务院的领导和指示。

（二）国务院的组成和任期

国务院由总理、副总理若干人、国务委员若干人、各部部长、各委员会主任、审计长、秘书长组成。国务院总理根据国家主席的提名，由全国人大决定；副总理、国务委员、各部部长、各委员会主任、审计长和秘书长根据总理的提名，由全国人大决定；在全国人大闭会期间，根据总理的提名，由全国人大常委会决定部长、委员会主任、审计长和秘书长的任免。组成人员的任免决定以后，都由国家主席宣布。

国务院的任期与全国人大的任期相同，即每届为 5 年。总理、副总理、国务委员连续任职不得超过两届。

（三）国务院的领导体制和工作制度

1. 领导体制

根据宪法规定，最高国家行政机关实行首长负责制，即国务院整体实行总理负责制，各部委实行部长、主任负责制。总理负责制是指国务院总理对其主管的工作负全部责任，相应的，对自己主管的工作有完全决定权。具体内容有：①总理提名组成国务院，国务院其他人员的任免由总理提名，全国人大及其常委会决定（副总理和国务委员只能全国人大决定），国家主席任命；②总理领导国务院的工作，副总理、国务委员协助总理工作；③总理主持召开国务院常务会议和全体会议，对所议事项有最后决定权，并对决定的后果承担全部责任；④总理签署国务院发布的行政法规、决定和命令、向全国人大及其常委会提出的议案、任免国务院有关人员的决定；⑤总理代表国务院向最高国家权力机关负责并汇报工作。

从各级行政机关的关系上看，理论上国务院能行使对全国全部行政机关的工作领导权，即它可以对任何一级行政机关下达命令，下级行政机关对国务院的指示或命令可以保留自己的意见，但必须服从和执行国务院的指示和命令。

2. 工作制度

国务院作为行政机关，必须对国家管理中的重大问题和紧迫问题作出果断处理，因此，国务院以发布命令和指示为其主要工作方法，也就是说，国务院是一个具有集权性质的国家机关。国务院领导必须坚持民主集中制的组织和活动原则。所以，国务院在进行重大决策时，必须以会议这种集体决策的形式作出。总理召集和主持国务院的全体会议和常务会议。全体会议由全体国务院组成人员组成，常务会议由总理、副总理、国务委员和秘书长组成。对于重大问题，在集体讨论的基础上由总理作出决定。

（四）国务院的职权

国务院的职权也就是国家的最高行政权，大致如下：

①根据宪法和法律，规定行政措施、制定行政法规、发布决定和命令。行政法规是由国务院制定和实施的最高等级的规范性法律文件，是为行政管理和执行法律而制定的，通常采取"条例"的形式，任何部委规章、地方性法规等均不得与之相抵触。行政法规的内容多涉及国家行政管理的较大领域内的事务。决定是对于具体行政事务发布的行政文件，一种是具有普遍约束力的决定，一种是只对特定事项作出的

决定。命令是只对特定事项或特定人作出的行政措施。行政行为是指是采取行政决定或行政命令的形式进行的，决定和命令的执行就是行政措施。行政措施是指行政管理需要或为了执行法律和最高国家权力机关的决议所采取的具体办法和手段。

②为了完成宪法和最高国家权力机关规定的各项任务，向全国人大或全国人大常委会提出有关的法律草案、计划和报告，以及计划和报告的执行情况等议案。

③对所属部委和地方各级行政机关的领导权和监督权。国务院有权确定其所属各部和各委员会的工作内容、工作制度、工作任务和所担负的职能与责任；有权对全国各级行政机关发布指示，规定任务，进行行政领导和监督；有权改变或撤销地方各级行政机关及所属各部委发布的不适当的命令、指示和规章。

④根据经全国人大批准的国民经济和社会发展计划，负责组织、安排、管理各项行政事务，实施法律和各种行政法律文件。

⑤对全国行政人员进行任免和奖惩。国务院有权依照宪法、国务院组织法、地方各级人民代表大会和人民政府组织法以及国家机关工作人员奖惩条例等有关法律，任免国家行政机关的领导人员；奖励先进的工作人员；惩罚违反法纪并造成一定不良后果的工作人员。

⑥批准行政区域划分。批准省、自治区、直辖市的区域划分，批准自治州、县、自治县、市的建置和区域划分。

⑦其他职权。这包括全国人大及其常委会授予的其他职权。这些职权有些涉及全国性的行政工作，有些原属全国人大立法的事项。在管理全国各项事务时，在法律规定的范围内，国务院有行政的自由裁量权，可以根据执法和紧急的需要作出有利于国家和人民利益的决定。

（五）国务院各机构

1. 职能机构

国务院的职能机构是指国务院为履行其管理社会的职能而成立的业务机关，即国务院的各部、各委员会。国务院各部委的设立、撤销和调整由总理提出，由全国人大或全国人大常委会决定。各部委受国务院的统一领导，对国务院总理负责。

2. 工作机构

国务院的工作机构是国务院直属机关，指国务院和各部委为完成特定管理任务而设立的、相对独立于各部委的专业机关，即各专业局、署、室，如海关总署、国家工商行政管理总局、国务院参事室等。直属机构的法律地位低于各部委，其负责人也不是国务院的组成人员，他们的任免由国务院自行决定。直属机构中还包括国务院直属的事业单位，如新华通讯社、中国科学院、国家地震局等。此外，还有各部委所管理的专业局，叫作国家局，地位低于国务院直属局，如国家烟草专卖局等。

3. 办事机构

这是指协助总理处理专项事务和内部事务的支持机关。最主要的办事机构是国务院办公厅，负责处理国务院的日常工作，由国务院秘书长领导。办公厅下面设立一些机构，如港澳办公室、国家机关事务管理局等。

五、中央军事委员会

1982 年宪法草案初稿中无中央军委的建制，而作为制宪蓝本的 1954 年宪法则规定有国防委员会的机构。参加宪法起草的学者提出了设立中央军委的建议，得到采纳后就形成了宪法的相应内容。

（一）中央军委的性质和地位

中央军事委员会是全国武装力量的最高领导机关。中国人民解放军是国家机器的重要组成部分，在国家体制中居于重要地位，是人民民主专政政权的坚强柱石，在保卫国家、生产建设、救助灾难和精神文明建设等国家生活中都起着十分重要的作用。

我国军队是在中国共产党领导下为人民利益服务的军事组织。所以，作为国家机关的中央军委与中国共产党中央军事委员会有同质性。不过，军队的建设和管理、国防问题要通过国家来实现，因而设立国家的中央军委是完全必要的。中共的中央军委组成人员经过党和各民主党派的协商，由全国人大通过，成为国家的中央军委的组成人员，这样就把党的军事指挥系统与国家的军事管理系统统一起来了。

（二）中央军委的组成和任期

根据宪法规定，中央军委由主席，副主席若干人，委员若干人组成。主席由全国人大选举产生；根据主席的提名，全国人大决定其他组成人员的人选。全国人大有权罢免主席和其他组成人员。在全国人大闭会期间，全国人大常委会根据主席的提名，决定其他组成人员的人选。中央军委每届任期同全国人大每届任期相同，即为期 5 年，但没有届数限制。

（三）中央军委的责任

中央军委实行主席负责制，但中央军委的主席负责制并不排斥民主集中制。中央军委主席在对重大问题作出决策之前，必须进行集体研究和讨论，然后再集中正确的意见作出决策。中央军委领导的我国武装力量包括中国人民解放军和人民武装警察部队。

宪法规定，中央军委主席对全国人大和全国人大常委会负责，从而确认中央军委在中央国家机关体系中从属于最高国家权力机关的法律地位，也确认了我国的武装力量属于人民的性质。但是，由于军事问题的特殊性，最高国家权力机关有对中央军委的人事任免权，但没有工作监督权，中央军委并不向全国人大及其常委会报告工作。

六、地方各级人民代表大会

在一个国家中，相对于主权权力的公共权力就叫作地方权力，为行使这些权力而建立的组织就叫作地方国家机关。在我国单一制国家结构形式下，人民通过宪法把全部公共权力授予国家，同时将之分为中央和地方两部分，这就是为什么我国各地方都设立人民代表大会的缘由，这与自秦以来中央与地方关系传统产生了重大差别。但是，人民还授予了中央以决定权力调整与行使范围的特权，即我们常说的权力统一原则——单一制国家结构形式下的权力法则。

（一）地方人大的性质和地位

地方各级人大在性质上是双重的。第一，地方各级人大是地方国家权力机关，是地方国家机关的组织者，产生并监督本级地方国家行政机关，因而地方各级人大在本行政区域国家机关体系内居于最高地位；同时，"地方"意味着"部分"，不是一种完整的公共权力，不具有主权性，只是国家某一部分地区的国家权力，而且仅在本地区有效。第二，地方各级人大是地方人民意志的代表机关，但仅是本地区人民意志的代表者，其意志不能对其他地区人民的利益有所侵犯，更重要的是不能违背全体人民的意志和利益。因此，存在这样的结果：一方面而言，各级人大（包括全国人大）彼此之间是不存在隶属关系的，即它们在意志上各自具备相对独立性；另一方面而言，地方人大所代表的本地区人民的意志和利益既不能与上一级人大所代表的意志和利益相冲突，更不能与全国人大所代表的全国人民的整体意志和利益背道而驰。

这就是为什么宪法规定，上一级人大可以撤销但不能改变下一级人大不适当的决定，意志相互独立表明上级人大不能改变，意志范围不同表明上级可以撤销。

（二）地方人大的组成和任期

与全国人大一样，地方各级人大是由代表组成的，省、自治区、直辖市、自治州、设区的市的人大代表是由下一级人大通过间接选举的方式产生。县、自治县、不设区的市、市辖区、乡、民族乡、镇的人大代表，则是由选民直接选举产生。地方各级人大代表的具体名额，由上一级人大常委会按照选举法规定的代表名额基数与按人口基数增加的代表数来确定。地方各级人民代表大会每届任期 5 年。

（三）县级以上地方各级人大常委会

1. 性质和地位

宪法只规定县级以上地方各级人大设立常委会，而乡级人大则没有规定。乡级人大一般只在开会时期产生主持会议的主席团，但它不是常设机构。县以上地方各级人大常委会是本级人大的常设机关，也是制定法规或规则的机关，在本行政区域内的国家机关体系中处于最高地位。

2. 组成和任期

县级以上的地方各级人民代表大会的常务委员会是由主任、副主任若干人以及委员若干人所组成的，他们对本级的人民代表大会负责并且报告工作。县级以上的地方各级人民代表大会常务委员会的组成人员不能担任国家行政机关、国家审判机关以及国家检察机关的职务。县以上地方各级人大常委会的任期为 5 年，与本级人大任期相同。不过，法律没有明确规定人大常委会组成人员连续任职的届数，但按照目前的宪法惯例，常委会主任任职一般也不超过两届。

3. 职权

县级以上的地方各级人民代表大会常务委员会有权讨论、决定本行政区域内相关方面工作的重大事项；有权监督本级人民政府、人民法院和人民检察院的工作；有权撤销本级人民政府不适当的决定和命令；有权撤销下一级人民代表大会的不适当的决议；能够依照法律规定的权限决定国家机关工作人员的任免；能够在本级人民代表大会闭会期间，罢免和补选上一级人民代表大会的个别代表。

七、地方各级人民政府

（一）性质和地位

地方各级人民政府是地方各级国家行政机关，是地方各级国家权力机关的执行机关，即它从属于本级的国家权力机关，是由国家权力机关所产生的，并对国家权力机关负责以及受到国家权力机关的监督。与此同时，地方各级人民政府还必须要服从于上级人民政府的领导，即要向上一级人民政府负责以及报告工作，并执行上级行政机关的决定以及命令。此外，全国地方各级人民政府要在接受国务院领导的前提下，充分发挥自身的主动性，以更好地完成社会管理的职责。

（二）组成、任期和领导体制

1. 组成

省级人民政府、自治州和设区的市分别是由省长、自治区主席、市长、州长担任政府的首长，与副省长、副主席、副市长、副州长以及各自的秘书长、厅长、局长、委员会主任等组成各该级人民政府。县、自治县、不设区的市、市辖区人民政府分别由县长、副县长、市长、副市长、区长、副区长和局长、科长等组成。乡、民族乡、镇人民政府，分别由乡长、副乡长、镇长、副镇长等组成。

2. 任期

地方各级人民政府每届任期与本级人大的任期相同，与各级人大相同，政府组成人员可以连选连任且并无届数限制，但实践中通常也只连任一届。

3. 领导体制

与国务院一致，地方各级人民政府也实行首长负责制，目的在于使行政职责分明。但与此同时，根据民主集中制的原则，针对一些重大的决策问题，地方各级人民政府的首长要召开会议进行商讨。召开的会议分为全体会议和常务会议，其中全体会议由本级人民政府全体成员组成；常务会议则由人民政府的正副职组成，省、自治区、直辖市、自治州和设区的市的人民政府秘书长也参加常务会议。通过会议使得一定的政府成员之间可以进行民主的讨论。然后根据会议的商讨情况，由行政首长集中权衡利与弊，作出最终的决策，并对所作的决策承担相应的政府责任。

（三）派出机构

根据宪法和法律的规定，在必要的时候，省、自治区人民政府经国务院的批准，可以设立若干行政公署以作为它的派出机关。县、自治县的人民政府经省、自治区、直辖市的人民政府的批准，可以设立若干区公所以作为它的派出机关。市辖区、不设区的市的人民政府经上一级人民政府的批准，可以设立若干街道办事处以作为它的派出机关。

从性质上来说，派出机构相当于政府的一个工作部门，不是一级的政权机关，并不设立以及召开人大。从任务来说，其主要任务有两个：一是为了执行设立和派出它的人民政府所交付的任务；二是协助上级人民政府做好对辖区内的下级人民政府的监督、检查以及指导的工作。

八、民族自治地方的自治机关

（一）民族自治地方的类型

我国民族区域自治制度的核心内容是由民族自治地方、自治机关和自治机构所构成的。民族自治地方，即指以一个或几个少数民族聚居区为基础所建立起来的行政区。目前，我国民族自治地方基本上有如下三种类型：

一类是以一个少数民族聚居区为基础建立起来的自治地方，如西藏自治区、宁夏回族自治区、吉林省延边朝鲜族自治州等。这种自治地方的特点表现为：实行区域自治的只有一个少数民族，所辖区域内一般也没有其他少数民族自治地方。但在自治区域内也有其他少数民族，只是人数相对较少或居住较为分散，不宜再建其他自治地方。

另一类是以一个人口较多的少数民族聚居区为基础，与此同时又包括一个或几个人口较少的其他少数民族聚居区所建立起来的自治地方，如新疆维吾尔自治区、广西壮族自治区、内蒙古自治区。在新疆维吾尔自治区内，设有 5 个民族自治州、6 个民族自治县。

第三类是以两个或三个的少数民族聚居区为基础联合建立的自治地方。如云南省德宏傣族景颇族自治州，就是由傣族和景颇族联合建立起来的自治州；甘肃省积石山保安族、东乡族和撒拉族自治县，是由保安族、东乡族和撒拉族三个少数民族联合建立的自治县，等等。

（二）民族自治机关

1. 含义

民族自治机关是指民族自治地方所设立的国家权力机关及国家行政机关，即自治区、自治州和自治县的人大及人民政府。

民族自治机关的组成和工作，由当地人大及其常委会通过的自治条例和单行条例规定。自治机关的组成和工作不以有关组织法为依据，但有关的自治法规不得违背宪法和组织法的规定。按照宪法规定，我国的法制是统一的，所以，民族自治地方的司法机关即人民法院和人民检察院都不属于民族自治机关。

自治机关是民族区域自治的制度保障，是特定的少数民族人民行使当家作主权利、管理民族事务的主要工具。如果没有自治机关，民族区域自治就无法落实。

2. 民族自治地方的人大

民族自治地方人大的组成和一般地方人大一样，都由当地人民选举产生。但是，根据民族区域自治法的规定，与一般地方人大不同的是，实行民族区域自治的地方人大，其少数民族代表应该占有特定的名额和比例。实行区域自治的民族和其他少数民族代表的所占的名额和比例，应该根据选举法等法律规定的原则，由省级人大常委会决定，并报全国人大常委会备案。

民族自治地方人大常委会中的主任或者副主任，应当由实行区域自治民族的公民所担任。也就是说，它的常委会主任既可以由实行区域自治的民族的公民来担任，也可以由其他民族的公民来担任。如果主任是其他民族的公民担任，则副主任中必须有自治民族的公民。

3. 民族自治地方的政府

民族自治地方的人民政府由本级人大产生，对它负责，向它报告工作，受它监督；在本级人大闭会期间向本级人大常委会负责并报告工作。与此同时，它们也要向上一级国家行政机关负责并报告工作，并都是国务院统一领导下的国家行政机关，都要服从国务院。

民族自治地方的政府首长，即自治区主席、自治州州长、自治县县长必须来自于自治民族的公民，由实行区域自治的民族的公民所担任，其他民族的公民不能担任，并且只有政府的其他组成人员才应合理配备自治民族的公民和其他民族的人员。这就意味着其他少数民族和汉族人员可以担任副主席、副州长、副县长以及厅局等机构的正副职领导人。

民族自治地方的人大和政府所属工作部门的普通干部、工作人员，应当合理配备自治民族和其他少数民族的人员。

（三）自治权

1. 自治权的性质

民族区域自治制度的核心和实质为：民族自治地方的自治机关行使民族自治权。少数民族当家作主的权利和民族利益，都反映在自治权上，同时也根据自治权得到维护。民族自治权具有多重性，相对于其他民族来说，它是由法律确认的该民族人民整体的权利；相对于一般国家权力而言，它是特殊的地方国家权力，是民族自治机关行使的公共权力；相对于上级国家权力而言，它是民族自治地方的权利。不过，就自治机关行使的自治权属性看，它仍属于一种公共权力，只能依法享有和行使。

2. 自治权

从性质上来说，民族自治地方是我国的地方行政区域，自治机关是一级地方国家机关。因此，它们依法行使一般地方国家机关的职权；同时，作为民族自治机关，它们又依法享有广泛的自治权，具体来说主要包括以下几项。

（1）制定自治法规

民族自治地方的人大有权依照当地民族的政治、经济和文化的特点，制定自治条例和单行条例。其中，自治条例只能由人大制定，在实践中单行条例则可由人大及其常委会制定。

（2）变通或者停止执行上级规范性法律文件

上级国家机关的决议、决定、命令或者指示如果有不适合民族自治地方具体实际情况的，自治机关可以报请该上级国家机关批准，变通或者停止执行。

（3）使用通用的语言文字

自治机关在执行职务时，要依照自治法规的规定，使用当地通用的一种或几种语言文字；同时使用几种语言文字的，可以以自治民族的语言文字为主。

（4）培养、使用少数民族人才

自治机关根据需要，可从当地民族中培养选拔各级干部，各种科技、经营管理人才和技术工人。在录用工作人员时，对于自治民族和其他少数民族人员应给予适当的照顾；在本地方企业、事业单位招收人员时，应优先招收少数民族人员。

（5）组织本地方的公安部队

民族自治地方的自治机关依照国家的军事制度和当地实际情况，经国务院批准，可以组织本地方的公安部队。

（6）有经济和财政自主权

民族自治地方根据自己的特点发展社会主义市场经济，在多种所有制基本经济制度下，鼓励发展非公有制经济。民族自治地方的财政属于一级地方财政，民族自治机关拥有管理地方财政的自治权。凡依照国家财政体制，属于民族自治地方的财政收入，都应当由民族自治地方的自治机关自主地安排使用。民族自治地方在全国统一的财政体制下，享受上级财政的照顾；其财政预算支出设机动资金，预备费在预算中所占比例高于一般地区。

民族自治地方的自治机关可以对开支标准、定员、定额等事项制定补充规定和具体办法，自治区的报国务院备案，自治州和自治县的报省级人民政府批准。

民族自治地方的自治机关在执行国家税法的时候，除应由国家统一审批的减免税收项目外，对属于地方财政收入的部分，报省、自治区或直辖市人民政府批准后，可以实行减税或者免税。

自治机关可根据需要，依法设立地方商业银行和城乡信用合作组织。

（7）有安排和管理地方经济建设事业的自主权

民族自治地方的自治机关在国家宏观调控下，根据本地方的特点和需要，可以制定建设本地方经济的方针政策和计划；合理调整生产关系；依法管理、保护和建设本地方的森林、草原，合理开发利用自然资源；根据本地方情况安排地方建设项目；自主管理属于本地方的企业、事业；经国务院批准可以开辟对外贸易口岸，在对外经济贸易中享受国家优惠政策。

此外，自治权还包括管理本地方的教育、科学技术、文化艺术、医疗卫生、体育等项事业的自主权，制定管理流动人口的办法等。

九、人民法院和人民检察院

（一）性质和地位

人民法院是国家的审判机关。人民法院依法独立行使审判权。审判权构成了国家司法权的主要组成部分，有狭义和广义之分。狭义的审判是指人民法院依照法律对刑事案件、民事案件和其他案件进行审理和判决的权力。广义的审判权在我国则不仅包括审理和判决案件的权力，而且还包括法院对法律法规进行适用性解释的权力、在当事人间进行调解的权力、执行生效法律文书的权力，等等。

人民检察院是国家的法律监督机关。人民检察院依法独立行使检察权。检察权属于司法权的一部分。人民检察院通过行使检察权，对国家机关、国家机关工作人员和公民是否遵守宪法和法律实行法律监督。

人民法院依照法律规定独立行使审判权，人民检察院依照法律规定独立行使检察权，二者均不受行政机关、社会团体和个人的干涉。为了切实地贯彻人民法院、人民检察院依法独立行使自身职权的宪法规定，党的十八届四中全会上提出了完善确保依法独立公正地行使审判权和检察权的一系列的具体改革举措。指出"各级党政机关和领导干部要支持法院、检察院依法独立公正地行使职权。要建立领导干部干预司法活动、插手具体案件处理的记录、通报以及责任追究制度。任何党政机关和领导干部都不得让司法机关做违反法定职责、有碍司法公正的事情。任何司法机关都不得执行党政机关和领导干部违法干预司法活动的要求。对干预司法机关办案的，给予党纪政纪处分，造成冤假错案或者其他严重后果的，依法追究刑事责任。"

（二）组成和任期

最高人民法院、地方各级人民法院和专门人民法院构成了人民法院的组织系统。其中最高人民法院属于最高国家审判机关；地方各级人民法院包括了基层人民法院、中级人民法院以及高级人民法院。专门人民法院是指专门设立来以审理特种类型案件的人民法院，包括军事法院、海事法院、知识产权法院和其他专门法院等。

人民法院设有院长、副院长、各庭庭长、副庭长，同时设有审判委员会。其中院长由同级人大选举和罢免；副院长、庭长、副庭长、审判委员会委员、审判员由同级人大常委会任免。在省、自治区内按地区设立的中级人民法院院长和直辖市内设立的中级人民法院院长，由省、自治区、直辖市人大常委会任免。

最高人民检察院、地方各级人民检察院和专门人民检察院属于人民检察院的组织系统。其中地方各级检察院又分为省级检察院、省级检察分院、自治州和省辖市检察院以及县级检察院。省级和县级检察院根据工作的需要，经本级人大常委会批准，可以在工矿区、农垦区、林区等区域设置人民检察院作为派出机构。专门人民检察院包括军事检察院等。

人民检察院是由检察长一人、副检察长和检察员若干人组成，并设有检察委员会。其中最高人民检察院的检察长是由全国人大选举和罢免，副检察长、检察委员会委员和检察员是由检察长提请全国人大常委会任免。省级人民检察院的检察长、检察分院的检察长由省级人大选举和罢免，副检察长、检察委员会委员由省级检察院的检察长提请本级人大常委会任免。自治州、省辖市、县、市、市辖区检察院的检察长由本级人大选举和罢免，副检察长、检察委员会委员、检察员，由检察长提请本级人大常委会任免。地方各级检察院检察长的任免，须报上一级检察院检察长提请该级人大常委会批准。

省、县一级检察院在工矿区、农垦区、林区设置的检察院检察长、副检察长、检察委员会委员和检察员，均由派出的检察院检察长提请本级人大常委会任免。

各级法院院长、副院长、庭长、副庭长、审判员和助理审判员，以及各级人民检察院检察长、副检察长、检察员和助理检察员必须是年满 23 周岁有选举权和被选举权的中国公民。各级人民法院院长和各级人民检察院检察长的任期与同级人大每届任期相同，均为 5 年。最高人民法院院长和最高人民检察院检察长连续任职均不得超过两届。

（三）领导体制

最高人民法院、最高人民检察院均对全国人民代表大会和全国人民代表大会常务委员会负责。地方各级人民法院对产生它的国家权力机关负责。地方各级人民检察院对产生它的国家权力机关以及上级人民检察院负责。

最高人民法院统一监督地方各级法院以及专门法院的审判工作；上级人民法院监督下级人民法院的审判工作。最高人民法院和上级人民法院的监督属于工作监督，即指通过纠正下级人民法院的错误判决而进行的审判监督；最高人民法院和上级人民法院不能对下级人民法院下达命令，不能要求下级人民法院按上级人民法院的指示进行审判活动。

我国人民检察院的领导体制则实行双重领导原则，地方各级人民检察院除对产生它的国家权力机关负责外，还要接受上级人民检察院的工作领导。

第四节　选举制度

一、选举和选举制度的含义

（一）选举的含义

选举（election）一词源于拉丁文 eligere，从词意来讲，即指"挑出"或"拣出"的意思。从一般意义上来讲，选举即指一定的社会成员，按照一定的程序以及方式选择公职人员或代表的行为。而从我国政治生活的角度进行分析，选举则指选民、选举单位或国家机关按照国家法律规定的程序以及方式，选定国家代表机关代表和国家公职人员的行为。近现代以来的"选举"将选举视为公民享有的一种权利，选举首先体现为一种"自由的选举"；其次，"民主选举"是实行"选举"的应有题中之意，即必须体现多数人统治要求的，或者是产生多数人统治的选举；最后，要实现自由民主的选举，和平的社会环境以及法治秩序是不可缺失的必要保障，毕竟一个基本上陷入无政府状态的国家是不会有真正意义上的民主选举的，对其抱有"自由民主选举"的期望仅是一种侥幸心理。

（二）选举制度的含义

选举制度（electoral system）是由法律规定的关于选举国家代表机关代表和国家公职人员的各项制度的总称。从此含义可以衍生出这样的解释：

第一，要保证各项选举得以自由、民主地进行，必须要建立相应的选举制度以辅助其运行。这就说明在一定程度上选举制度是衡量一个国家政治是否民主的重要标志，属于国家政治制度的重要组成部分。

第二，选举制度要以一定的法律法规加以确认，即选举法。选举法（electoral law）即指确认国家选举制度的法律，它是规定选举国家代表机关的代表和国家公职人员的制度的法律规范的总和。

第三，选举制度是关于选举的各项制度的总称，内容主要包括选举的基本原则，选举权利的确定，选举的组织、程序和方法，候选人提名与竞选，选民资格，选举经费，投票及选票计算，选民和代表的关系，以及对破坏选举行为的认定与制裁，等等。

二、我国选举制度的基本原则

(一) 选举权的普遍性原则

在我国，这项原则是指年满 18 周岁、具有中国国籍、依法享有政治权利的人都可依法自由地行使选举权和被选举权，任何以民族、种族、性别、职业、家庭出身、宗教信仰、教育程度、财产状况、居住期限等为理由限制公民参加选举的行为都是违法的。享有选举权的基本资格只有三项：公民资格、法定年龄资格和政治权利状况。其中前两项是肯定资格，后一项是否定资格，即只要符合两项条件而又不存在后一项情况，就享有权利。现行宪法只以是否在法律上被宣布剥夺政治权利为准，即所有公民在法律地位平等的基础上均享受平等的选举权，法律不事先设定某个公民的政治或法律地位，选举权的剥夺与否取决于人民法院的依法判决。按照选举法的规定，在直接选举时，精神病患者不能行使选举权的，经选举委员会确认，不能列入选民名单。不过需要注意的是，精神病患者和被剥夺政治权利者虽然都不能参加投票，但是二者有本质的区别：前者享有选举权，只是法律限制或暂时停止其投票的行为能力，后者则属于法律剥夺其参与选举的权利能力。

(二) 选举权的平等性原则

按照我国选举法规定，每一选民在一次选举中只有一个投票权。选举权的平等性体现在两个方面：一是体现在"一人一票"，二是体现在"选票价值相等"。具体而言，在直接选举的地方，每个选民所投选票的效力相等，即每一选民在每一次选举中只能在一个地方有一个投票权。在间接选举的地方，人民代表投票的情况亦复如此。选举制度的这项原则是公民在法律面前一律平等原则的具体体现。我国选举法于 2010 年修改，已经确立了每一代表所代表的城乡人口数相同的原则，选举权的平等性更加明显。为体现实质平等，我国选举法仍然规定，代表名额的分配应当保证各地区、各民族、各方面都有适当数量的代表，而且在县、自治县的人民代表大会中，人口特少的乡、民族乡、镇，至少应当有代表一人。

(三) 直接选举与间接选举并用原则

我国选举制度的直接选举和间接选举主要是指人大代表的产生方式。其中直接选举是指由选民直接投票选举代议机关代表或其他公职人员的选举；间接选举是指由选民先选出代表或选举人，再由代表或选举人投票选举上一级代表机关代表或其他公职人员的选举。按照我国选举法的规定，全国人民代表大会的代表，以及省、自治区、直辖市、设区的市、自治州的人民代表大会的代表，由下一级人民代表大会选举。不设区的市、市辖区、县、自治县、乡、民族乡、镇的人民代表大会的代表，由选民直接选举。由此可见，我国县级以下的基层人大采取直接选举的方式产生代表，而县级以上的人大则采取间接选举的方式。

（四）秘密投票原则

秘密投票（secret ballot）也可以称作无记名投票方式，即指选民在投票的时候，不需要签署自己的姓名，只需要在选票所列出的候选人的姓名下面以符号的形式来注明同意或者不同意即可，并且在填写选票后亲自将选票投入票箱。因此，秘密投票方式要得以完整，就包括了选民不署名、只标明选择意愿和亲自投票这三个方面的权利。这种投票方式是与起立、举手、鼓掌等公开表达自己选择意向的方式相对应的一种投票方式，它使得其他人没有办法获知选民的选择，让选民的选择意愿不受任何外来干涉和影响，放心选择。我国选举法规定，全国和地方各级人民代表大会代表的选举，一律采用无记名投票的方法，选举时应当设有秘密写票处。

秘密投票方式的产生是政治权利保护的结果。从理论上说，包括人民代表在内的任何公职人员都是人民的公仆，其权力和地位都取决于人民的选择。但是，在现实生活中存在着权力的异化现象，公仆在一定条件下却可能成为压迫人民的主人，可能在当选后利用手中的权力，对不同意其主张的选民采取不利的态度和做法；而在选举过程中，优势地位的选民也有可能强迫其他不同意见的选民接受自己的选择。为保护选民的意志自由和自由选举制度，秘密投票的制度由此产生，使人无法从选票上辨认出选民的字迹，从而无法对特定选民施加任何影响或报复。不过，作为一项选民权利，秘密投票可以放弃。这主要有两种情况：一是选民对选票上所列候选人均不满意时，可以自由地写下其他候选人或任何人的姓名，作为自己的选择；二是在必要时可请求他人代为写票和投票。我国选举法规定，选民如果是文盲或者因残疾不能写选票的，可以委托他信任的人代写。选民如果在选举期间外出，经选举委员会同意，可以书面委托其他选民代为投票。

（五）选举的保障原则

在我国选举制度中，为保障选举制度的民主性，使每个选民都能参加选举、自由表达意愿，选举法专门规定了对选民行使选举权的物质上和法律上的保障。就物质保障而言，我国选举法规定，全国人民代表大会和地方各级人民代表大会的选举经费，列入财政预算，由国库开支。在法律保障方面，我国选举法设专章规定了对破坏选举的制裁，制裁措施包括依法给予治安管理处罚和依法追究刑事责任等。

三、我国的选举程序

选举的过程就是政治利益的分配过程，也是多数意志的形成过程，同时又是民主政治的起点。因此，选举过程公正与否，直接关系着反映民意的准确程度以及与民意相当的政治利益分配，同时也间接地说明选举后的政治是不是民主的。所以，选举法总是对选举的程序问题作出极为详细的规定，事实上选举法的主要内容就是规定选举的程序。

（一）选举的组织

选举的组织是指承担选举的各项准备工作、主持选举和宣布选举结果的机构。由于我国采取直接选举和间接选举两种选举方式，因而负责选举工作的机构是不同的，主要有各级人大常委会和选举委员会两种形式。全国人大常委会主持全国人大代表的选举。

按照人大组织法和选举法的规定，实行间接选举的时候，选举工作由本省、自治区、直辖市、设区的市、自治州的人大常委会主持本级人大代表的选举。

实行直接选举的时候，则设立选举委员会主持选举工作。即不设区的市、市辖区、县、自治县、乡、民族乡、镇设立选举委员会，主持本级人民代表大会代表的选举。选举委员会分县、乡两类：不设区的市、市辖区、县、自治县的选举委员会由本级人大常委会任命，并受本级人大常委会领导；乡、民族乡、镇的选举委员会也由县级人大常委会任命，并受县级人大常委会领导。选举委员会是组织和承担选举工作的办事机构。选举法还规定，省、自治区、直辖市、设区的市、自治州的人民代表大会常务委员会指导本行政区域内县级以下人民代表大会代表的选举工作。

（二）选区的划分

选区是以一定数量的人口为基础所划分的、进行直接选举以产生人民代表的区域，同时也是人民代表联系选民的基本单位。划分选区的目的主要是在特定地区的人大代表与选民间建立起代表关系及责任关系。特定人大代表是一个地区选民参与国家管理的代理人，但同时，根据一般代理原理，人大代表的代议活动又不受本地区选民的约束，为使代表能成为选民的利益代言人，就必须使之向选民负责。选区就是代表产生并联系选民的基本单位。在实行间接选举时，无所谓选区划分。

我国选举法规定，不设区的市、市辖区、县、自治县、乡、民族乡、镇的人民代表大会的代表名额分配到选区，按选区进行选举。选区可以按居住状况划分，也可以按生产单位、事业单位、工作单位划分。选区的大小，按照每一选区选一至三名代表划分。据此，选区划分应当考虑和遵循的原则为：①便于选民就近参加选举，方便选民行使权利；②便于选举的组织工作；③便于选民了解代表候选人的情况；④便于代表联系选民，对选民负责，也便于选民对代表进行监督。具体而言，我国选区划分的一个特色就是，不像西方国家那样，仅按居住状况划分选区，我国还可以按生产或工作单位划分。在城市中，按单位划分选区的情况非常普遍，而候选人往往也来自于各个单位，所以我国人大代表的职业代表性非常强，构成了我国各级人大代表成份的重要特色。同时，每一选区的大小按选一至三名代表划分，近似于西方国家的中选区制，一个单位既可以作为一个选区，也可以根据单位的大小划分为若干个选区，比较灵活。

（三）选民登记

选民是指具有中国国籍的、年满18周岁的有选举权的自然人。在某一国特定地区居住的居民不能自动享有选举权，特定公民也不能自动地成为选民。由于选举是国家的一项政治活动，选举权是政治权利，所以，外国人或依法被剥夺政治权利的公民没有选举权；享有选举权的公民可以成为选民，但在某一特定地区，彼地的选民不能成为此地的选民。因此，在一次选举中，若能成为选民并参加活动，就要求公民必须进行选民登记，即确定某人是否享有选举权以及投票权，如果有，就会被列入选民名单并取得选民证。在进行直接选举的地方进行的选民登记，是对选民资格和投票资格进行确认的法律程序，任何公民只有经过选民登记，才能享有特定地区的选民资格。根据选举法的规定，选民登记的主要内容包括：

①选民登记按地区进行，由选举委员会负责组织登记工作。

②凡年满18周岁，未被剥夺政治权利的公民都应列入选民名单；精神病患者不能行使选举权利的，经选举委员会确认，不列入选民名单。

③经登记确认的选民资格长期有效。每次选举前对上次选民登记以后新满18周岁的、被剥夺政治权利期满后恢复政治权利的选民，予以登记；对选民经登记后迁出原选区的，列入新迁入的选区的选民名单；对死亡的和依照法律被剥夺政治权利的人，从选民名单上除名。

④选民名单应在选举日的20日以前公布，实行凭选民证参加投票选举的，应当发给选民证。

⑤对于公布的选民名单有不同意见的，可以向选举委员会提出申诉。

选举委员会对申诉意见，应在3日内作出处理决定。申诉人如果对处理决定不服，可以在选举日的5日以前向人民法院起诉，人民法院应在选举日以前作出判决。人民法院的判决为最后决定。

（四）代表候选人的产生

1. 推荐代表候选人

选举法规定，推荐候选人的方式如下：第一，各政党、各人民团体，可以联合或者单独推荐代表候选人。第二，选民或者代表，只要10人以上联名，也可以推荐代表候选人。其中必经的程序是：推荐者应该向选举委员会或者大会主席团介绍代表候选人的情况，而受推荐的代表候选人应当如实提供个人身份、简历等基本情况，如果提供的基本情况不属实，选举委员会或者大会主席团应当向选民或者代表通报。

2. 确定正式代表候选人

这有两种情况：第一种情况，如果人民代表大会代表是由选民直接选举的，那么代表候选人由各选区选民和各政党、各人民团体提名推荐。当选举委员会汇总后，将代表候选人的名单及其基本情况在选举日的 15 日以前公布，并要交各该选区的选民小组讨论、协商，确定正式代表候选人名单。第二种情况，如果所提代表候选人的人数超过规定的最高差额比例，则由选举委员会交各该选区的选民小组讨论、协商，根据较多数选民的意见，确定正式代表候选人名单；对正式代表候选人不能形成较为一致意见的，进行预选，根据预选时得票多少的顺序，确定正式代表候选人名单。正式代表候选人名单及其基本情况应当在选举日的 7 日以前公布。

县级以上的地方各级人民代表大会在选举上一级人民代表大会代表时，提名、酝酿代表候选人的时间不得少于两天。各该级人民代表大会主席团将依法提出的代表候选人名单及代表候选人的基本情况印发全体代表，由全体代表酝酿、讨论。如果所提代表候选人的人数符合《选举法》第 30 条规定的差额比例，直接进行投票选举。如果所提代表候选人的人数超过规定的最高差额比例，进行预选，根据预选时得票多少的顺序，按照本级人民代表大会的选举办法根据《选举法》确定的具体差额比例，确定正式代表候选人名单，进行投票选举。

3. 介绍代表候选人

选举委员会或者人民代表大会主席团应当向选民或者代表介绍代表候选人的情况。推荐代表候选人的政党、人民团体和选民、代表可以在选民小组或者代表小组会议上介绍所推荐的代表候选人的情况。选举委员会根据选民的要求，应当组织代表候选人与选民见面，由代表候选人介绍本人的情况，回答选民的问题。但是，在选举日必须停止代表候选人的介绍。

（五）代表的产生

1. 投票程序

代表是由选民直接选举产生的县、乡两级的投票活动由选举委员会主持，选举委员会应当根据各选区选民分布状况，按照方便选民投票的原则设立投票站进行选举。如果选民居住比较集中的，可以召开选举大会，进行选举；因患有疾病等原因行动不便或者居住分散并且交通不便的选民，可以在流动票箱投票。县级以上的地方各级人民代表大会在选举上一级人民代表大会代表时，由各该级人民代表大会主席团主持。

全国和地方各级人民代表大会代表的选举，一律采用无记名投票的方法。选举时应当设有秘密写票处。选民如果是文盲或者因残疾不能写选票的，可以委托他信任的人代写。选民如果在选举期间外出，经选举委员会同意，可以书面委托其他选民代为投票。每一选民接受的委托不得超过3人，并应当按照委托人的意愿代为投票。选举人对于代表候选人可以投赞成票，可以投反对票，可以另选其他任何选民，也可以弃权。

2. 选举结果的确定

首先，要确定的是选举日的选举活动在形式上是否有效。即在直接选举的地方，只有选区全体选民的过半数参加投票，选举有效；在间接选举的情况下，虽然对选举的法定人数没有特别的规定，但也应全体代表过半数参加投票。而且公民不可以同时担任两个以上无隶属关系的行政区域的人民代表大会代表。

其次，要确定有效票的票数。投票结束以后，由选民或者代表推选的监票、计票人员和选举委员会或者人民代表大会主席团的人员要将投票人数和票数加以核对，作出记录，并由监票人签字。对选票的有效性应作这样的认定：每一选票所选人数，多于规定应选人数的无效；等于或少于规定应选代表人数的有效。

第三，有效票的票数统计出来后，就要确定选举在实质上是否有效：选举中所投票数多于投票人数的，选举无效；等于或少于投票人数的，选举有效。

第四，要确定当选。在直接选举的地方，代表候选人获得参加投票的选民过半数的有效选票即为当选；在间接选举的情况下，代表候选人获得全体代表过半数的有效选票即为当选。在确定当选的过程中，会出现两种特殊情况：第一种情况是，获得过半数选票的代表候选人的人数超过应选代表名额时，以得票多的当选；如果遇到票数相等无法确定当选人时，应当就票数相等的候选人再次投票，以得票多的当选。第二种情况是，当选代表的人数少于应选名额时，就要另行组织选举。另行选举时，根据第一次投票时得票多少的顺序，按照选举法规定的差额比例，确定候选人名单，如只差1人，候选人就应为2人；另行选举县级和乡级人大代表时，以得票较多的当选，但其得票数不得少于选票的1/3；县级以上人大在另行选举上一级人大代表差额时，候选人获得全体代表过半数的选票，始得当选。

最后，选举结果由选举委员会或者人大主席团根据选举法的规定确定是否有效，并予宣布。至此，选举结束。但当选者还只是"当选代表"，而非"在任代表"，在新一届人大召集时，经过代表资格委员会的确认，才能成为正式的人大代表。

四、代表的罢免、辞职和补选

(一) 代表的罢免

1. 罢免案的提出

全国和地方各级人民代表大会的代表，受选民和原选举单位的监督，选民或者选举单位都有权罢免自己选出的代表。罢免可分两种情况提出：

第一，对于县级的人民代表大会代表，原选区选民 50 人以上联名，对于乡级的人民代表大会代表，原选区选民 30 人以上联名，可以向县级的人民代表大会常务委员会书面提出罢免要求。

第二，对于县级以上的人大代表，在地方各级人大举行会议时，主席团或1/10以上的代表联名，在人大闭会期间，县级以上地方各级人大常委会主任会议或者常委会 1/5 以上的组成人员联名，可以提出对由该级人大选出的上一级人大代表的罢免案。罢免要求和罢免案都要写明罢免理由。

2. 罢免案的审议

被提出罢免的县级人大代表有权提出申辩意见，一种是在选民会议上提出申辩意见，另一种是书面提出申辩意见。县级的人民代表大会常务委员会应该将罢免要求和被提出罢免的代表的书面申辩意见印发原选区选民。县级以上的地方各级人民代表大会举行会议的时候，被提出罢免的代表有权在主席团会议和大会全体会议上提出申辩意见，或者是书面提出申辩意见，由主席团印发会议。罢免案经会议审议后，由主席团提请全体会议表决。县级以上的地方各级人民代表大会常务委员会举行会议的时候，被提出罢免的代表有权在主任会议和常务委员会全体会议上提出申辩意见，或者书面提出申辩意见，由主任会议印发会议。罢免案经会议审议后，由主任会议提请全体会议表决。

3. 罢免案的表决

罢免代表采用无记名的表决方式。主要有以下情况：

第一，罢免县级和乡级的人民代表大会代表，须经原选区过半数的选民通过。

第二，罢免由县级以上的地方各级人民代表大会选出的代表，须经各该级人民代表大会过半数的代表通过；在代表大会闭会期间，须经常务委员会组成人员的过半数通过。罢免的决议，须报送上一级人民代表大会常务委员会备案、公告。

(二) 代表的辞职

1. 间接选举的代表的辞职

全国人民代表大会代表，省、自治区、直辖市、设区的市、自治州的人民代表大会代表，可以向选举他的人民代表大会的常务委员会书面提出辞职。常务委员会接受辞职，须经常务委员会组成人员的过半数通过。接受辞职的决议，须报送上一级人民代表大会常务委员会备案、公告。

2. 直接选举的代表的辞职

县级的人民代表大会代表可以向本级人民代表大会常务委员会书面提出辞职，乡级的人民代表大会代表可以向本级人民代表大会书面提出辞职。县级的人民代表大会常务委员会接受辞职，须经常务委员会组成人员的过半数通过。乡级的人民代表大会接受辞职，须经人民代表大会过半数的代表通过。接受辞职的，应当予以公告。

（三）代表的补选

代表在任期内，因故出缺，由原选区或者原选举单位补选。地方各级人民代表大会代表在任期内调离或者迁出本行政区域的，其代表资格自行终止，缺额另行补选。县级以上的地方各级人民代表大会闭会期间，可以由本级人民代表大会常务委员会补选上一级人民代表大会代表。补选出缺的代表时，代表候选人的名额可以多于应选代表的名额，也可以同应选代表的名额相等。补选的具体办法，由省、自治区、直辖市的人民代表大会常务委员会规定。

第五节 宪法监督

一、宪法监督的主要内容

监督宪法实施主要有以下内容。

（一）审查法律、法规及法律性文件的合宪性

国家立法机关所制定的一般法律以及其他国家机关颁布的规范性文件必须遵循宪法的规定。如果宪法以外的其他法律规范同宪法相背离，又任其在国家生活中适用，那势必会损害国家的根本利益，同时也必然要损害宪法的权威，影响宪法的贯彻。

（二）审查国家机关及其工作人员的行为的合宪性

其具体内容有四个"是否"：一是监督国家机关及其组成人员是否根据宪法办事，二是监督是否有严重的越权行为和失职行为，三是监督是否有侵犯公民的基本

权利的行为，四是监督政府及其所属行政部门是否严格按照宪法行使职权。另外，宪法规定了各种国家机关的职权，如果国家机关之间权限不清发生争议，势必影响宪法的实施、损害宪法的权威，所以，处理国家机关之间的权限争端也是监督宪法实施的内容。

（三）审查各政党、社会组织及其行为的合宪性

除国家机关及工作人员应该遵守宪法外，社会上各种组织也均有守法的义务。因为宪法是最高法，是各政党、各社会团体以及企业事业单位等社会组织的最高行为准则，所以守法首先必须是遵守宪法。

二、宪法监督的主要模式

（一）普通司法机关监督

由普通司法机关负责监督宪法的实施源于美国。最早，在英国封建时代，英国法院认为它可以以大宪章为准则，宣布议会的法律无效，其代表人物是柯克爵士。后来，美国制宪者接过了柯克的理论。汉密尔顿认为，宪法是最高法律，由人民制定，是所有政治权威的最终来源；宪法授予政府的是有限的权力；假如政府有意无意地越过宪法的限制，必应有某个权威使政府受到控制，反抗政府的违宪企图，维护和保卫明白无误地写在宪法上的人民意志的不可侵犯性。这样的权力由法院行使，因为法院是三权分立机关中最软弱的一个部门：不像议会那样掌握钱袋，也不像行政那样掌握刀剑；只要让法院保持独立，就能成为人身和财产权利的保障——法院的职责就是审查一切违背宪法原意的法案并宣布其无效。但美国宪法没有明确规定法院的这一权力，因为大多数制宪者认为民主国家议会是真正的权利保障者。1803年，美国联邦最高法院在审理马伯里诉麦迪逊一案的时候，首席法官马歇尔在判决中宣布：违宪的法律不是法律，阐明法律的意义乃是法院的职权。这开创了由司法机关审查国会法律是否违宪的先例，建立了美国的司法审查制（judicial review）。在第二次世界大战后，许多国家也都采取了这种宪法监督的模式，如日本、加拿大、澳大利亚等具有英美法律传统的国家。

（二）立法机关监督

一般认为，由立法机关监督宪法的实施起源于不成文宪法的英国。这是因为英国光荣革命后的法学观点认为，议会是代表人民的，因而议会拥有至高无上的地位，立法机关的权力就应当高于行政机关以及司法机关的权力。而在社会主义国家，由立法机关监督宪法实施这样的模式起源于1918年的俄罗斯社会主义联邦苏

维埃共和国宪法。此宪法明确规定，中央执行委员会统一直辖市立法工作和管理工作，并且会负责监督苏维埃宪法的实施情况。当时的中央执行委员会作为全俄苏维埃代表大会的常设机构，由它监督宪法的实施情况，这与经常行使国家权力的人民代表机关在国家机构体系中的地位是相联系的。

（三）专门机构监督

专门机构监督是指在普通法院或者立法机关之外另设一定的机构负责违宪审查的模式。1799 年法国宪法设立护法元老院，作为宪法守护者，有权撤销违宪的法律。这被视为此类模式之开始。第二次世界大战前奥地利等国建立了宪法法院，第二次世界大战后，以意大利宪法为始，欧洲大陆国家陆续建立了宪法法院（constitutional court），专门负责审查法律、特定行为是否违宪的问题。目前，世界上大多数大陆法系国家都采用宪法法院的监督模式。这种模式的特殊性在于：宪法法院是专门处理宪法问题的司法审查机构，而不审理普通民、刑事案件。其中比较典型的是法国的宪法委员会，体现在：其一，在组织上是同司法机关分开的；其二，在其行使职权的时候是根据宪法的规定处理特定的问题，而不是通过具体案件的审理。比如，组织法在通过的时候需要交由它审查合宪与否，以及监督总统选举、参议院选举及公民投票的合宪性问题，等等。其裁决具有司法判决式的强制力。可见，宪法法院行使的基本上是司法性的被动监督权，即不告不理。

三、我国的宪法监督制度

我国第一部宪法产生于 1954 年，它明确规定：全国人民代表大会行使监督宪法实施的职权。至此，我国由最高国家权力机关监督宪法实施的模式得以确定。现阶段，我国的宪法监督制度是由 1982 年宪法规定的。虽然在 1980 年至 1982 年起草宪法的过程中，曾经有过关于建立宪法委员会并使之从属于最高国家权力机关的设想，但是终未实现。根据现行宪法规定，我国在保障和监督宪法实施方面，归结起来有如下几点。

（一）宪法监督的基础

《宪法》在序言中庄严地宣布宪法是国家的根本法，具有最高的法律效力。宪法规定全国各族人民、一切国家机关和武装力量、各政党和各社会团体、各企业事业组织，都必须要以宪法为根本，并且负有维护宪法尊严、保证宪法实施的职责。一切法律、行政法规和地方性法规都不得同宪法相抵触；任何组织或者个人都不许有超越宪法的特权；一切违反宪法的行为必须予以追究。每一个公民都必须履行宪法规定的义务。

（二）全国人大的监督职责

在沿袭 1954 年宪法、1978 年宪法的做法基础上，现行宪法规定全国人民代表大会行使监督宪法实施的职权。与此同时，现行宪法也规定，全国人民代表大会常务委员会监督宪法的实施。但全国人民代表大会保留最后手段，即当它认为其常务委员会监督不力或不当时，对监督事项有最高决定权。这个规定保证了我国最高国家权力机关得以经常性地行使监督宪法实施的职权，从而弥补了以前的宪法的不足。

（三）全国人大各专门委员会的协助监督职责

在最高国家权力机关行使监督宪法实施权力的过程中，全国人民代表大会各专门委员会能够发挥具体的作用。根据全国人民代表大会组织法的规定，具体体现在这项任务中，即审议全国人民代表大会常务委员会交付的被认为同宪法相抵触的国务院的行政法规、决定和命令，国务院各部、各委员会的命令、指示和规章，省、自治区、直辖市的人民代表大会和它们的常务委员会的地方性法规和决议，以及省、自治区、直辖市的人民政府的决定、命令和规章。由专门委员会从事具体的审议工作，我国最高国家权力机关行使监督宪法实施的职权就得到了进一步落实。

（四）地方各级人大的监督职责

根据地方各级国家权力机关都必须在本行政区内保证宪法实施的宪法规定，地方各级人民代表大会和县以上地方各级人大常委会，都有在各自的行政区域内切实保证宪法的贯彻实施的职责。

（五）宪法监督体系

宪法通过一系列具体规定构建了一个有助于保证宪法统一实施的法制监督体系。根据宪法规定，全国人大有权改变或者撤销其常委会的不适当的决议；全国人大常委会有权撤销国务院制定的同宪法相抵触的行政法规、决定和命令，并有权撤销省、自治区、直辖市国家权力机关制定的同宪法相抵触的地方性法规和决议；国务院有权改变或撤销各部、各委员会发布的不适当的命令、指示和规章，并有权改变或者撤销地方各级国家行政机关的不适当的决定和命令；县级以上地方各级人民代表大会有权改变或者撤销本级人民代表大会常务委员会的不适当的决议；县级以上地方各级人民代表大会常务委员会有权撤销本级人民政府的不适当的决定和命令，并有权撤销下一级人民代表大会的不适当的决议；县级以上的地方各级人民政府有权改变或者撤销所属各工作部门和下级人民政论的不适当的决定；自治区的自治条例和单行条例须报全国人大常委会批准后生效，自治州、自治县的自治条例和单行条例须报省或者自治区人民代表大会常务委员会批准后生效。

习近平总书记在首都各界纪念现行宪法公布实施 30 周年大会上的讲话中指出，"宪法的生命在于实施，宪法的权威也在于实施。""保证宪法实施的监督机制和具体制度还不健全""我们要坚持不懈抓好宪法实施工作，把全面贯彻实施宪法提高到一个新水平。"党的十八届三中全会的决定指出："宪法是保证党和国家兴旺发达、长治久安的根本法，具有最高权威。要进一步地健全宪法实施监督机制以及程序，把全面贯彻实施宪法提高到一个新水平。建立健全全社会忠于、遵守、维护、运用宪法法律的制度。坚持法律面前人人平等，任何组织或者个人都不得有超越宪法法律的特权，一切违反宪法法律的行为都必须予以追究。"

第三章　家庭生活中的法律

第一节　恋　爱

一、恋爱的概述与特征

（一）恋爱的概念

恋爱是一种心理现象。心理学家给男女之爱下的定义是："恋爱是一种与异性接近的欲望，是一种欲求两人合二为一的冲动。"恋爱是青少年性心理发展的必然产物，也是青少年性行为的重要方式。健康的恋爱心理应包括以下要素：

第一，恋爱的目的是为了寻求一个能与自己在未来的人生路上志同道合、同舟共济的终身伴侣。

第二，恋爱的内涵包含丰富的内容。其中既有本能的、不可抗拒的性冲动，又有人类崇高的人性和理性；既有自发性，又有自觉性；既有欲望，又有克制。爱情不仅是肉欲、激情与理智的结合，而且是生理、心理、美感、道德的体验。

第三，恋人之间的心理相容是恋爱成功的必要条件。一对恋人如果能够做到心理相容，就会通过相互理解、相互承认、相互弥补、相互影响来取人之长、补己之短，形成和谐互动、相得益彰的最佳互动效果。

第四，恋爱是恋人之间逐步认识对方、发展感情的过程，不是转瞬即逝的一时冲动。

（二）当代大学生恋爱的特点

1. 注重恋爱过程，轻视恋爱结果

许多大学生在恋爱中由感情支配，注重过程，轻视结果。

2. 主观学业第一，客观爱情至上

对于大学生来说，正确处理好学业与爱情这一对关系十分重要，但长期的教育实践经验证明，真正能在客观上以及行为上处理好这对关系的大学生虽然有，但是很少。有的甚至被坠入情网不能自拔，使得强烈的感情冲击了一切，学习当然受到了严重的影响。

3. 恋爱观念开放，传统道德淡化

长期以来由于受到中国传统文化及伦理道德的影响，中国人的恋爱观念不是很开放，但随着对外开放的范围不断地扩大，人们的恋爱观念尤其是大学生的恋爱观念逐渐变得开放起来。

4. 失恋态度宽容，承受能力较弱

因失恋而失志、失德者，虽属少数，但影响很大。

二、恋爱中的法律问题

从法律的角度来说，单独地、能够具体地规范恋爱中男女双方的权利义务的法律规范是没有的。法律的困境主要在于，很难划清道德约束还是法律制裁，法律似乎不愿过多干预恋爱关系，且在具体的司法实践上可操作性也不强。据此，很多人会认为这是彼此之间的感情处理方式、个人道德水准和素质问题，不可思议会受到法律规范的调整，或者说认为二者之间没有直接和必然的联系。但在恋人交往过程中仍存在一些可能的法律关系。

（一）民事责任关系

1. 恋爱关系中的赠与行为问题

这就涉及到了情侣之间的双方互相赠与如何划分界定民事权利义务的问题。当双方情感破裂，涉及到一些标的较大的客体时，会出现要求返还自己对某物的所有权。这里就有一个法律区分，如果婚恋关系中互赠财物行为是目的赠与，我们可以视为附条件的赠与，如下聘礼，或约定购买某物便结婚等要求。只要目的不能实现，赠与人都有权请求受赠人返还所赠之物。但如果基于一种自愿的、主动的单方赠与行为，结果就不一样了。如 B 女长期使用其男朋友 A 君的高档笔记本电脑，当双方感情破裂时 A 男要求其归还该物，B 女认为这是 A 男对其的赠与，虽然 A 男没有明确承认过（签订合同等）。依据《民通意见》，一方当事人向对方当事人提出民事权利要求，对方未用语言或文字明确表示意见，但其行为表明已接受的，可以设定为默示。这直接带来的法律后果是，A 男的这种行为视为对 B 女的单方赠与，B 女享有对该物的所有权。

2. 未婚先育问题

《婚姻法》第 25 条规定：非婚生子女享有与婚生子女同等权利，任何人不得加以危害和歧视。这一明文法律规定也适用于此情形下该子女的法律地位，即丝毫不影响该子女所享有的权利，如继承权等。而对子女的抚养问题，由于恋爱关系中双方未婚，该问题处理可参照《婚姻法》第 37 条的规定：离婚后，一方抚养的子女另一方应负担必要的生活费和教育费的一部或全部，负担费用的多少和时间的长短由双方协议；协议不成时由人民法院判决。双方都有对本子女的抚养教育义务，并不依赖于有无婚姻关系这一法律事实。比如，女方如果把孩子生下来了，虽然双方没有结婚登记，可是孩子的生父母对孩子有抚养义务，女方可以要求男方支付抚养费。

3. 恋爱关系中的精神损害赔偿问题

事实生活中，解除恋爱关系后，一方往往会以自己受到伤害、损害为由索要补偿费，我国法律对此没有做具体的、明确的规定。这种情况在认定和处理上应确定这是男女双方自愿发生的，是完全民事行为能力人自愿处分自己权利的行为，女方以自己的青春损失、贞操权为由索要赔偿是不具备法律根据的。但是，如果一方对另一方采用欺骗、强迫、威胁等手段，使对方在违背其意愿的情况下发生性关系，造成其精神上、心理上和感情上的严重创伤，就应承担精神损害赔偿。这里的必要前提是双方已经确认了真实有效的恋爱关系，此时如果过错的一方提出要解除恋爱关系，则应根据民法上保护弱者的基本精神以及过错责任原则，使过错一方承担相应的法律后果和道义责任，支持受害一方请求精神损害赔偿。

（二）刑事责任关系

1. 恋爱关系不稳定，盲目恋爱导致案件频发

李明和小芳是公认的一对恋人，并且双方都互相约见过自己的父母。平时他们关系很好，但是李明后来逐渐移情别恋他人了。有一天，他和他的新女朋友一起散步，恰好被小芳看到，她气愤地冲向李明打了他两个耳光，然后说："我死给你看。"随即她就向电线杆撞去。李明说"随你便"，拉着自己的新女朋友就走了。小芳因抢救不及时而死亡。于是小芳的父母把李明告上了法庭。如果是陌生人处于危险见死不救，且该危险的造成原因和李明没有关系，那么李明拉着新女友从她身边走过看到不管也没违法，这可能只受到道德方面的谴责。我国法律没有见死不救罪。但在此案例中，李明的女友处于危险之中是出于其先行行为，正因为李明主观上放任这种危害结果的发生，构成故意，所以李明需要承担法律后果，情节严重的构成故意杀人罪。而这一类似的案例生活当中并不少见，需加以警醒。反之，李明若在小芳撞电线杆后采取了积极补救行为，如拨打 120 等，法院可以认定李明并不

希望放任这种危害结果的发生，据此李明不用承担刑事责任。

2. 致病侵害的刑事责任

不同的案例，根据具体的犯罪构成要件和实际造成的危害结果会承担不同的刑事责任。如恋爱关系中一方明知自己有传染性疾病如性病等，并没有告知对方，随着双方感情的进一步升温，导致情侣另一方也得此传染病。在这种情况下，应对施害方追究什么法律责任呢？若单独从传染性类别上来看，似乎属于刑法中的传播性病罪。但其实不然，此罪并不适用于你情我愿的情侣关系，因为该罪要求当事人实施了卖淫嫖娼等实际行为。而从犯罪主观方面和实际侵害的客体来看，行为人若放任了这种危害结果的发生，并实施了对不特定多数人的危害行为，就构成了以危险方法危害公共安全罪，此时的犯罪客体就应该是社会的公共安全。若行为人造成了特定主体的危害，则受害方可以根据行为人的主观方面以故意或过失伤害罪对其进行起诉。

3. 性安全意识淡薄，导致的身体健康伤害

（1）堕胎问题

医学常识告诉我们，经常性堕胎不仅会造成习惯性流产，还会对女性的身体健康产生极大的伤害。媒体曾报道过许多案例，随着情侣双方的情感破裂，女方对簿公堂状告男方故意伤害（导致其今后不能正常受孕），索要补偿费等。这一事实结果，属于一般道德性的越轨，偏离了有关社会道德观念和伦理规范，男方不应承担任何刑事法律责任，因为怀孕只是一个结果，造成这个结果的情况有多种，法律规范的只是造成怀孕过程中非法的行为而已，在一个法制社会里，他只能由国家司法机关或主管部门进行处理。从犯罪构成的角度来说也是不成立的，女方应该意识到这一可能对自己造成的损害结果，但其是基于自愿的基础上发生的，这就应归于道德规范来调整。而在民事责任方面，从保护妇女权益出发，法律还是应当追究男方的民事赔偿责任，如要求男方负担一定的医疗费、营养费等，法院一般都会予以支持。

（2）弃婴问题

很多恋爱情侣一方面由于社会、生活经验等不足，另一方面由于法律意识淡薄，往往会对其新生婴儿丢弃，或残忍地伤害，这种情形下严重的就可能被追究刑事责任。如根据刑法规定，遗弃者负有法律上的扶养义务而拒绝抚养的，且情节恶劣的会构成遗弃罪。

第二节 婚 姻

一、结婚制度

（一）结婚的概念

结婚，又可以称为婚姻的成立或者是婚姻的缔结，是指男女双方按照法律规定的条件以及法律规定的程序建立夫妻关系，属于一种民事法律行为。其内容主要有如下方面。

1. 结婚的主体必须为男女两性

婚姻关系的产生需要有一定的自然条件才有存在的意义，即男女两性的生理差别以及人类固有的性本能。没有这种自然条件，婚姻便失去了存在的意义。结婚行为必须发生在男女两性之间，这是婚姻关系自然属性的必然要求。

2. 结婚行为是一种民事法律行为

男女双方必须符合法律规定的结婚条件，并按照法律规定的结婚程序缔结婚姻，否则通常不能发生婚姻的效力。

3. 结婚的后果是建立夫妻关系

男女双方因结婚而建立夫妻关系，双方互为配偶，相互享有并承担法律规定的夫妻间的权利义务。未经法定程序，任何一方或双方当事人均不得任意解除已建立的夫妻关系。

婚姻不是单纯的两性结合，表面上来看，婚姻是单纯的男女两性的结合，实质上，结婚涉及的不仅只是男女双方当事人所具备的身份关系以及权利义务，它更多的会产生一系列重要的社会后果，被赋予极强的社会性。这种社会性体现在婚姻是亲属关系建立以及社会生活持续的基础，承担着繁衍后代以及养老育幼等社会功能。因此，基于这样的功能，国家明确地为婚姻的成立设定各项要件，旨在维护婚姻关系的社会功能，这已成为世界各国婚姻家庭制度的通例。

（二）结婚的实质要件与禁止实质要件

我国《婚姻法》明确规定结婚实质要件包括必备实质要件和禁止实质要件。

1. 结婚的必备实质要件

（1）男女双方完全自愿

男女双方完全自愿，是指结婚必须是当事人双方真实意思的表达，且双方的意思表示应是完全一致的。我国《婚姻法》第5条规定："结婚必须男女双方完全自愿，不许任何一方对他方加以强迫或任何第三者加以干涉。"依此规定，法律将是否结婚、与谁结婚、何时结婚的决定权完全赋予当事人本人，这为建立以爱情为基础的婚姻关系提供了有效保障。

"男女双方完全自愿"在表述上是非常严谨和周密的，它包括以下3方面的具体要求：第一，结婚必须是当事人双方自愿，而不是任何一方的一厢情愿。当事人双方应该具有结婚合意，对确立夫妻关系的意思表示是完全一致的，任何一方都不得将自己的意志强加于另一方，不得强迫对方与自己结婚。第二，结婚必须是双方当事人本人自愿，而不是仅取决于当事人父母或其他第三人的意愿。当事人可就结婚问题征求父母、亲友或其他人的意见，后者也可出于对当事人的关心和爱护提出各种有益的建议，但绝不能强迫当事人遵从、采纳自己的建议，否则可能构成对当事人婚姻自由的不当干涉。第三，结婚必须是当事人双方的完全自愿，而不是勉强同意。当事人应尽量避免、排除各种外来的干涉和影响，完全根据内心的真实想法作出结婚与否的意思表示。

（2）达到法定年龄

法定婚龄即结婚年龄的下限，是指法律所规定的男女双方结婚所必须要达到的最低年龄。当事人达到法定婚龄始得结婚，未达法定婚龄即结婚是违法的。

法定婚龄的确定不是随意的，需要有一定的依据。古今中外各国确定婚龄主要是基于以下两个方面的因素：其一是自然因素，既包括人们生理上以及心理上的发育状况以及成熟程度，也包括地理、气候等因素。社会是由无数个家庭细胞所构成的，而组成家庭的前提在于男女两性的结合，这种社会形式具备极强的社会性。因此，考察男女双方心理以及生理条件是否达到缔结婚姻的要求，从侧面来说是为了让其双方具备婚姻行为能力，继而在婚后才能履行夫妻义务，承担对家庭和对社会的责任。其二是社会因素，即指一定的社会生产方式以及与之相适应的社会条件，包括政治、经济、人口状况、道德、宗教、风俗习惯等因素。其中社会生产力的发展状况和人口状况是影响较大的两个方面。由于受到上述因素的影响，不同国家的法定婚龄不尽相同，即使是同一国家，不同时期的法定婚龄也可能有所差别。

我国《婚姻法》第6条规定："结婚年龄，男不得早于二十二周岁，女不得早于二十周岁。晚婚晚育应予鼓励。"这一因素的确定，一方面是考虑了青少年的身心发育程度，学习、就业、独立生活条件等因素，另一方面是考虑了计划生育政策、控制人口数量以及提高人口素质等因素，在全国范围内具有普遍适用性。但考虑到我国的多民族特点和少数民族特有的历史传统、民族习惯等，《婚姻法》授权民族自治地方的人民代表大会可以结合当地少数民族婚姻家庭的具体情况，以对法定婚龄等问题制定相应的变通规定。

2. 结婚的禁止实质要件

（1）禁止重婚

重婚是指已经有配偶而又与他人结婚的违法行为。我国《婚姻法》第 3 条明确规定禁止重婚。根据一夫一妻制原则的要求，任何人都不得同时有两个或两个以上的配偶，否则构成重婚，不仅后一次结合不能产生合法婚姻的法律效力，当事人还可能承担刑事责任。因此，申请结婚的双方当事人应无配偶，即申请结婚的只能是未婚者、丧偶者或离婚者。已经缔结合法婚姻关系的男女，只有在其婚姻因配偶死亡或离婚而终止后，始得再行结婚。

（2）禁止一定范围的血亲结婚

人类生活的长期实践可以证明，那些血缘关系过近的亲属之间通婚，会把父母双方在身体上、精神上的疾病或者是缺陷遗传给他们的子女后代，严重影响了人口素质以及民族健康。因此，禁止一定范围的血亲结婚既体现了优生学上的科学依据，也反映了自然选择规律的要求。现代遗传学研究表明，一代亲代每传一代即把 1/2 遗传物质传递给后代，有亲缘关系的人具有相同基因的机会比两个不相关的人多，所以近亲结婚的父母极易把自身的缺陷传递给后代。从另一方面来说，近亲结婚长期以来被人们看作是有碍风化、为社会道德所不能容忍的行为，因此禁止一定范围的血亲结婚也是符合人类社会生活中长期形成的伦理观念要求的。如我国古籍载有"不娶同姓者，重人伦，防淫佚，耻与禽兽同也"之说。有的国家禁止一定范围的姻亲结婚，也主要是基于伦理观念的考虑。

我国《婚姻法》第 7 条规定"直系血亲和三代以内的旁系血亲"禁止结婚。其中，直系血亲是指彼此之间具有直接血缘联系的亲属，包括父母与子女，祖父母、外祖父母与孙子女、外孙子女，曾祖父母、曾外祖父母与曾孙子女、曾外孙子女等，无论代数多少均不得结婚。旁系血亲是指彼此之间具有间接血缘联系的亲属。根据我国采用的世代计算法，三代以内的旁系血亲具体包括以下情形：①同源于父母的兄弟姐妹，即包括同父同母的全血缘的兄弟姐妹，也包括同父异母或同母异父的半血缘的兄弟姐妹；②同源于祖父母、外祖父母的伯叔与侄女，姑与侄子，舅与外甥女，姨与外甥；③同源于祖父母、外祖父母的堂兄弟姐妹，表兄弟姐妹。

（3）禁止患一定疾病的人结婚

法律之所以禁止有特定的疾病患者结婚，既是保护双方当事人的利益、维护家庭和睦的需要，又是确保优生优育、提高人口质量的需要。从各国的有关立法看，患有精神病等足以丧失婚姻行为能力的疾病者，或患有足以严重危害对方和子女后代的传染性或遗传性的疾病者，一般都是禁止结婚的。

（三）我国结婚登记制度

我国历史上长期按照礼制的要求实行聘娶婚，强调仪式在婚姻成立过程中的意义和作用。中华人民共和国成立以后，为了保护婚姻当事人的合法权益，在 1950 年《婚姻法》中即确立了结婚登记制度，以防止违反婚姻法的行为，确保婚姻制度的有效实施。这一制度沿用至今。《婚姻法》第 8 条规定："要求结婚的男女双方必须亲自到婚姻登记机关进行结婚登记。符合本法规定的，予以登记，发给结婚证。取得结婚证，即确立夫妻关系。未办理结婚登记的，应当补办登记。"为切实保证包括结婚登记在内的婚姻登记制度的实施，我国原内务部和民政部先后于 1955 年、1980 年、1986 年和 1994 年颁布了 3 部《婚姻登记办法》和 1 部《婚姻登记管理条例》。现行的《婚姻登记条例》是自 2003 年 10 月 1 日起施行的，有关婚姻登记的具体事项须依其规定办理。

1. 结婚登记机关

依《婚姻登记条例》第 2 条的规定，内地居民办理婚姻登记的机关是县级人民政府的民政部门或者是乡（镇）人民政府；省、自治区、直辖市人民政府可以按照便民的原则来确定农村居民办理婚姻登记的具体机关。

婚姻登记机关的管辖范围原则上是根据当事人的户籍来确定的。男女双方的常住户口是在同一地的，应该到该地的婚姻登记机关办理结婚登记；双方的常住户口不在同一地的，可到任何一方当事人常住户口所在地的婚姻登记机关办理结婚登记。

2. 结婚登记程序

结婚登记程序依法可以分为申请、审查和登记 3 个前后相接的具体环节。

（1）申请

办理婚姻登记，即双方当事人应该共同前往有管辖权的婚姻登记机关提出申请，既不得单方申请，也不得由他人代理。结婚申请须采用书面形式，由当事人填写结婚登记申请书；如果当事人不会填写，可由婚姻登记员代为填写。

申请结婚登记时，当事人应出具以下证件和证明材料：①本人的户口簿、身份证；②本人无配偶以及与对方当事人没有直系血亲和三代以内旁系血亲关系的签字申明，当事人应当如实向婚姻登记机关提供上述证件和证明材料，不得弄虚作假。

（2）审查

这是结婚登记工作的中心环节，即由婚姻登记机关对结婚登记当事人所出具的证件、证明材料是否真实、齐全进行查验，并对当事人是否符合法律规定的结婚实质要件进行审核。审查中，婚姻登记机关可就相关情况向当事人进行询问，或进行必要的调查了解。审查必须严肃认真、依法办事，既不得草率从事，也不得无故拖延。

（3）登记

婚姻登记机关对当事人的结婚申请进行审查过后，对于符合结婚实质条件的，应当予以登记，并发给结婚证；对于不符合结婚实质要件的不予以登记，并向当事人说明其缘由。

根据《婚姻登记条例》第6条的规定，婚姻登记机关经审查，发现申请结婚的当事人有下列情形之一的，不予登记：未到法定结婚年龄的；非双方自愿的；一方或者双方已有配偶的；属于直系血亲或者三代以内旁系血亲的；患有医学上认为不应当结婚的疾病的。

3. 结婚登记的效力

婚姻宣告成立的前提是男女双方依法办理结婚登记手续并取得结婚证，即婚姻关系的有效形成与当事人是否举行婚礼、是否同居生活等均没有关系。当婚姻成立之后，男女双方当事人即为合法夫妻，依法相互享有夫妻权利并履行夫妻义务，其合法权益受到法律的保护。

结婚证是证明双方当事人婚姻关系成立的法律文件，是由婚姻登记机关签发的，当事人应当妥善保管。如果结婚证遗失或者损毁，当事人可依《婚姻登记条例》第17条的规定，持户口簿、身份证向原办理婚姻登记的机关或者一方当事人常住户口所在地的婚姻登记机关申请补领。在婚姻登记机关对当事人的婚姻登记档案进行查证后，确认属实的，应当为当事人补发结婚证。

（四）无效婚姻与可撤销婚姻

1. 无效婚姻

婚姻无效的原因是指导致婚姻无效的法定情形或事实。《婚姻法》第10条规定："有下列情形之一的，婚姻无效：（一）重婚的；（二）有禁止结婚的亲属关系的；（三）婚前患有医学上认为不应当结婚的疾病，婚后尚未治愈的；（四）未到法定婚龄的。"

有权申请宣告婚姻无效的主体，包括婚姻当事人及利害关系人。利害关系人包括：以重婚为由申请宣告婚姻无效的，为当事人的近亲属及基层组织；以未到法定婚龄为由申请宣告婚姻无效的，为未达法定婚龄者的近亲属；以有禁止结婚的亲属关系为由申请宣告婚姻无效的，为当事人的近亲属；以婚前患有医学上认为不应当结婚的疾病，婚后尚未治愈为由申请宣告婚姻无效的，为与患病者共同生活的近亲属。

3. 可撤销婚姻

《婚姻法》第11条规定："因胁迫结婚的，受胁迫的一方可以向婚姻登记机关或人民法院请求撤销该婚姻。受胁迫一方撤销婚姻的请求，应当自结婚登记之日起一年内提出。被非法限制人身自由的当事人请求撤销婚姻的，应当自恢复人身自由之日起一年内提出。"婚姻可撤销的原因是当事人受到胁迫而结婚。"胁迫"是指行为人以给另一方当事人或者其近亲属的生命、身体健康，名誉、财产等当面造成损害为要挟，迫使另一方当事人违背其真实意愿结婚的情况。因受胁迫而结婚即违反了结婚必须男女双方完全自愿的规定，男女双方当事人之间缺乏有效的结婚合意，因此应允许受胁迫方依法请求撤销该婚姻。

撤销婚姻的请求权专属于受胁迫一方的婚姻关系当事人本人，其他的任何单位或个人均无该项请求权。可撤销婚姻是可以撤销，而不是必须撤销，受胁迫方是否行使撤销权应由本人自行决定。在某些情形下，受胁迫而结婚的当事人经与对方共同生活建立起感情，或已生育子女，从而不愿请求撤销该婚姻，法律应尊重其对婚姻关系的意愿。

（五）婚约问题、事实婚姻与非婚同居问题

1. 婚约问题

婚约是指男女双方以结婚为目的而所作的事先约定。订立婚约的行为称为订婚或定婚，订立了婚约的当事人为未婚夫妻。

我国对婚约采取既不提倡、也不禁止的态度，即指婚约没有法律约束力，订婚并不是结婚所必须经历的程序，是否订婚由男女双方自主决定，在法律上没有强制的规定。如果一方不履行婚约，另一方是不得通过诉讼程序来要求强制履行的，即履行婚约是以自愿为必要条件，在法律上没有硬性规定。婚约可经双方当事人协议解除；也可由一方当事人单方解除，该方只需向对方作出明确意思表示，而无须征得对方同意。

对因婚约解除引起的财务纠纷，应分别情况妥善处理：对属于包办、买卖性质的订婚所收受的财务，应依法没收或酌情返还。对以订婚为名诈骗钱财的，赠与人要求受赠人返还的，可先由男女双方协商处理；协商不成的，可经由诉讼程序处理，必要的时候应该酌情返还，但不能因为返还的问题影响到当事人的婚姻自由。《司法解释（二）》第10条规定："当事人请求返还按照习俗给付的彩礼的，如果查明属于以下情形的，人民法院应当予以支持：（一）双方未办理结婚登记手续；（二）双方办理结婚登记手续但确未共同生活的；（三）婚前给付并导致给付人生活困难的。适用前款第（二）、（三）项的规定，应当以双方离婚为条件。"

2. 事实婚姻与非婚同居问题

根据我国现行《婚姻法》及其司法解释的规定，未办理结婚登记而以夫妻名义同居生活的男女两性结合可分为两类：一为事实婚姻，二为非婚同居。

事实婚姻是相对于法律婚姻而言的，即指没有配偶的男女双方未进行结婚登记

而以夫妻关系同居生活，在群众看来也是夫妻关系的结合。事实婚姻具有以下特征：①与法律婚姻的根本区别在于欠缺结婚的法定形式；②当事人为无配偶的男女双方，如果一方或双方当事人有配偶则构成事实重婚；③具有婚姻的目的性和公开性，即当事人以夫妻名义同居生活，群众也认为其是夫妻，这是事实婚姻区别于通奸、姘居、有配偶者与他人同居等违法两性结合的重要特征。

对于未办理结婚登记而以夫妻名义共同生活的男女，当其起诉到人民法院要求离婚的，实行区别对待：如果是在此之前男女双方就已经符合结婚实质要件的，按事实婚姻处理，即凡被认定为事实婚姻的，双方当事人互为配偶，适用《婚姻法》关于夫妻权利义务的规定，所生子女为婚生子女，解除关系须依离婚程序处理。如果是在此之后男女双方才符合结婚实质要件的，人民法院应当告知当事人在案件受理前补办结婚登记。补办结婚登记的，婚姻关系的效力是从双方均符合《婚姻法》所规定的结婚实质要件时起算的；未补办结婚登记的，按解除同居关系来处理。

非婚同居即指婚姻关系还尚未宣告成立的男女双方，在较稳定的长期共同生活基础上自愿建立的结合。非婚同居与事实婚姻既有一定的相似性，又有一些区别。相似性在于：男女双方均是无配偶者，并且双方具备较稳定的长期共同生活的基础，二者都缺乏法定的结婚形式要件。区别在于：第一，从主观上的合意来说，事实婚姻的双方当事人须具有缔结婚姻关系的合意，而非婚同居的双方当事人只需具有共同生活的合意；第二，从客观上来说，事实婚姻的双方当事人必须要以夫妻的名义同居生活，且周围群众也认为其是夫妻，即具有公开性。而非婚同居则不用具备公开性。第三，从主体上来说，事实婚姻的当事人必须符合结婚实质的要件，而非婚同居的当事人则通常不受这种限制。第四，二者的法律效力也存在不同，事实婚姻经法律承认后就具有婚姻效力，即双方当事人就互为配偶，享有法律对夫妻权利的规定以及履行法律对夫妻义务的规定，他们所生的子女为婚生子女。非婚同居当事人之间不互为配偶，也就不适用法律关于夫妻权利义务的规定，其法律效力主要表现在两个方面，即一方面是因当事人长期共同生活而所形成的财产关系，另一方面是因同居期间生有子女而形成的父母子女关系。

非婚同居的双方当事人要解除同居关系时，双方应根据自愿、平等的原则，首先通过自行协商处理财产分割的相关事宜，如果协商达不成一致的，可以向人民法院提起诉讼，人民法院应当受理。在具体分割财产时，人民法院应该基于以下两点：其一是要照顾到妇女、儿童的利益，其二是考虑财产的实际情况和双方的过错程度，以能够妥善分割。

存在以下的情况：第一，对于财产的分割来说，如果双方共同所取得的收入以及所购置的财产是在同居生活期间产生的，就按一般共有财产来处理。如果在同居生活之前，一方自愿赠送给另一方的财物可以比照赠与关系处理；一方向另一方索取的财物，同居时间不长或者是索要财物造成对方生活困难的话，可酌情返还。第二，如果在同居期间因为共同生产、生活而产生的债权、债务，可以按照共同的债权、债务来处理。如果一方在共同生活的过程中患有严重的疾病且尚未治愈的，在分割财产时，应予适当的照顾，或者由另一方给予一次性的经济帮助。第三，非婚同居当事人之间相互不享有继承权，同居生活期间一方死亡，另一方要求继承死者遗产的，如属于《继承法》第14条规定的"继承人以外的依靠被继承人扶养的缺乏劳动能力又没有生活来源的人"，或"继承人以外的对被继承人扶养较多的人"，可分给当事人适当的遗产。由于非婚同居当事人之间不具有合法的婚姻关系，所以在同居期间生育的子女是非婚生子女。

二、离婚制度

（一）登记离婚

登记离婚是婚姻关系因双方当事人合意解除的一种离婚方式，是指夫妻双方自愿离婚，并就子女抚养、财产分割等问题达成协议，经有关行政主管机关依行政程序办理登记的离婚。因该离婚方式必须由双方当事人达成合意且须到婚姻登记机关，通过相应的行政程序办理离婚登记，所以又称协议离婚或行政程序的离婚。登记离婚，程序简便易行，夫妻好聚好散，体现出对当事人离婚意愿的充分尊重，容易为双方接受。为保证双方当事人协议离婚合法有效，由婚姻登记机关代表国家对双方离婚申请进行审查，若符合离婚条件，婚姻关系即告结束。我国《婚姻法》第31条规定："男女双方自愿离婚的，准予离婚。双方必须到婚姻登记机关申请离婚。婚姻登记机关查明双方确实是自愿并对子女和财产问题已有适当处理时，发给离婚证。"《婚姻登记条例》第12条规定："办理离婚登记的当事人有下列情形之一的，婚姻登记机关不予受理：（一）未达成离婚协议的；（二）属于无民事行为能力人或者限制民事行为能力人的；（三）其结婚登记不是在中国内地办理的。"根据上述规定，登记离婚的条件如下：①离婚的男女双方须有合法的夫妻身份；②双方当事人完全自愿；③双方对子女抚养和财产问题已有适当处理。

（二）诉讼离婚

诉讼离婚是指由人民法院来管辖和处理的离婚纠纷，即对于夫妻一方或双方提出的离婚请求，由人民法院作出肯定或否定的裁决。

1. 诉讼离婚的程序

（1）管辖

管辖分几种情况：第一，原则上是应该由被告住所地人民法院来管辖。第二，被告住所地与其经常居住地不一致的，则由被告经常居住地的人民法院来管辖。第三，在特殊情况下，由原告住所地或者是经常居住地的人民法院管辖。特殊情况包括对不在中华人民共和国领域内居住的人，下落不明或者宣告失踪的人，被采取强制性教育措施的人，或者是被监禁的人提起的离婚诉讼。

（2）调解

《婚姻法》第32条规定："人民法院审理离婚案件，应当进行调解"。离婚案件经人民法院调解后，可能出现3种结果。

第一种：双方和好的，原告撤销离婚之诉，人民法院将调解笔录存卷。

第二种：双方达成离婚协议的，人民法院应将双方协议的内容制作成调解书，经当事人双方签收调解书后即发生法律效力。

第三种：调解无效的，离婚诉讼继续进行。

（3）判决

人民法院审理离婚案件，当事人除了不能表达意志的以外，都应该出庭；确实是因为特殊情况而无法出庭的，就必须向人民法院提交书面的意见。由于离婚案件不同程度地涉及当事人的隐私，如当事人申请不公开审理，可以不公开审理，但一律公开宣告判决。离婚案件一方当事人死亡的，双方当事人的关系即自然消灭，人民法院应当终结诉讼。凡判决不准离婚以及调解和好的离婚案件，如果没有新情况、新理由，原告在6个月内不得重新起诉，被告则不受上述期间的限制。

2. 离婚诉讼权利的限制

（1）对现役军人配偶离婚的特别限制

《婚姻法》第33条对现役军人离婚作出了特殊规定，即："现役军人的配偶要求离婚，须得军人同意，但军人一方有重大过错的除外。"该规定是对现役军人配偶离婚的特别限制。对现役军人配偶离婚加以限制，是婚姻法在离婚问题上对现役军人的特殊保护，其目的在于保护现役军人的婚姻关系，这是符合国家和人民的根本利益的。

（2）特定条件下对男方离婚诉讼权利的限制

《婚姻法》第34条规定："女方在怀孕期间，分娩后一年内或中止妊娠后六个月内，男方不得提出离婚。女方提出离婚的，或人民法院认为确有必要受理男方离婚请求的，不在此限。"这个规定是对特定条件下男方离婚诉权的限制，主要是出于保护妇女以及儿童身心健康的目的，女方在怀孕期间，分娩后1年内或中止妊娠后6个月内，身体、精神都需要特别照顾、关心，且其精神、身体也直接影响胎儿和婴儿的发育成长。因此，在此期间对男方离婚诉讼权利作出限制是非常有必要的。

3. 准予离婚的法定标准

关于人民法院审理离婚案件准予或不准予离婚的理由，即裁判离婚的法定标准，《婚姻法》第32条第1款和第2款规定："男女一方要求离婚的，可以由有关部门进行调解或者是直接向人民法院提出离婚诉讼。人民法院审理离婚案件，应当进行调解；如果感情确已破裂，调解无效，应准予离婚。"该条款又进一步明确规定："有下列情形之一，调解无效的，应准予离婚：（一）重婚或有配偶者与他人同居的；（二）实施家庭暴力或虐待、遗弃家庭成员的；（三）有赌博、吸毒等恶习屡教不改的；（四）因感情不和分居满二年的；（五）其他导致夫妻感情破裂的情形。一方被宣告失踪，另一方提出离婚诉讼的，应准予离婚。"

（三）离婚对当事人的法律后果

1. 离婚对夫妻身份关系产生的法律后果

（1）夫妻身份终止

离婚使夫妻关系终止，彼此不再是配偶关系，离婚当事人之间因结婚而产生的夫妻身份和称谓终止，双方不得再以夫妻相待。使用对方姓氏的通常因离婚而恢复婚前的姓氏。

（2）再婚自由

婚姻关系解除之后，双方恢复了结婚的自由，取得了再婚的权利，一方对他方不得加以干涉。依登记程序离婚的，其再婚自由权自领取离婚证之日起恢复；依诉讼程序离婚的，其再婚自由权自人民法院离婚调解书或判决书生效之日起恢复。

（3）抚养义务终止

共同生活、相互抚养是婚姻生活的重要内容。夫妻身份关系消灭使夫妻间共同生活关系终止，相互抚养义务也随之解除。

（4）法定继承人资格丧失

根据《继承法》的规定，配偶是第一顺序法定继承人。夫妻离婚后，配偶身份关系解除，同时丧失了法定继承人资格，一方无权再按法定继承方式继承对方遗产。

2. 离婚对夫妻财产关系产生的法律后果

（1）夫妻共同财产分割

《婚姻法》第39条规定："离婚时，夫妻和共同财产由双方协议处理；协议不成时，由人民法院根据财产的具体情况，照顾子女和女方权益的原则判决。夫或妻在家庭土地承包经营中享有的权益等，应当依法予以保护。"

其具体的分割方法为：①实物分割。双方在不影响其财产的作用、价值以及特定用途的前提下，各自根据其分割的财产来分割应得的财产，以对财产进行实际的分配。②价金分割。将双方的共有物进行变卖，然后对变卖所得价金进行分割后各自取得价金。③人格补偿。夫妻一方取得共有物后，另一方获得相当于一半价格的补偿以取得价金。

（2 夫妻共同债务的清偿

夫妻共同债务，是指在婚姻存续期间夫妻双方为了共同生活或者是为了履行抚养、赡养的义务以及生产经营等所负的债务。《婚姻法》第 41 条规定：“离婚时，原为夫妻共同生活所负的债务，应当共同偿还。共同财产不足清偿的，或财产归各自所有的，由双方协议清偿；协议不成时，由人民法院判决。”

（3）离婚家务劳动补偿

离婚家务劳动补偿的制度，彰显了法律的公正、体现了法律的补偿以及保护的作用，即设立这一制度，是为了使在婚姻关系中付出较多义务的一方，能够在离婚的时候，得到相应的精神上的抚慰与财产上的救济，表现出对家务劳动价值的认同。

第三节 父母子女

一、父母子女之间的权利与义务

（一）父母子女关系的概念

父母子女的关系，在法律上是指父母以及子女间的权利、义务关系，又可以称为亲子关系。父母子女关系因出生的事实或法律拟制而发生，是最近的直系血亲关系，因而是家庭关系的重要组成部分。

根据《婚姻法》，父母子女关系可以分为两大类：

一是自然血亲的父母子女关系。它是基于子女出生的法律事实而发生的，包括父母与婚生子女、生父母与非婚生子女之间的关系。

二是拟制血亲的父母子女关系。它是基于收养或再婚的法律行为以及事实上的扶养关系而发生的，属于法律拟制的父母子女关系，包括养父母和养子女之间的关系，以及继父母与受其抚养教育的继子女之间的关系。

（二）父母与未成年子女间的权利与义务

1. 父母对未成年子女有抚养的义务

《婚姻法》第 21 条规定：“父母对子女有抚养教育义务……父母不履行抚养义务时，未成年的或不能独立生活的子女，有要求父母付给抚养费的权利。”

（1）抚养义务的内容和期限

抚养是指父母从物质上、身体上以及精神上对子女的养育和照料，不仅要在生活上照顾子女，还要在思想上关心子女，如支付子女的生活费、教育费、医疗费等费用。父母对子女的抚养期限自子女出生时起，一般至子女 18 周岁为止。

（2）不履行抚养义务的法律责任

《婚姻法》第 21 条第 2 款规定："父母不履行抚养义务时，未成年的或不能独立生活的子女，有要求父母付给抚养费的权利。"这一规定表明当未成年或不能独立生活子女的受抚养权遭到侵害时，无论是在婚姻关系存续期间还是在离婚后，如果父母拒不履行抚养子女义务的，未成年或者不能独立生活的子女都有权向其追索抚养费。

【案例】颜如玉与钟×为夫妻关系，二人于 1996 年 12 月 31 日结婚。婚后，颜如玉于 1997 年 9 月 23 日生育一女钟倩倩。因钟×怀疑钟倩倩并非自己亲生女儿，其于 2008 年做了亲子鉴定，结论为可以排除其与钟倩倩的亲子关系。颜如玉与钟×因此矛盾不断加剧，钟×提出不再抚养钟倩倩。之后，颜如玉向赵忠平主张钟倩倩系赵忠平亲生，并要求其承担抚养义务。在协商中，赵忠平提出免去其对颜如玉夫妇的 3 万元债权，其他抚养费在其与钟倩倩做亲子鉴定后另行协商。颜如玉此后多次要求赵忠平做亲子鉴定，均被赵忠平以各种借口拒绝。钟倩倩以其系颜如玉与赵忠平发生性关系后所生育，赵忠平为其亲生父亲，赵忠平答应对其承担抚养义务后却一直未支付抚养费为由，提起诉讼，请求判令赵忠平每月向其支付 800 元抚养费，至其 18 周岁止。钟倩倩为证明其主张，提交了两段由其母与赵忠平协商其抚养问题的录音，录音中赵忠平提出原借给颜如玉夫妇的 3 万元不需偿还。赵忠平辩称：其与颜如玉没有发生过性关系，钟倩倩也没有证据证明与其有血缘关系，钟倩倩的诉讼请求应予驳回。另外，钟倩倩提出的 800 元抚养费标准过高，应按农村标准计算。赵忠平的代理人提出代理意见称：钟倩倩的法定代理人未经赵忠平允许私自录音，该录音不具有合法性，不能作为证据使用。赵忠平虽然同意协商解决诉争纠纷，但并未承认与钟倩倩的法定代理人颜如玉发生过性关系，更未承认钟倩倩为其亲生。审理中，经合法传唤赵忠平做亲子鉴定，赵忠平拒不同意做亲子鉴定。

【案例解读】对于双方当事人均无法提供确切证据予以认定的案件事实，可以依据现有证据、其他条件进行推定。依据最高人民法院《关于民事诉讼证据的若干规定》第 75 条的规定："有证据证明一方当事人持有证据无正当理由拒不提供，如果对方当事人主张该证据的内容不利于证据持有人，可以推定该主张成立。"据此，当事人持有证据而无正当理由拒不提供的，可以推定其所持有的证据内容对其不利。除此之外，还可依据经验法则对案件事实进行推定。所谓经验法则，具体指人们在生活经验中所归纳的关于事物因果关系与属性状态的法则或知识。依据经验法则可以推定的事实无须再举证证明。在本案中，妻子在夫妻关系存续期间内生育子女。丈夫因怀疑该子女与之并不存在亲子关系而进行亲子鉴定，结论排除了该子女为其亲生的可能性。后妻子向第三人主张该子女为第三人亲生子女，要求第三人承担子女的抚养义务，第三人承诺免除其对夫妻双方的原有债权，且在与子女进行亲子鉴定后再商议剩余抚养费的支付问题。但之后，第三人拒绝与子女进行亲子鉴定。在此情况下，应认定第三人持有可以证明其与子女是否存在亲子关系的证据，但拒绝提供该证据。此外，依据日常经验原则可知，若第三人与子女之间无亲子关系，则不可能免除夫妻的债务，亦不会对子女抚养费问题作出承诺。综上，应推定第三人系子女的亲生父亲，其应向子女承担抚养义务。

2. 父母对未成年子女有保护和教育的权利与义务

《婚姻法》第23条规定："父母有保护和教育未成年子女的权利和义务。在未成年子女对国家、集体或他人造成损害时，父母有承担民事责任的义务。"

（1）保护和教育的含义

保护是指父母防范以及排除对未成年子女人身以及财产权益的非法侵害，这种侵害来自自然界或是社会。当未成年子女的人身或是财产权益遭受他人侵害时，父母作为未成年子女的法定监护人以及法定代理人，可以凭此身份提起诉讼，请求停止对未成年子女的侵害，排除妨碍，赔偿损失。

教育是指父母按照一定法律和道德的要求，依法使未成年子女接受义务教育，不仅注重其知识上的培养，更注重其思想以及品德上的关心以及指导，力求使其成为德智体美劳全面发展的社会所需的人才，成为未来社会的主人。对于未成年子女来说，由于心理以及生理条件发展的不成熟，他们缺乏对事物的理解能力和处理能力，从法律的角度看，属于无民事行为能力人或限制民事行为能力人。而父母作为未成年子女的法定监护人、代理人，对其进行帮助和教育既是履行义务，同时也体现了家庭的一个重要职能。并且，父母作为子女的第一任老师，他们的言传身教以及教育理念、方式会对子女产生潜移默化的影响。因此，尊重子女人格的、民主平等的引导和教育既是父母的法定义务，也是父母的社会责任。

（2）父母为未成年子女承担民事责任

父母对未成年子女的保护和教育既是权利同时也是义务。父母依法行使保护和教育未成年子女的权利，任何人都不得干涉；同时，父母必须依法履行保护和教育子女的义务，否则要承担相应的责任。

当未成年子女对国家、集体或他人造成损害时，父母作为未成年子女的监护人，应承担相应的民事责任。《侵权责任法》第32条规定："无民事行为能力人，限制民事行为能力人造成他人损害的，由监护人承担侵权责任。监护人尽到监护责任的，可以减轻其侵权责任。有财产的无民事行为能力人，限制民事行为能力人造成他人损害的，从本人财产中支付赔偿费用。不足部分，由监护人赔偿。"

3. 父母对未成年子女财产上的权利义务

（1）财产管理权

父母对未成年子女的财产有管理的权利。管理应以财产价值的保存或者是增值为目的。父母在行使管理权时由于未尽到注意义务而使未成年子女的财产受到损害的，应当承担相应的赔偿责任。

（2）使用收益权

未成年子女的财产所得收益属于未成年子女所有。如果是出于对未成年子女健康成长或者是受教育的必要时，父母可以使用未成年子女的财产收益，但是对未成年子女显然属于不利的除外。

（3）处分权

父母对在对未成年子女财产的处分权上受到法律的严格限制。在一般情况下，父母对未成年子女的财产不享有处分权，只有出于对子女利益以及需要考虑的时候，并且经法院或监护机关的批准，父母才能处分未成年子女的财产。

4. 父母与未成年子女有相互继承遗产的权利

《婚姻法》第24条第2款规定："父母和子女有相互继承遗产的权利。"这一权利是基于双方的特定身份而产生的。

（三）父母与成年子女间的权利与义务

1. 父母对成年子女抚养的义务

《婚姻法》第21条规定："父母对子女有抚养教育义务……父母不履行抚养义务时，未成年的或不能独立生活的子女，有要求父母付给抚养费的权利。"

虽然子女已经成年，但是不能够独立生活的，且父母又具有负担能力的，在此种情况下，父母在法律上对子女仍负有一定的抚养义务。所谓"不能独立生活"的成年子女包括以下两种情形：①尚在校接受高中及其以下学历教育的成年子女；②丧失或未完全丧失劳动能力等非因主观原因而无法维持正常生活的成年子女。

2. 成年子女对父母有赡养扶助的义务

《婚姻法》（修正案）规定："子女对父母有赡养扶助的义务"，"子女不履行赡养义务时，无劳动能力的或生活困难的父母，有要求子女付给赡养费的权利"。

（1）赡养扶助义务的内容

赡养是指子女在物质上以及经济上为父母提供必要的生活费用以及生活条件。扶助是指子女对父母在精神上以及生活上的安慰、关心以及照料。老年人之前对社会和家庭都作出了贡献，在其年老时，有从国家和社会获得物质帮助的权利。但由于我国目前社会福利事业相对不足，国家和社会对老年人的物质帮助还不能取代家庭赡养老人的职能，因此，我国现阶段赡养老人主要还是依靠家庭的力量。父母辛苦抚养了子女，当父母年老体弱时，子女理应对父母尽赡养扶助的义务，这是子女对家庭和社会应当承担的责任。

子女对其父母的扶助义务是无期限以及无条件的，即只要父母需要赡养扶助的，子女就应该竭尽全力地履行义务，但是一般来说，对父母负有赡养义务的限于成年子女。子女履行赡养扶助义务的方式一般分为两种：其一是直接履行赡养扶助义务，即子女与父母共同生活；其二是可以采取提供生活费用或生活条件的方式。对于多个子女来说，他们应该根据具体的的情况，共同承担对父母的赡养扶助义务。

（2）拒不履行赡养扶助义务的法律责任

《婚姻法》第21条第3款规定："子女不履行赡养义务时，无劳动能力的或生活困难的父母，有要求子女给付赡养费的权利。"父母向子女索要赡养费一般包括这几种方式：其一，直接索取。其二，请求有关组织调解，说服教育子女给付赡养费。其三，通过诉讼程序，向人民法院提起追索赡养费的诉讼。其中赡养费的数额以及给付方法，是由人民法院根据父母的实际需要以及其子女的经济负担能力通过调解或者判决的方式来确定的。

【案例】陈三保与姜粉扣系夫妻关系，丈夫姜粉扣已去世，2人共育有3子，按长幼顺序分别为姜往红、姜往年、姜往三，该三人均已各自成家。其中，姜往三入赘至女方家中现已成为女方家庭成员。因之前已有协议约定，姜粉扣主要由姜往红赡养，姜往红遂在亲友的见证下于2011年2月13日与姜往年对赡养陈三保达成协议，协议约定：由姜往年赡养其母陈三保。嗣后，姜往年拒绝按此协议履行。陈三保以姜往红、姜往年、姜往三系其子女，但均未履行赡养义务，致使其生活没有保障为由，提起诉讼，请求判令姜往红、姜往年负责安排其住所及吃饭问题；姜往红、姜往年、姜往三共同负担医疗费、护理费以及每年生活日用费4000元；姜往红、姜往年每人每年给付大米150斤、面粉50斤；由姜往红、姜往年承担日后丧葬费用。

【案例解读】根据相关的法律规定，子女对父母有赡养扶助的义务，子女不履行赡养义务的时候，无劳动能力或者是生活困难的父母，有权利要求子女付给一定的赡养费。据此可知，成年子女对父母的赡养义务是法定义务，是依据特定的身份关系而产生的，具有人身性、属于专属义务，不可转让。法律同时规定，经老年人同意，赡养人之间可以就履行赡养义务签订协议。赡养协议的内容不得违反法律的规定和老年人的意愿。因赡养义务是公民的法定义务，不得随意免除，故免除子女赡养义务的赡养协议为无效协议。法律虽规定合同被认定无效应相互返还因履行合同而取得的财产，但该返还行为与赡养协议具有的特殊身份属性和伦理道德不符。因此，即使赡养协议无效，父母亦无须返还先前接受的赡养财物，可认定已履行的赡养协议有效。但在赡养协议被确认无效后，对于已尽较多赡养义务的一方子女，可酌情减轻其应承担的份额，用以平衡子女间的赡养义务。

成年子女之间就夫妻的赡养问题签订赡养协议，约定由一方主要赡养夫妻。父亲死亡后，成年子女之间就其母亲的赡养问题签订赡养协议，约定免除主要赡养夫妻一方子女对母亲的赡养义务。由于赡养义务是居于特定身份关系产生的法定义务，不可转移或免除，故赡养协议因免除一方子女赡养义务而无效。协议被确认为无效后，母亲不需返还已经履行部分的赡养费用。赡养父亲一方子女已单独承担父亲全部丧葬费用的，可认定该子女对其父亲已尽较多的赡养义务，虽不能据此免除其对母亲的赡养义务，但可减轻其在以金钱为内容的赡养义务应承担的份额。

3. 成年子女有尊重父母婚姻自由的义务

我国婚姻家庭法的基本原则之一是婚姻自由，它是每个公民依法享有的权利。但是，由于离异或者是丧偶的父母再婚往往会影响到子女对其父母财产的权利，因此现实生活中，一直都存在子女干涉父母再婚的现象。为此，《婚姻法》第30条规定："子女应当尊重父母的婚姻权利，不得干涉父母再婚以及婚后的生活。子女对父母的赡养义务，不因父母的婚姻关系变化而终止。"这一规定的目的是保障父母的再婚自由以及再婚后的生活，即一方面说明子女应该尊重父母的再婚权利，另一方面强调子女必须履行对父母的赡养义务，这是法律的强行性规定。

4. 父母与成年子女财产上的权利义务

我国传统上实行的是家庭财产制度。在工业社会以前，社会体系和生产经营的基本单元是"家庭"，按中国传统，财产归属的基本单位也是"家"。在一个家庭里，所有家庭成员的财产都属于"家"所有，由家长控制和管理。只有在分家时财产才会被分割。但值得注意的是，分家时财产的归属是家之下的各"房"，即大家庭内的由第二代组成的一个个小家，仍然不归属于个人。所以，在此种环境下，未婚未分家的成年人是没有个人财产的。

历史发展到今天，我国《民法通则》规定："18周岁以上的公民是成年人。"凡是满18周岁的公民，不论其性别、精神健康状况如何，均视为成年人。达到成年且精神健全的人具有完全的民事行为能力，是完全民事行为能力人。这意味着只要年满18岁，在进入婚姻关系之前，个人独立享有劳动所得、受赠等财产权。父母不再对年满18岁的成年子女的个人财产享有财产管理权、使用收益权和处分权。

值得一提的是，根据《最高人民法院关于适用〈中华人民共和国婚姻法〉若干问题的解释（三）》第7条规定："婚后由一方父母出资为子女购买的不动产，产权登记在出资人子女名下的，可按照婚姻法第十八条第（三）项的规定，视为只对自己子女一方的赠与，该不动产应认定为夫妻一方的个人财产。由双方父母出资购买的不动产，产权登记在一方子女名下的，该不动产可认定为双方按照各自父母的出资份额按份共有，但当事人另有约定的除外。"最高人民法院作为有权解释机关，制定该条解释的本意既包括我国的社会习惯，也包括出资方父母的真实意图以及保护父母的利益等内容。这条规定是我国婚姻法条文与解释中有关父母给予子女财产中具有重要意义的一条，它既方便于司法认定及统一裁量尺度，也有利于均衡保护婚姻双方及其父母的权益。

5. 父母与成年子女有相互继承遗产的权利

《婚姻法》第 24 条第 2 款规定："父母和子女有相互继承遗产的权利。"这一权利是基于双方的特定身份而产生的。

二、非婚生子女与继子女

（一）婚生子女与非婚生子女

婚生子女是指因婚姻关系受胎所生的子女。其应具备以下条件：①其父母之间有合法的婚姻关系存在；②须为生父之妻所分娩；③其受胎是在婚姻关系存续期间；④须有生母之夫的血统。

非婚生子女是指没有婚姻关系但是男女受胎所生的子女。包括以下情况：其一，未婚男女或已婚男女与第三人发生性行为所生的子女；其二，无效婚姻当事人所生子女；其三，妇女被强奸后所生子女。

《婚姻法》第 25 条规定："非婚生子女享有与婚生子女同等的权利，任何人不得加以危害和歧视。不直接抚养非婚生子女的生父或生母，应当负担子女的生活费和教育费，直至子女能独立生活为止。"这一规定使其具有与婚生子女同样的权利和义务，赋予了非婚生子女与婚生子女同样的平等的法律地位，有利于非婚生子女的健康成长和权益保护。

（二）继子女

继子女是指夫对妻与前夫所生子女或妻对夫与前妻所生子女的称谓。继父母则是子女对母亲或父亲的后婚配偶的称谓。继父母与继子女关系的产生有以下情况：其一，父母一方死亡或是父母另一方带子女再婚；其二，父母离婚后，一方或双方另行再婚等所形成的亲属关系。

（三）继父母子女关系的类型

实际生活中及父母子女关系有以下两种类型。

1. 姻亲性质的继父母子女关系

这种类型的继父母子女关系因生父与继母或生母与继父结婚这一法律事实而发生。比如，继子女的生父或生母再婚时，继子女已成年并独立生活；或继子女虽未成年，但一直未受到继父母的抚养照顾，也未对继父母尽赡养义务。在此种情形下，继父母与继子女之间只是姻亲关系。

2. 拟制血亲性质的继父母子女关系

这种类型的继父母子女关系，除需具备生父与继母或生母与继父结婚这一法律事实外，还需有继父母与继子女之间相互扶养的事实行为。生父或生母再婚时，继子女未成年，并与继母或继父共同生活，接受其抚养教育；或成年继子女在事实上对继母或继父长期进行了赡养扶助。此时，继父母子女之间将产生父母子女之间的权利义务关系，是拟制的血亲关系。

三、收养

（一）收养的概念与特征

收养，又可以称为抱养、领养，是指公民依照相关的法定条件和程序，将本来是属于他人的子女作为自己的子女来抚养，从而使原来本没有父母子女关系的双方当事人产生新的父母子女权利义务关系。这属于民事法律行为，其相应的法律关系被称为收养关系，存在以下关系：其一，养父母（收养人），即领养他人子女的人；其二，养子女（被收养人），即被他人收养的人；其三，送养人，即将子女或者是儿童送给他人收养的父母，其他监护人和社会福利机构等。

（二）收养的特征

1. 收养是一种民事法律行为

公民依照法律进行收养行为，从而在收养人和被收养人之间确立父母子女权利义务关系，这种行为在性质上是民事法律行为。由于收养不仅涉及当事人的人身和财产关系，而且涉及社会公共利益，因而我国《收养法》对收养关系的成立不仅规定了具体的要求，而且在形式要求上也作了特别规定，要求必须办理收养登记手续。因此，收养是一种民事法律行为。

2. 收养是只能发生在特定主体之间的行为

我国《收养法》对收养人、被收养人、送养人都作了明确的限定。收养只能发生在非直系血亲的自然人之间，原本具有直系血亲关系的人之间，通常不得进行收养行为。自然人以外的权利主体不能成为收养人、被收养人。

3. 收养是变更法律上亲属身份和权利义务关系的行为

当收养关系依照法定程序和条件成立之后，即会发生这样的变化：即一方面使收养人和被收养人之间产生了拟制的血亲关系，形成了父母与子女间的身份和权利义务；另一方面也消除了被收养人与其生父母之间的身份关系和权利义务关系。由于收养使收养人和被收养人之间建立的是拟制直系血亲关系，也称为"法亲"，因而收养改变的仅是法律上的身份和权利义务，而不能改变养子女与生父母及其他血亲之间的自然血缘关系。所以，法律上规定的如结婚的亲属禁例等有关血亲的禁例，并不会因为收养关系的成立而废除。

（三）收养与被收养人的条件

1. 收养的条件

我国《收养法》第6条规定："收养人应当同时具备下列条件：（一）无子女；
（二）有抚养教育被收养人的能力；（三）未患有在医学上认为不应当收养子女的疾
病；（四）年满三十周岁。"

（1）收养人须无子女

收养人必须"无子女"，包括以下情况：其一，未婚者无子女的；其二，已婚
者尚无子女的或其所生子女死亡的；其三，因夫妇一方或双方欠缺生育能力而不可
能生子女的。

（2）收养人应有抚养教育被收养人的能力

收养人应有的抚养教育被收养人的能力，包括了收养人应有完全的民事行为能
力，同时在家庭经济条件、住房保障、思想道德品质等方面具有抚育被收养人的能
力，确保养父母很好地履行抚养和管教养子女的职责。

（3）收养人未患有在医学上认为不应当收养子女的疾病

收养关系成立的必备条件还包括养父母自身的良好健康状况。如果患有在医学
上认为不应当收养子女的疾病，如精神病、痴呆症、严重传染病等，这些疾病不仅
影响他们自身的行为能力，而且直接影响被收养子女的健康成长，甚至会对被收养
的未成年人的生命健康和人身安全构成威胁，因此，法律禁止他们实施收养行为。

（4）有配偶者收养子女，须夫妻共同收养

我国法律上有这样明确的要求，即有配偶者收养子女的，必须夫妻共同收养，
法律不承认单方收养的效力。这条规定既有利于收养以后养子女能够健康地成长，
也有利于夫妻关系的和睦以及收养关系的稳定。

（5）收养人一般只能收养1名子女

这是指收养人不能同时收养多名子女。

（6）收养人须年满30周岁

收养是建立拟制直系血亲关系，只有达到一定年龄的公民才能够具有履行父母
职责的心理素质和经济能力；同时，养父母与养子女之间也应有合理的年龄差距。

2. 被收养人的条件

被收养人应具备以下条件：

①被收养人应该是不满14周岁的未成年人。

②被收养人应该是丧失父母的孤儿，或者查找不到生父母的弃婴、儿童，或者
是生父母有特殊困难而无力抚养的子女。

③收养年满 10 周岁以上的未成年人的，应该征得被收养人的同意。

（四）特殊收养的条件

1. 无配偶的男性收养女性

无配偶者，是指因未婚、离婚或丧偶而处于非婚姻状态的人。如果收养的子女是异性，有些不便。在特定的情况下甚至会发生诸如借收养之名行娶妻同居之实等违背收养目的和社会公德的情形。为了预防这种情况的发生，我国《收养法》第 9 条作了限定性规定："无配偶的男性收养女性的，收养人与被收养人的年龄应当相差 40 周岁以上。"但是有一种情况不适用于这一年龄差的规定，即无配偶的男性收养三代以内同辈旁系血亲的女儿或收养继女的。

2. 我国公民或华侨收养三代以内同辈旁系血亲的子女

我国《收养法》第 7 条对这两类特殊主体作出了放宽性的规定，即我国公民收养三代以内同辈旁系血亲的子女，可以不受一般收养条件中下列条款的限制："被收养人为生父母有特殊困难无力抚养的子女"，"送养人为有特殊困难无力抚养子女的生父母"，"被收养人应当不满 14 周岁"和"无配偶的男性收养女性的，收养人与被收养人的年龄应当相差四十周岁以上"。而华侨收养三代以内同辈旁系血亲的子女，在上述放宽条款基础上，还可以不受"收养人无子女"的限制。

3. 继父（或继母）收养继子女

《婚姻法》第 27 条第 2 款规定："继父或继母和受其抚养教育的继子女之间的权利和义务，适用本法对父母子女关系的有关规定。"据此可知，我国法律没有在继父母子女之间规定强行性的权利义务。但收养继子女不仅有利于在继父母与继子女之间建立稳定的权利义务关系，而且有利于消除继子女与继父母间、与生父母间的双重权利义务关系。为此，我国《收养法》允许继父母经继子女的生父母同意后将继子女收养为养子女，并在条件上作出了放宽性的规定。

4. 收养孤儿，残疾儿童或者社会福利机构抚养的查找不到生父母的弃婴和儿童

我国《收养法》第 8 条第 2 款规定："收养孤儿，残疾儿童或者社会福利机构抚养的查找不到生父母的弃婴和儿童，可以不受收养人无子女和只能收养 1 名子女的限制。"孤儿、残疾儿童、弃婴和儿童被他人收养，有利于其在养父母的抚育下健康成长。收养孤儿、残疾儿童或者弃婴的行为，是奉献爱心的表现，具有援助弱者的人道主义性质。国家为鼓励这种行为，放宽了收养的条件。

第四节　继　承

一、继承与遗产

（一）继承的概念与特征

1. 继承的概念

继承是指继承法规范所调整的基于公民死亡（自然死亡或宣告死亡）而产生的以死者生前财产权利义务的移转和承担为内容的社会关系。

在继承中，因死亡而将其生前所享有的财产移转给他人所有的死者称为被继承人。被继承人死亡时遗留下来的个人财产称为遗产。依法或者依遗嘱承受被继承人遗产的法定范围内的人称为继承人。

2. 继承的特征

（1）继承以被继承人死亡为前提

这是继承首要的、最基本的特征。继承开始的原因只限于自然人死亡，包括自然死亡和宣告死亡。没有死亡，就没有继承的开始。

（2）继承发生在有一定亲属的身份关系之间

继承法中规定的继承人的范围都是与被继承人有密切关系的亲属，包括配偶和血亲，以及特定条件下的姻亲。无亲属关系的人不能作为继承人继承遗产，只能通过遗赠或遗赠扶养协议等非继承方式取得遗产。

（3）继承是概括承受被继承人财产的法律制度

继承的是被继承人遗留的全部财产权利和义务的集合，包括财产权利和债务。继承是被继承人财产权利和义务的整体概括转移，是继承遗产与清偿被继承人生前债务相统一的制度。

（二）继承人与继承权

继承人是继承法律关系的权力关系，是指依法享有继承权、能够取得被继承人遗产的人，包括法定继承人和遗嘱继承人。

1. 继承人的特点

（1）继承人只能是自然人

依《继承法》的规定，法人、非法人组织不能成为法定继承和遗嘱继承中的继承人，只有在遗赠、遗赠扶养协议这样的非严格意义上的继承关系中才有可能称为受遗赠人。

（2）继承人是民事权利能力的自然人

继承人是民事权利能力的自然人，即继承人需在继承开始时生存，故胎儿不是我国继承法中的继承人。但是我国《继承法》第 28 条规定："遗产分割时，应当保留胎儿的继承份额。胎儿出生时如果是死体的，保留的份额按照法定继承办理。"

（3）继承人是法定范围内的继承人

不论是法定继承还是遗嘱继承，继承人均限定在配偶、父母、子女、兄弟姐妹、祖父母、外祖父母等近亲属范围内。

（4）继承人应处于可继承的顺序

在具体的继承法律关系中并非法定范围内的继承人均可实际享有继承权，从而成为实际继承人。一般的规则是：顺序在先者先行继承；处在后一顺序的继承人，只有前一顺序无继承人时，方可继承遗产。遗嘱继承中，依被继承人的事先指定确定实际享有继承权的继承人。

（5）继承人是没有丧失继承权的自然人

继承人如有《继承法》第 7 条规定的丧失继承权的情形，则丧失继承人的资格，无权继承被继承人的遗产。

2．继承权

（1）继承权的概念

继承权是指自然人依照法律的规定或遗嘱的指定，享有的继承被继承人遗产的权利。

（2）继承权的行使

继承权的行使即指继承人行使其继承被继承人遗产的权利。这一权利包括以下情况：其一，完全民事行为能力人可以独立地行使其继承权。其二，无民事行为能力人的继承权由其法定代理人代为行使。其三，限制民事行为能力人的继承权由其法定代理人代为行使，或者是征得法定代理人同意以后代为行使。其中，法定代理人代为行使继承权的时候，不能损害被代理人的利益。而且原则上，代理人不得放弃继承权。

行使继承权时应注意以下几点：第一，行使继承权是单方的意思表示，即指继承人本人所作的意思表示，不用必须征得其他继承人的同意。第二，行使继承权的意思表示可以是默示的，即只要继承人在遗产分割前并未明确地表示要放弃继承，即视为接受继承。第三，接受继承权应当是无条件的，继承人如对接受继承附条件，视为继承人不接受继承。

（3）继承权的放弃

继承权的放弃是指继承开始后，继承人在法定期间内所作的放弃继承的意思表示。《继承法》第 25 条规定："继承开始后，继承人放弃继承的，应当在遗产处理前，作出放弃继承的表示，没有标识的，视为接受继承。"

继承权的放弃具有以下特点：

①放弃继承的意思表示必须在继承开始后、遗产处理前作出。

②放弃继承是单方的意思表示，只要继承人以明示的方式作出，即发生法律效力。放弃继承权使得当事人丧失了继承人的资格，即意味着继承人不再享有继承人的权利以及承担继承人的义务。但是，如果继承人因放弃继承权而导致其不能履行相应法定义务的，放弃继承权的行为就被视为无效。

（4）继承权的丧失

继承权的丧失是指继承人对被继承人或者是其他继承人实施了犯罪行为或者是违法行为的，被依法取消其继承被继承人遗产的资格。《继承法》第 7 条规定，继承权丧失的法定事由有 4 项：故意杀害被继承人；为争夺遗产而杀害其他继承人；遗弃被继承人，或者虐待被继承人，情节严重；伪造、篡改或者销毁遗嘱，情节严重。

这里需要注意以下几个问题：

①无论继承人的上述行为是发生在被继承人死亡之前，还是死亡之后，丧失继承权均应从继承开始之时起生效，且具有自然丧失继承权的法律效果。

②继承人只丧失对特定被继承人遗产的继承权，如发生其他继承关系，其继承权并不因此丧失。

③继承人丧失继承权，其晚辈直系血亲亦丧失代位继承权。

④丧失继承权既适用于法定继承，也适用于遗嘱继承；既适用于第一顺序继承人，也适用于第二顺序继承人。

⑤继承人虐待被继承人如果情节严重的，或者是遗弃被继承人的，在以后确实有悔改表现的，而且被虐待人、被遗弃人在生前又表示宽恕的，可不确认其丧失继承权。

（三）遗产的概念和特征

我国《继承法》第 3 条规定："遗产是公民死亡时遗留的个人合法财产"。此概念包含 3 个方面的意思：第一，遗产是自然人死亡时遗留下的财产；第二，遗产是自然人的个人财产；第三，遗产是自然人的合法财产。

遗产的特征为：第一，性质上具有合法性。遗产必须是被继承人生前合法拥有的财产。第二，时间上具有限定性。遗产必须是被继承人死亡时所遗留的，被继承人死亡的时间是划定遗产的时间界限。第三，内容上具有财产性。遗产仅限于被继承人遗留的财产权利和义务，不包括人身方面的权利和义务。第四，处理上具有可转让性。遗产必须是依继承法规范能够转让给他人的财产。第五，范围上具有总体性。遗产是被继承人生前的财产权利与一定范围的财产义务的统一体。

（四）遗产的范围

我国《继承法》第3条、第4条、第33条概括、规定了遗产的范围，同时也列举了具体的遗产类型。遗产的范围主要包括以下几类。

1. 自然人的收入

收入，包括劳动收入和其他收入。劳动收入指被继承人通过自己的劳动所获取的工资、奖金、劳务报酬、收获物以及个人承包经营的收益。除此之外，还有来自继承、赠与的收入，以及根据《司法解释（二）》第13条的规定，军人的伤亡保险金、伤残补助金、医药生活补助费等属于个人财产，也应当作为自然人的收入。

2. 自然人个人的房屋、储蓄和生活用品

自然人的房屋是自然人最重要的生活资料。尽管我国土地属于国家和集体所有，但是我国法律历来承认个人对房屋的所有权，所以自然人的房屋可以被继承。

自然人的储蓄，是指自然人存入储蓄机构的属于其所有的货币及其利息。

自然人的生活用品，是指自然人所有的为满足日常生活需要的生活资料，包括衣食住行用等各方面用途的生活资料。

3. 自然人的林木、牲畜和家禽

自然人的林木指依法归个人所有的树木、竹木等。自然人在其住宅地范围内或其承包经营的林地、自留山、自留地和依法承包的"四荒"土地上种植的林木归个人所有，可以作为自然人的遗产。

自然人的牲畜和家禽是指自然人自己饲养的马、牛、驴、猪、羊等牲畜和鸡、鸭、鹅等家禽，不论是为满足生产和生活需要，还是作为商品来饲养，均可以作为遗产来继承。

4. 自然人的文物、图书资料

自然人的文物是指自然人个人收藏的具有历史、艺术和科学价值的物品，或者至少具有其中一方面价值的物品。

自然人的图书资料包括法律允许自然人个人所有的各种类型的藏书和资料，包括一般图书资料和机密资料。

5. 法律允许自然人所有的生产资料

生产资料是指劳动者进行生产所运用的资料和工具。对自然人拥有生产资料的所有权问题，我国采取逐步放宽的态度。只要是法律允许个人拥有的生产资料，在被继承人死亡时都可以作为遗产。

6. 自然人的著作权、专利权中的财产权利

知识产权既包括人身权利，又包括财产权利。其中的财产权利符合遗产的要

件，可以作为遗产来继承。虽然我国《继承法》只是规定了著作权和专利权中的财产权可以继承，未涉及其他类型的知识产权，但是从立法精神看，应当扩张解释为包括全部的知识产权中的财产权利，如商标权、发现权、发明权和其他科技成果权等其他知识产权中的财产权利。

二、法定继承制度

（一）法定继承的概念与特征

法定继承又可以被称为无遗嘱继承，即指被继承人的遗产要依照法律所规定的继承人的范围、继承顺序、遗产分配原则等转移给继承人的继承方式。

与遗嘱继承相比，法定继承具有以下基本特征。

1. 法定性

在法定继承中哪些人作为继承人、继承人所继承遗产的顺序及分配遗产的原则等都是由法律加以规定的，非由被继承人生前指定。任何人不得随意变更法定继承人的范围、继承顺序、遗产分配原则等，否则即构成对他人继承权的侵害。

2. 法定继承的适用受到遗嘱继承的限制

只要存在合法有效的遗嘱，能够适用遗嘱继承，就无适用法定继承的余地。

（二）法定继承的适用范围

法定继承的适用范围是指在何种情况下适用法定继承。我国《继承法》第5条规定："继承开始后，按法定继承办理；有遗嘱的，按遗嘱继承或遗赠办理；有遗赠扶养协议的，按照协议办理。"这是对法定继承适用范围的一般规定，明确了遗嘱继承或遗赠，遗赠扶养协议的效力高于法定继承。法定继承适用于没有合法有效的遗嘱和遗赠扶养协议的情形。

具体而言，法定继承适用下列范围：

①被继承人生前没有同他人订立遗赠扶养协议，也没有立遗嘱的。

②被继承人与他人订立了遗赠扶养协议，但有下列情形之一的，仍然适用法定继承：A. 赠扶养协议失去法律效力；B. 遗赠扶养协议未处分的被继承人的财产，也没有合法有效的遗嘱存在。

③被继承人生前虽然立有遗嘱，但是下列情形之一，遗产的有关部分适用法定继承：A. 被继承人的遗嘱没有处分其全部财产，遗嘱未处分的遗产；B. 遗嘱经人民法院宣告全部无效或部分无效的，无效部分涉及的遗产；C. 遗嘱继承人丧失继承权或受遗赠权的情况下，遗嘱中指定由该继承人或受遗赠人继承或受遗嘱的那部分遗产；D. 遗嘱继承人放弃继承或受遗赠人拒绝接受遗赠的情形下，该继承人

或受遗赠人放弃的那部分遗产；E. 遗嘱继承人或受遗赠人先于被继承人死亡的，被继承人或受遗赠人继承或受遗赠的那部分遗产。

（三）法定继承人的范围与继承顺序

1. 法定继承人的范围

法定继承人是指由法律直接规定的，可依法继承被继承人遗产的人。法定继承人的范围是指适用法定继承方式时，哪些人可以成为被继承人遗产的继承人。法定继承人的范围是由法律直接规定的，不允许被继承人或其他主体自由决定，任何人亦不能随意变更和否定法律所规定的主体的继承资格。

我国法定继承人的范围主要是依据婚姻关系、血缘关系和扶养关系确定的，具体包括配偶、子女、父母、兄弟姐妹、祖父母、外祖父母，以及对公公、外婆或岳父、岳母尽了主要赡养义务的丧偶儿媳以及丧偶女婿。

2. 法定继承人的继承顺序

（1）法定继承人的继承顺序的概念与特征

法定继承人的继承顺序即指按照法律规定的法定继承人继承遗产的先后顺序。而这种次序主要是依据继承人和被继承人之间亲属关系的亲疏远近、家庭生活互相依赖程度以及传统习惯来加以确定的。这种继承顺序具有如下特点：

①法定性与强制性。法定继承人的继承顺序是由法律直接规定，只要适用法定继承的，法定继承人就必须依照法律规定的顺序参与遗产分配。任何机关和个人不得以任何理由随意改变，具有强制性。

②次序性。法定继承人必须依照法律规定的先后次序参加继承，而且前一顺序排斥后一顺序。继承开始后，先由前一顺序的继承人参加继承。只要在没有前一顺位的继承人或者是前一顺位的继承人全部放弃继承权或者是丧失继承权的情况下，才能由后一顺位的继承人继承遗产。而同一顺序继承人不分先后，同时继承。这种次序决定了法定继承人是否能够作为继承权主体实际介入到继承关系，实际享有继承权。

③限定性。即指法定继承人的继承顺序仅仅限于法定继承适用。如果在遗嘱继承中，遗嘱人在遗嘱中指定遗嘱继承人的情况下不受法定继承人顺序限制，可以不指定前一顺位继承人继承遗产，而指定后一顺位继承人继承遗产。

2. 我国法定继承人的继承顺序

我国《继承法》为法定继承人继承遗产明确规定了两个顺序，即第一顺序继承人享有继承的优先权，在继承开始以后，由第一顺序继承人继承，只要第一顺序中有一个继承人存在，其就可以享有并行使继承权，第二顺序继承人就没有权利参加继承。只有第一顺序继承人无人存在的时候，或第一顺序继承人因放弃或丧失继承权而无人享有或行使继承权时，才能够由第二顺序继承人来继承。且每一顺序继承人继承地位是平等的。

（1）第一顺序的法定继承人

第一顺序的法定继承人为配偶、子女、父母，对公婆或岳父尽了主要赡养义务的丧偶儿媳或女婿。配偶、子女、父母列为第一顺位法定继承人是因为夫妻之间、父母子女之间具有最密切的人身关系和财产关系，相互间具有法定的扶养义务，将他们列为优先顺位继承遗产，有利于实现家庭的职能。

丧偶的儿媳或女婿对公婆、岳父母尽了主要赡养义务的作为第一顺位的继承人是我国继承法在继承顺位上的特色。它不仅体现了权利义务相一致的原则，而且有利于鼓励赡养老人的风尚，提倡家庭成员间的团结互助精神。

（2）第二顺序的法定继承人

第二顺序的法定继承人为兄弟姐妹、祖父母、外祖父母。《继承法》将兄弟姐妹、祖父母和外祖父母列为第二顺位的继承人，是因为他们与被继承人之间的血缘关系较近，而且在一定条件下存在相互扶养的法定义务。

【案例】梁丙、徐×系夫妻，二人先后于 2005 年 2 月 24 日、2005 年 8 月 22 日去世。梁丙、徐×在世时，收养侄女梁乙作为养女，收养梁甲作为养孙子。而梁甲系梁×之子，梁×与梁乙系亲兄妹。此外，梁丙、徐×拥有坐落于北京市朝阳区红庙北里的房屋一套，该房屋内存放有红木圆桌、清代书柜、组合家具、三菱壁挂空调、东芝 28D3XC 电视机、书画作品等财物。2008 年 5 月 12 日，梁乙擅自将梁丙、徐×的房产出售并因此获利 153 万元。经查明，梁甲已经将其户口迁入梁丙家中，并与梁丙、徐×共同生活直至成年。

梁甲以梁乙擅自将梁丙、徐×遗产出售的行为侵犯其继承权为由，提起诉讼，请求判令分割梁丙、徐×的遗产。

梁乙辩称：本人与梁丙、徐×具有收养关系，故本人作为二者的养女当然系其合法继承人。而梁甲与梁丙、徐×仅具有普通亲属关系，因而其无权继承梁丙、徐×的遗产。

【案例解读】我国有关法律及司法解释规定："遗产按照下列顺序继承：第一顺序：配偶、子女、父母。第二顺序：兄弟姐妹、祖父母、外祖父母。继承开始后，由第一顺序继承人继承，第二顺序继承人不继承。没有第一顺序继承人继承的，由第二顺序继承人继承。本法所说的子女，包括婚生子女、非婚生子女、养子女和有扶养关系的继子女。本法所说的父母，包括生父母、养父母和有扶养关系的继父母。本法所说的兄弟姐妹，包括同父母的兄弟姐妹、同父异母或者同母异父的兄弟姐妹、养兄弟姐妹、有扶养关系的继兄弟姐妹。养祖父母与养孙子女的关系，视为养父母与养子女关系的，可互为第一顺序继承人。收养人收养他人为孙子女，确已形成养祖父母与养孙子女关系的，应予承认。解决收养纠纷或有关权益纠纷时，可依照婚姻法关于养父母与养子女的有关规定，合情合理地处理。"从上述规定中可以看出：第一，同一顺序的继承人在原则上应当平均分割被继承人的遗产，因为他们享有同等的继承权。第二，养子女属于第一顺序继承人，其享有之继承权优先于兄弟姐妹、祖父母等第二顺序继承人。第三，对于养祖父母与养孙子女，可以视为二者具有养父母与养子女的关系，且互为第一顺序继承人。

被继承人生前先后以养父母身份及养祖父母身份收养子女及孙子女。对于养子女而言，其当然属于法律规定的第一顺序继承人，有权在被继承人死亡后，继承其遗产。对于养孙子女而言，如果其确实已经将户口迁至被继承人处，并与被继承人共同生活至成年，那么此时可以将其与被继承人的关系视为养父母与养子女关系。在此情况下，该养孙子女亦为被继承人的第一顺序继承人。因此，养子女与养孙子女均属于第一顺序继承人，二者享有同等的继承权。但如果养子女尽到的赡养义务较多，那么其可适当多分遗产。

（四）代位继承

1. 代位继承的概念

代位继承即指如果存在这样的情况：在法定继承中，被继承人的子女先于被继承人死亡的，由被继承人子女的晚辈直系血亲来代位继承被继承人的遗产。其中被代为继承人是指先于被继承人死亡的子女，代位继承人是指代替被代位继承人行使继承权的晚辈直系血亲。代位继承权是指代位继承人依法享有的权利，代位继承的客体是指被代位继承人应该继承的份额。但要明确的是，代位继承权仅仅适用于法定继承。法律设立这一制度体现了我国继承制度中养老育幼的原则，从而保障了先于被继承人死亡的子女的晚辈直系血亲的物质利益。

2. 代位继承的条件

依据我国《继承法》的规定，适用代位继承应符合以下条件：

①被继承人的子女先于被继承人死亡。这是代位继承发生的前提条件和法定事由。

②被代位人限于被继承人的子女。《继承法》第11条明确规定，代位继承只能发生于被继承人的子女先于被继承人死亡的情形。因此，被代位人只限于被继承人的子女。这里的被继承人的子女，包括婚生子女、非婚生子女、养子女和形成了扶养关系的继子女。

③被代位人未丧失继承权。

④代位继承人必须是属于被代位继承人的晚辈直系血亲。

⑤代位继承只适用于法定继承，遗嘱继承不适用。若被代位继承人享有遗嘱继承权，则该遗嘱会因继承人先于被继承人死亡而失去效力，不发生代位继承。

【案例】刘亚裕、谢金定系夫妻，二人育有一子刘海南、一女刘吉宁。刘海南成年后与刘美琼缔结婚姻，二人育有子女3人，分别为长女刘凤凰、次女刘凤英、独子刘跃明。其中，刘亚裕、谢金定于1941年收养杨金叶。1971年9月30日，杨金叶之夫刘宗思与刘亚裕、刘海南签订房屋买卖协议，约定：刘宗思支付200元购买位于海沧镇温厝村马垅社31号的房屋，东至曾炳水厝、西至后界、南至刘亚裕大厝壁、北至杂地的房屋4间。此后，刘宗思、刘海南、刘亚裕、谢金定先后于1978年、1989年、1998年、2000年死亡。因国家建设需要，坐落于海沧区海沧街道温厝社区马垅社31号、登记为刘亚裕名下的房产面临被国家征收拆迁。刘吉宁、刘凤凰、刘凤英、刘跃明欲与政府签订房屋征收拆迁补偿协议，但杨金叶以其系刘亚裕、谢金定夫妇的养女为由反对刘吉宁、刘凤凰、刘凤英、刘跃明签订协议。

刘吉宁、刘凤凰、刘凤英、刘跃明以根据我国法律规定，其应为刘亚裕、谢金定夫妇的唯一法定继承人，杨金叶以系刘亚裕、谢金定夫妇养女的理由，阻挠其与政府签订房屋征收拆迁补偿协议为由，提起诉讼，请求确认其四人为刘亚裕、谢金定夫妇的第一顺序法定继承人，并由杨金叶承担本案诉讼费用。

杨金叶辩称：本人的生父于1941年将本人送予刘亚裕、谢金定作养女。本人在出嫁前后均尽到照顾刘亚裕、谢金定的义务，在刘亚裕、谢金定死亡后，本人也以女儿身份为二者送终。由于刘亚裕、谢金定已经死亡，刘海南先于刘亚裕、谢金定死亡，故本人与刘海南、刘吉宁均系刘亚裕、谢金定的第一顺序法定继承人。综上，请求确认本人与刘海南、刘吉宁均系刘亚裕、谢金定的第一顺序法定继承人，刘凤凰、刘凤英、刘跃明代位继承刘海南有权继承的遗产份额。

【案例解读】我国《继承法》第10条规定："遗产按照下列顺序继承：第一顺序：配偶、子女、父母。第二顺序：兄弟姐妹、祖父母、外祖父母。继承开始后，由第一顺序继承人继承，第二顺序继承人不继承。没有第一顺序继承人继承的，由第二顺序继承人继承。本法所说的子女，包括婚生子女、非婚生子女、养子女和有扶养关系的继子女。本法所说的父母，包括生父母、养父母和有扶养关系的继父母。本法所说的兄弟姐妹，包括同父母的兄弟姐妹、同父异母或者同母异父的兄弟姐妹、养兄弟姐妹、有扶养关系的继兄弟姐妹。"从该规定中可以知道，遗产继承必须要严格按照法律规定的顺序，并且第一顺位的继承人优先于第二顺位的继承人，只有当第一顺位的继承人不存在时，第二顺位的继承人才有权继承。此外，我国规定有代位继承制度。对此，《继承法》第11条规定："被继承人的子女先于被继承人死亡的，由被继承人的子女的晚辈直系血亲代位继承。代位继承人一般只能继承他的父亲或者母亲有权继承的遗产份额。"所谓代位继承是指被继承人的子女晚辈直系血亲，在被继承人的子女先于被继承人死亡时，由其代位继承被继承人子女应继承份额。一般情况下，代位继承人无权继承被继承人的全部遗产，只能继承被代为继承人有权继承的部分。因而从实质上说，代位继承人并不等同于第一顺序法定继承人。

被继承人死亡后，其亲生子女、养子女及孙子女就继承顺位问题发生争议。依据《继承法》第10条的规定，被继承人的亲生子女以及养子女属于第一顺序的法定继承人，并可均等取得被继承人的遗产。如果被继承人的某一亲生子女先于被继承人死亡，那么根据代位继承制度，该亲生子女的子女有权代位继承被继承人子女所应分得的被继承人遗产份额，但因代位继承人并不等同于第一顺序法定继承人，故代位继承人无权请求法院确认其为被继承人的第一顺序法定继承人。如果提起继承人身份确认之诉的系被继承人的亲生子女，且其并未提出确认被继承人养子女为第一顺序法定继承人的诉讼请求，那么此时法院只能在当事人的诉讼请求范围内作出判决，即确认被继承人的亲生子女为第一顺序法定继承人。至于被继承人养子女的身份，可由该养子女另行起诉主张。

三、遗嘱继承和遗赠

（一）遗嘱继承的概念和特征

遗嘱继承是指继承人按照被继承人的遗嘱内容，继承被继承人遗产的一种继承方式。在遗嘱继承中，遗产的继承人以及其取得的遗产份额都是由被继承人在遗嘱中所指定的，因此，遗嘱继承也称指定继承，遗嘱指定的继承人称为遗嘱继承人。

《继承法》第16条第1款规定："公民可以依照本法规定立遗嘱处分个人财产，并可以指定遗嘱执行人。"公民通过遗嘱处分其遗产，是自主行使其财产权的表现；继承法确立遗嘱继承制度，是对公民自主意愿的尊重和保护。作为一种继承方式，遗嘱继承具有以下法律特征。

1. 遗嘱继承以存在被继承人所立的合法有效遗嘱为前提

遗嘱既直接表示了被继承人的意愿，同时被继承人所立的合法有效的遗嘱也是继承人继承遗产的依据和前提条件。

2. 遗嘱继承的法律事实

遗嘱继承的开始，由被继承人立有合法有效的遗嘱和立遗嘱的被继承人死亡两个法律事实构成，两个事实必须同时具备，缺一不可。被继承人所立遗嘱无效或被撤销，不发生遗嘱继承；被继承人立有合法有效的遗嘱但还未死亡，则遗嘱不发生执行效力，遗嘱继承人不得依遗嘱而请求继承遗产。

3. 被继承人在遗嘱中指定的继承人在法定继承人的范围之内

《继承法》第16条第2款规定："公民可以立遗嘱将个人财产指定由法定继承人的一人或者数人继承。"遗嘱中指定的取得遗产的人，如果是国家、集体或者法定继承人以外的人，则此种处分遗产的方式属于遗赠而不是遗产继承。

4. 遗嘱继承人的继承人的顺序、遗产份额，由遗嘱人在遗嘱中指定

立遗嘱人可以在遗嘱中按自己的意愿，确定各遗嘱继承人的继承顺序和遗产份额，一般不受《继承法》所明确规定的法定继承人的继承次序以及遗产分配原则的限制。但是，对于缺乏劳动能力且又没有生活来源的继承人，在遗嘱中应当保留必要的遗产份额。而继承人必须按照遗嘱的要求来行使继承权。当然，遗嘱继承人依遗嘱取得遗产后，不影响其依法取得遗嘱未处分的遗产。

（二）遗嘱继承与法定继承的关系

在继承法中，遗嘱继承是法定继承的对称，即二者都属于继承人继承被继承人遗产的方式，遗嘱继承人属于法定继承人的范围内。被继承人死亡既是法定继承开始的事由，也是遗嘱发生执行效力的事由，因此，遗嘱继承与法定继承有着密切的联系。

遗嘱继承以遗嘱的合法有效存在为前提，如果被继承人没有订立遗嘱或者所立遗嘱无效，当然不发生遗嘱继承。在被继承人立有合法有效的遗嘱的情况下，各国继承法都确立了遗嘱继承优先于法定继承的规则。我国《继承法》第5条规定："继承开始后，按照法定继承办理；有遗嘱的，按照遗嘱继承或者遗赠办理；有遗赠扶养协议的，按照协议办理。"根据这个规定，遗嘱继承（包括遗赠）优先于法定继承。但是，在被继承人与扶养人订立遗赠扶养协议的情况下，对于遗赠扶养协议中约定遗赠给抚养人的遗产，不能按照遗嘱继承处理。

我国《继承法》第27条规定："有下列情形之一的。遗产中的有关部分按照法定继承办理：（一）遗嘱继承人放弃继承或者受遗赠人放弃受遗赠的；（二）遗嘱继承人丧失继承权的；（三）遗嘱继承人、受遗赠人先于遗嘱人死亡的；（四）遗嘱无效部分所涉及的遗产；（五）遗嘱未处分的遗产。"因此，遗嘱未处分的遗产，遗嘱无效部分所涉及的遗产，遗嘱继承人放弃继承以及不能继承的遗产，都按法定继承处理。特别值得指出的是，在我国现行法中，代位继承只适用于法定继承，不适用于遗嘱继承，也不适用于遗赠。一方面，如果遗嘱继承人、受遗赠人在遗嘱人之前死亡的，那么遗嘱继承人的子女、受遗赠人的子女不能够代位取得遗嘱人在遗嘱中指定的遗产；另一方面，在遗嘱继承人、受遗赠人先于遗嘱人死亡的情况下，遗嘱人在遗嘱中指定给遗嘱继承人的遗产以及遗赠给受遗赠人的遗产，成为遗嘱人的法定继承人可依法定继承方式继承的遗产，遗嘱人的法定继承人的晚辈直系血亲仍可以依法代位继承该两部分遗产的相应份额。

（三）遗嘱的形式与遗嘱内容

1. 遗嘱的形式

《继承法》根据我国人民的传统习惯和民族特点，在总结实践经验的基础上，

规定了公证遗嘱、自书遗嘱、代书遗嘱、录音遗嘱和口头遗嘱5种形式，并对每种形式都规定了严格的要求，遗嘱人可以根据法律的规定和具体情况选择采用。

（1）公证遗嘱

公证遗嘱是指经国家公证机关对法律事实的真实性、合法性予以确认后，当事人根据公证的程序以及方式所订立的遗嘱。以公证方式订立遗嘱的，公证人员应该遵循法律规定的公证程序，须由遗嘱人亲自申请办理公证，在公证员面前亲自书写或口述遗嘱内容。存在以下情况：其一，遗嘱人亲笔书写遗嘱的，要在遗嘱上签名或者是盖章，并注明年、月、日；其二，遗嘱人口授遗嘱的，由公证人员作出记录并向遗嘱人宣读，在经过确认无误后，由在场的公证人员和遗嘱人签名盖章，并注明设立遗嘱的年、月、日。应注意的是，公证人员应该对遗嘱的相关事项进行审查，包括审查遗嘱人的遗嘱能力，遗嘱的真实性、合法性等内容。经过公证机关的审查，认为遗嘱人有遗嘱能力的、遗嘱是遗嘱人的真实意思表示的、符合法律规定的，就由公证员出具公证书，而公证处和遗嘱人分别保存公证书。

（2）自书遗嘱

自书遗嘱可以被称为亲笔遗嘱，即指遗嘱人生前亲笔书写的遗嘱。自书遗嘱是由遗嘱人亲笔书写的，属于遗嘱的法定形式之一。这种遗嘱的特点在于：不需要见证人在场见证，所以简便易行，并能节省费用、保守秘密以及充分表明遗嘱人的真实意思。依据《继承法》的规定，自书遗嘱必须由遗嘱人亲笔书写全文、签名，并注明制作遗嘱的年、月、日。如果对先前所立的遗嘱进行修改，也应由本人加以说明并签名，注明年月日。需要说明的是，遗书符合条件的，可按自书遗嘱对待。

（3）代书遗嘱

代书遗嘱又可以被称为代笔遗嘱，是指由遗嘱人口述内容，他人代为书写的一种遗嘱方式。这种遗嘱方式适合人民群众的实际需要，是实现遗嘱人立遗嘱意愿的一个重要途径，即体现在：当遗嘱人没有文字书写能力或者是因为其他原因而不能亲笔书写遗嘱的时候，就可以请他人代为书写。在《继承法》中有明确的要求：首先，应该由两个以上的见证人在场进行见证；其次，由见证人中的一人代书；再次，应注明立遗嘱的具体时间，并清楚标明年、月、日；最后，代书人、见证人和遗嘱人共同来签名。这就保证了遗嘱确实是体现遗嘱人的真实意思。

【案例】丛树明与孙殿荣为夫妻关系，2人共生育子女10人，分别为丛滋杰、丛桂芳、丛桂珍、丛桂芬、丛桂凤、丛桂芝、丛滋俊、丛桂香、丛桂敏、丛桂琴。1968年5月，丛树明夫妇在五龙背镇新建村4组建造了建筑面积为64.5平方米的3间房屋一处，即涉案房屋。丛树明于1976年1月去世后，涉案房屋的一半未作分割，其继承人亦均未作出放弃继承权的意思表示。2009年1月，孙殿荣立下一份代书遗嘱，内容为：其与丛滋杰及梁秀梅夫妇已共同生活20年左右，涉案房屋为其唯一的财产，其欲在丛滋杰家居住终老，并将涉案房屋留给丛滋杰。同意人为丛桂芳、丛桂珍、丛桂凤、丛桂芝、丛滋俊、丛滋杰，刘世梅系代书人，沙秀丽、张美玲为证明人。上述遗嘱的落款时间为 2009 年 1 月 16 日。孙殿荣后于2010 年 3 月 2 日去世。现涉案房屋涉及拆迁事宜。

丛滋杰以其母亲已订立遗嘱，将涉案房屋交由其继承，其对涉案房屋享有全部继承权为由，提起诉讼，请求判令其继承涉案房屋的全部所有权。

【案例解读】被继承人生前在法定所规定的范围内，依据法律所规定的方式对其遗产作出了处分，在被继承人死亡时发生效力的法律行为属于遗嘱。遗嘱人在遗嘱中只能处分其个人所有的财产。遗嘱继承的效力高于法定继承，在被继承人立有合法有效遗嘱的情况下，继承人应依据遗嘱的内容继承遗产。遗嘱又包括自书遗嘱、公证遗嘱、代书遗嘱等。对于代书遗嘱的构成要件，依据《中华人民共和国继承法》第 17 条的规定，首先，应该由两个以上的见证人在场进行见证；其次，由见证人中的一人代书；再次，应注明立遗嘱的具体时间，并清楚标明年、月、日；最后，代书人、见证人和遗嘱人共同来签名。遗嘱人若在其代书遗嘱中处分了他人所有的财产，而代书遗嘱符合上述构成要件，则应认定该代书遗嘱部分有效。

夫妻双方在婚姻关系存续期间内建造房屋一套，该房屋为夫妻双方共同财产，各享有一半的份额。男方死亡后，男方所享有的一半房屋未进行分割。此后，女方订立代书遗嘱，承诺在其去世后，将上述房屋交由其子女中的一人继承。上述代书遗嘱中有两人以上实施了见证，由其中一人代书，并且在代书遗嘱中注明了立遗嘱的具体年、月、日，代书人、见证人等均在该遗嘱上签字。因此，应认定该代书遗嘱符合代书遗嘱的构成要件。但因该代书遗嘱处分了男方所有的遗产，故处分男方遗产部分的遗嘱内容无效。男方的遗产仍应依据法定继承的规定继承。

（4）录音遗嘱

它是指遗嘱人通过口述遗嘱内容，以录音带录制的方法来表达遗嘱人意愿的一种遗嘱形式。录音遗嘱是一种较新颖的遗嘱形式，具有简便易行、表达准确的特点。但是录音制品易为他人伪造、篡改，并且不易保管。所以，《继承法》对此规定了严格的条件。制作录音遗嘱应注意以下内容：其一，应由遗嘱人亲自叙述遗嘱的内容；其二，制作录音要有两个以上的见证人在场见证，并要说明制作录音的地址以及年、月、日，制作完毕以后还要将遗嘱进行封存，并由见证人签名，以及要注明封存的年、月、日，然后交遗嘱人或见证人保管。

（5）口头遗嘱

口头遗嘱又可以称为口授遗嘱，是指遗嘱人以口头的形式所设立的遗嘱。《继承法》第 17 条规定："遗嘱人在危机情况下，可以立口头遗嘱。"口头遗嘱的设立是在遗嘱人处在生命垂危或其他紧急的情况下，来不及订立其他形式遗嘱时的一种特别遗嘱方式。口头遗嘱最为简便，适用于危机情况，但容易失实，难以认定，也易为他人篡改、伪造。所以，法律对此规定了严格的条件。订立口头遗嘱的条件在于：其一，遗嘱人只有在其生命垂危或者是其他紧急情况下，导致其无法采取其他形式订立遗嘱时才可以。其二，订立口头遗嘱必须要有两个以上的且与遗嘱人没有利害关系的见证人在场见证。其三，遗嘱人口述的遗嘱内容，见证人必须记录口述遗嘱的年、月、日，如果见证人文化水平低、不能记录时，应当牢记口述遗嘱的具体时间和地点。《继承法》第 17 条规定："危急情况解除后，遗嘱人能够用书面或其他形式立遗嘱时，原先所立的口头遗嘱无效。"

2. 遗嘱的内容

遗嘱人要实现自己的意愿，对遗产的处分和事务的安排就应当具体化、明确化。继承法对于遗嘱的内容没有具体的限制性规定，遗嘱人当然要合法地处分自己的财产，并且不违背社会主义的道德准则和善良风俗。

一般认为，遗嘱应包括以下内容。

（1）明确遗产的范围、名称以及数量

遗嘱是遗嘱人对其遗产的处分，遗嘱人在遗嘱中应该明确其遗嘱处分的遗产的范围、名称和数量等内容。遗嘱人以遗嘱只能处分自己的遗产，而不能处分他人的财产；遗嘱人如果只是处分了自己的部分遗产，则没有处分的其他遗产，由法定继承人按法定继承方式继承。

（2）指定遗嘱继承人或受遗赠人

《继承法》第 16 条规定："公民可以立遗嘱将个人财产指定由法定继承人的一人或者数人继承。公民可以立遗嘱将个人财产赠给国家、集体或者法定继承人以外的人。"立遗嘱人在遗嘱中指定的遗嘱继承人可以是法定继承人中的任何人，而不受法定继承顺序的限制；立遗嘱人指定的受遗赠人包括自然人、法人或者国家和集体，但不能是法定继承人范围内的人。

（3）指明遗产的分配顺序、方法或者具体份额

遗嘱中指定继承的，应该指明具体的遗产；指定由数人继承的，应该指明继承人对遗产的分配方法或者各个继承人的遗产份额；遗嘱仅指定继承人继承全部遗产的，应推定遗嘱人处分了全部遗产；遗嘱未指明遗产的分配办法或者份额的，应推定各继承人等额继承。遗嘱指定遗赠的，也应照此办理。

（4）明确遗嘱人对遗嘱继承人或受遗赠人附加的义务

遗嘱人可以在遗嘱中对遗嘱继承人或者受遗赠人附加义务，如可以规定将遗产用于特定的用途或者将其所受财产转移给第三人等。当然，这种义务必须是合法的、可以履行的，否则附加的义务无效。《继承法》第 21 条明确规定："遗嘱继承或者遗赠附有义务的，继承人或者受遗赠人应当履行义务。没有正当理由不履行义务的，经有关单位或者个人请求，人民法院可以取消他接受遗产的权利。"

（5）指定遗嘱执行人

依《继承法》第 16 条的规定，遗嘱中可以指定遗嘱执行人。

（四）遗赠与遗赠扶养协议

1. 遗赠

遗赠是指公民凭借遗嘱的方式，将其个人合法财产的一部分或者是全部赠送给其法定继承人之外的人，并且是在遗嘱人死亡时发生执行效单方法律行为力。其中，遗嘱人在遗赠中被称为遗赠人，受遗赠人也称为遗赠受领人，是指遗嘱指定接受遗赠财产的人。我国《继承法》第 16 条第 3 款规定："公民可以立遗嘱将个人财产赠给国家，集体或者是法定继承人以外的人。"这个规定不仅能够充分尊重遗嘱人的意愿，而且还能够更好地实现财产的社会价值。法律允许公民通过遗赠的方式将其遗产的一部分或者是全部分给法定继承人以外的人，即遗赠产生的前提是遗嘱的存在，遗赠既可以是遗嘱内容的一部分，也可以是遗嘱的全部。因此，遗嘱所应具有的条件和特征也可以适用于遗赠。

遗赠所特有的法律特征主要体现在以下两方面：

第一，遗赠是给他人以财产利益的无偿行为。但是与法定继承人不同的是，其一，受遗赠人与遗赠人之间在法律上没有血缘关系、婚姻关系以及扶养关系等；其二，遗赠人给予他人的财产利益是不以受遗赠人应尽法律上的义务为前提的，即遗赠人的财产利益是无偿的转移。在遗赠中，虽然有时也附有某种义务，但这种义务不可能是对等的。遗赠人不能只将财产义务赠与他人，也不能使受赠人所负的义务超过其所享受的权利，所以，遗赠必须是无偿的。

第二，受遗赠人是国家、集体组织或法定继承人以外的人。法定继承人只能是自然人，其不能作为受遗赠人，而只能成为遗嘱继承人。遗嘱继承人限于法定继承人的范围内，受遗赠人只能是法定继承人范围以外的人。而受遗赠人不仅可以是自然人，也可以是法人和集体组织。法定继承人法定继承人基于遗嘱取得遗产也可能是无偿的，但是继承法上把这归于遗嘱继承的遗产取得方式。

2. 遗赠扶养协议

遗赠扶养协议是指受扶养人（亦指遗赠人）和扶养人之间订立的，即指扶养人在承担受扶养人的生养死葬义务后，受扶养人将自己的财产在其死后转归扶养人所有的一种协议。我国《继承法》第 31 条规定："公民可以与扶养人签订遗赠扶养协议。按照协议，扶养人承担该公民生养死葬的义务，享有受遗赠的权利。公民可以与集体所有制组织签订遗赠扶养协议。按照协议，集体所有制组织承担该公民生养死葬的义务，享有受遗赠的权利。"

遗赠扶养协议实际上也是当事人处理自己遗产的一种方式，而且也充分体现了财产所有人的自由意志。遗赠扶养协议与遗嘱继承和遗赠有着密切的联系，但又有着自己的鲜明特征，这主要体现在以下几方面。

（1）遗赠扶养协议是双方民事行为

遗赠扶养协议，是双方当事人平等协商基础上的意思表示一致。遗赠扶养协议也是有偿的法律行为，双方当事人互享权利，互负义务。遗赠扶养协议，不是遗赠人与扶养人之间的商品交换关系，扶养人付出的代价不一定与取得的遗产价值相等。

（2）协议主体具有一定的特殊性

受扶养人必须是自然人，而且实际上一般多是孤寡的没有法定继承人的老人。而扶养人是法定继承人以外的人，也可以是集体所有制组织。扶养人和受扶养人之间以信任关系为基础，这是双方当事人之间能订立遗赠抚养协议的重要条件。

（3）遗赠扶养协议的扶养人的权利只能在受扶养人死亡时才能实现

遗赠扶养协议是受扶养人生前与扶养人订立并且发生法律效力的协议，扶养人必须于受扶养人生前履行协议规定的义务，但必须等到遗赠人死后才能取得受扶养人的遗产，扶养人在遗赠人生前不得提出取得遗赠财产的要求。

（4）遗赠扶养协议在适用上具有优先性

我国《继承法》第5条规定："继承开始后，按照法定继承办理；有遗嘱的，按照遗嘱继承或遗赠办理；有遗赠扶养协议的，按照协议办理。"具体而言，如果遗赠扶养协议与遗嘱不相抵触的话，遗产就可以分别按协议和遗嘱来处理；如果有抵触的话，则应该按照协议来处理，与协议相抵触的遗嘱全部或部分无效。

第四章　学校生活中的法律

第一节　大学生学习生活的相关法律知识

一、高等学校的法律地位

高校是国家设立的专门教育机构，承担一定的行政职能，同时又服务于特定的行政目的，成为行政法律关系中的特殊主体。这一主体，在行政法上，称之为"行政主体"；在行政诉讼法上，称之为"法律法规授权组织"。对高校的这一法律地位，应当从以下两方面来理解：

首先，公立高校是属于非营利性质的，不以营利为目的的机构，即国家设立高校的目的是提供教育服务以及其他社会公共产品的。《高等教育法》第5条规定："高等教育的任务是培养具有创新精神和实践能力的高级专门人才，发展科学技术文化，促进社会主义现代化建设"；第24条规定："设立高等学校，应当符合国家高等教育发展规划，符合国家利益和社会公共利益，不得以营利为目的。"这表明，高校是为公共利益而设立的组织，不属于营利性的经营实体，应当以服务公共利益为目的及运行宗旨。

其次，公立高校是行政主体的一种，属于法律法规授权行使部分行政职能的授权组织，高校享有一定的公共行政权力。《教育法》第28条规定了学校及其他教育机构享有的9项权利，《高等教育法》第31条至第38条又专门规定了高校所享有的各项权利。对这些权利如何进行定性，是涉及高校与学生之间法律关系的重要因素。

二、高等学校与大学生的法律关系

（一）法律关系概述

1. 法律关系的定义

法律关系是一种特殊的社会关系，它是在法律规范的基础上产生的，通过主体之间权利与义务的关系形式来表现的一种关系。它由主体、内容、客体这三大要素所组成。其中，主体即指法律关系的参与者，主体既是法律关系中权利的享有者，同时又是义务的承担者，享有权利被称为权利人，承担义务就被称为义务人；内容是指在法律规范调整的基础上所形成的法律参与者之间的权利与义务的关系；客体是指主体之间权利义务所指向的对象。

2. 法律关系的分类

从不同的角度出发，对法律关系可以作不同的分类，如按照法律关系主体的具体化程度不同，可以分为一般法律关系和具体法律关系；按照法律关系主体是单方具体化还是双方具体化，可以分为绝对法律关系和相对法律关系；按照法律关系的产生依据是否适用法律制裁，可以分为调整性法律关系和保护性法律关系，等等。但最常见的分类是按照法律关系主体之间的相互地位，将其分为平权型法律关系与隶属型法律关系，前者主要表现为民事法律关系，后者主要表现为行政法律关系。这两种法律关系在高校与学生之间都存在。

（二）高校与大学生之间的行政法律关系

所谓行政法律关系，是指受到行政法律规范调控的，因为行政活动（权利活动和非权利活动）而形成或引发的各种权利义务关系。其中，行政法律关系的主体是指参加行政法律关系中既享有权利又承担义务的当事人，行政法律关系的客体是指行政法律关系中参加者的权利与义务所指向的对象。这种关系既应包括在行政活动过程中所形成的行政主体与行政相对人之间的行政法上的权利义务关系，也应包括因行政活动产生或引发的救济或监督关系。在这种法律关系中，作为权利义务关系的主体分别是行政主体与行政相对人。行政主体与行政相对人之间是一种管理与被管理、命令与服从的关系。因此，二者之间的法律地位是不平等的。

高校与学生的关系既是教育者与被教育者的关系，又是管理者与被管理者的关系。高校依据法律法规的授权行使具有公权力性质的对学生的管理权，这种权力具有强制性、单方性、广泛性，无疑属于行政权力。因此，高校是行政法上的独立的行政主体。依据《教育法》、《高等教育法》的规定，学生在学校要接受校方的管理。在接受管理的过程中，学生与学校的地位是不平等的，由此形成的法律关系必然是一种隶属型法律关系。在这种法律关系中，双方的权利义务也不对等，高校一方享有法律授予的概括的管理权，在必要时可以限制学生的权利或要求学生履行新的义务，甚至剥夺学生继续接受教育的机会。这种"权力"的行使不以学生是否同意或接受为前提。这些法律关系受《教育法》、《高等教育法》等行政性法律的调整，由此产生纠纷付诸司法后一般只能依据行政诉讼程序加以解决。

三、高校行政管理权

高校对学生的行政管理权在《教育法》、《高等教育法》、《学位条例》等法律，以及《学位条例暂行实施办法》、《普通高等学校学生管理规定》等行政法规、部门规章中都有不同程度的规定和涉及，其中尤以《教育法》第 28 条的规定最为详细。根据《教育法》第 28 条的规定，高校管理权中与学生关系密切的权利主要有以下几种。

（一）校规制定权

这是指高校为了校园管理的需要，依照法律、行政法规及部门规章等上位法制定有关规范性文件的权力。《高等教育法》第 41 条就明确指出，校长有权"制定具体规章制度和年度工作计划并组织实施"；《普通高等学校学生管理规定》第 68 条规定："高等学校应当根据本规定制定或修改学校的学生管理规定，报主管教育行政部门备案（中央部委属校同时抄报所在地省级教育行政部门），并及时向学生公布"；《高等学校校园秩序管理若干规定》第 19 条规定："各高等学校可以根据本规定制定具体管理制度"。

（二）学籍管理权

高校学籍管理权即是高校对学生入学、注册、休学、复学、停学或者退学等学籍事项进行规范管理的权力。学籍管理权是高校管理权的重要组成部分，是高校所拥有的一项特殊的权利，是普通公民和一般社会组织所不能行使的公共权力，是高校加强对受教育者的教育、管理职能，维护教学秩序，保证教育教学质量的需要。《普通高等学校学生管理规定》（以下简称《规定》）第三章对高校学籍管理权的内容作出了详细而具体的规定。

1. 入学与注册权

高校要按照国家招生的相关规定来录取新生，并且在招生工作结束后，有权要求学生按照学校的有关要求和规定的期限到校办理入学手续。《规定》第 7 至 10 条对此有明确的要求，如有学生因故不能按期入学的，应当向学校请假；未请假或者请假逾期者，除了因不可抗力等正当事由外，视为放弃入学资格，学校有权进行处理；新生入学后，如果复查有不合格的，学校有权不予注册；学生不能在每学期开学时按学校规定缴纳学费，或者有其他不符合注册条件的，学校有权不予注册。

2. 成绩考核与记载权

这是指高校依法确定学生的考核资格和各学科的考核方式、日期，组织各学科的考核并对考核过程中纪律遵守情况及考核结果予以记录的权力。《规定》第11至17条规定的高校对学生的成绩考核与记载权是高校一项专业性很强的特殊权力，学校可以规定成绩考核的方式以及考核不合格的课程是否允许重修或补考，可以提出学生所修课程、学分以及升级、跳级、留级等方面的具体要求。

3. 转专业批准权

《规定》第18至21条明确规定："学生转学，经两校同意，由转出学校报所在地省级教育行政部门确认转学理由正当，可以办理转学手续"；"学生可以按学校的规定申请转专业，学生转专业由所在学校批准"；"学校根据社会对人才需求情况的发展变化，经学生同意，必要时可以适当调整学生所学专业"；"学生有下列情形之一，不得转学：（1）入学未满一学期的；（2）由招生时所在地的下一批次录取学校转入上一批次学校、由低学历层次转为高学历层次的；（3）招生时确定为定向、委托培养的；（4）应予退学的；（5）其他无正当理由的"。高校根据上述规定对学生转学、转专业事项进行管理，并行使批准权。

4. 休学、复学与停学决定权

虽然《规定》第22条规定了学生可以分阶段完成学业，但第23条又规定了学生申请休学或者学校认为应当休学者，需由学校批准。"学生休学期满，应当于学期开学前向学校提出复学申请，经学校复查合格，方可复学。"学生具体休学原因的认定和复学条件的审查核定以及相关具体决定都是由高校做出的，这种审查决定权具有强制性、单方性。

5. 退学权

《规定》第27至30条对学生退学原因、处理过程及善后问题做出了专门规定，并列出了应该予以退学的6种情况，即包括超过学校规定的期限没有注册而又无正当事由的、本人申请退学的、未请假离校连续两周的、未参加学校规定的教学活动的、学业成绩未达到学校要求或者是在学校规定年限内未完成学业等。勒令学生退学是高校的一项重要权力，直接涉及剥夺学生继续在校学习的资格，因此也是最容易引发校生冲突的权力之一，应谨慎行使。

（三）奖励处分权

所谓奖励处分权，是指高校有对各方面全面发展及某些方面表现突出的学生给予表彰和奖励及对违法、违规、违纪的学生进行批评教育或者不利处置的权力。

《规定》第50条规定："学校、省（自治区、直辖市）和国家有关部门应当对在德、智、体、美等方面全面发展或者在思想品德、学业成绩、科技创造、锻炼身体及社会服务等方面表现突出的学生，给予表彰和奖励。"第51条规定了以荣誉称号、颁发奖学金等多种形式对表现优秀的符合要求的学生给予精神鼓励或者物质奖励。而第52条则规定了学校的处分权："对有违法、违规、违纪行为的学生，学校应当给予批评教育或者纪律处分。"第53条规定学校的纪律处分主要包括警告、严重警告、记过、留校察看、开除学籍五种形式，明确要求在对学生进行处分时应当做到程序正当、证据充分、依据明确、定性准确、处分适当。高校应当依据上述规定行使奖励处分权，否则要承担不利的法律后果。

（四）校园秩序管理权

校园秩序管理权是指高校为了加强学校校园的管理，优化育人环境，维护教学、科研以及生活秩序和安定团结的和谐局面，从而建立有利于培养社会主义现代化建设专门人才的校园环境，依法对学校校园秩序进行有效管理的权力。《规定》第40条到第49条详细规定了高校校园秩序管理权，这些内容主要是：①学校应当维护校园正常秩序，保障学生的正常学习和生活。②学校应当建立和完善学生参与民主管理的组织形式，支持和保障学生依法参与学校民主管理。③学生应当自觉遵守公民道德规范，自觉遵守学校管理制度，创造和维护文明、整洁、优美、安全的学习和生活环境。④学生不得有酗酒、打架斗殴、赌博、吸毒，传播、复制、贩卖非法书刊和音像制品等违反治安管理规定的行为；不得参与非法传销和进行邪教、封建迷信活动。⑤不得从事或者参与有损大学生形象、有损社会公德的活动。⑥任何组织和个人不得在学校进行宗教活动；学生可以在校内组织、参加学生团体。学生成立团体，应当按学校有关规定提出书面申请，报学校批准。学生团体应当在宪法、法律、法规和学校管理制度范围内活动，接受学校的领导和管理。⑦学校提倡并支持学生及学生团体开展有益于身心健康的学术、科技、艺术、文娱、体育等活动。学生进行课外活动不得影响学校正常的教育教学秩序和生活秩序；学校应当鼓励、支持和指导学生参加社会实践、社会服务和开展勤工助学活动，并根据实际情况给予必要帮助。学生参加勤工助学活动应当遵守法律、法规以及学校、用工单位的管理制度，履行勤工助学活动的有关协议。⑧学生举行大型集会、游行、示威等活动，应当按法律程序和有关规定获得批准。对未获批准的，学校应当依法劝阻或者制止。⑨学生使用计算机网络，应当遵循国家和学校关于网络使用的有关规定，不得登录非法网站、传播有害信息。⑩学校应当建立健全学生住宿管理制度。学生应当遵守学校关于学生住宿管理的规定。

（五）颁发学业、学历及学位证书权

颁发学业、学历及学位证书权是指高校根据法律法规的规定，对受教育者进行审核，并对符合条件的颁发相应学业、学历、学位证书的权力。《教育法》第 28 条第 55 项规定，高校有"对受教育者颁发相应的学业证书"的权力；《高等教育法》第 20 条规定，所在高校要根据学生的修业年限以及学业成绩等，按照国家相关的规定，发给学生相应的学历证书或其他学业证书。《学位条例》第 8 条规定："学士学位，由国务院授权的高等学校授予；硕士学位、博士学位，由国务院授权的高等学校和科学研究机构授予"。《学位条例》及其暂行实施办法规定高校应当组成学位评定委员会，"学位评定委员会负责审查通过学士学位获得者的名单；负责对学位论文答辩委员会报请授予硕士学位或博士学位的决议，作出是否批准的决定"。《普通高等学校学生管理规定》第 31 至 39 条规定了高校对学生毕业、结业与肄业证书和学位证书的颁发问题。高校颁发学业、学历及学位证书权，直接关系大学生走向社会能否顺利就业，因而将会对大学生权益产生重大影响，也是最容易引发高校与学生之间争议的权力。

四、大学生作为行政相对人的法律权利

（一）政治权利和自由

1. 选举权和被选举权

《宪法》第 34 条规定："中华人民共和国年满十八周岁的公民，不分民族、种族、性别、职业、家庭出身、宗教信仰、教育程度、财产状况居住期限，都有选举权和被选举权；但是依照法律被剥夺政治权利的人除外。"

2. 结社权

《高等教育法》第 57 条规定："高等学校的学生，可以在校内组织学生团体。学生团体在法律、法规规定的范围内活动，服从学校的领导和管理。"《普通高等学校学生管理规定》第 5 条第 2 项规定学生在校期间依法享有在校内组织、参加学生团体及文娱体育等活动的权利。在学校内参加、组织社团是大学生所享有的一项政治性权利，这项权利直接来源于《宪法》第 35 条的规定："中华人民共和国公民有言论、出版、集会、结社、游行、示威的自由"。

3. 信仰及言论自由权

引导大学生树立崇高的理想和坚定的信念，对大学生进行思想品德教育是大学的一项重要任务，但是大学生的人生观、价值取向、社会道德意识和审美情趣等因

人而异，并且也没有统一的标准。因此，学生的信仰及表达自由属个人私事，高校应该加以尊重。公民有宗教信仰自由和言论自由，这是《宪法》规定的一项基本权利。学生有权信仰和不信仰某种宗教，有权监督学校的政策、制度实施情况及教师的学术行为和学校领导及其他管理人员的行政行为，有权对学校的办学水平、办学质量及教师的授课水平发表自己的看法，进行评价监督。

4. 集会、游行、示威权

这些权利是民主权、平等权等公民基本权利的必然延伸，具有相对的独立性，同时又互为保障。根据《集会游行示威法》第 2 条的有关规定，集会是指聚集于露天的公共场所并发表意见、表达意愿的活动；游行是指在露天公共场所或者是在公共道路上通过集会、游行、静坐等方式，以表达要求、抗议、支持或声援等公共意愿的活动。大学生的集会游行示威权主要是指，大学生有权通过在公共场所发表演讲、参加集会、举行游行示威等活动，表达公共意愿、维护自身权益、监督学校管理。

（二）人身自由

人身自由权可分为人身自由权、住宅不受侵犯权、人格尊严权、通信自由和通信秘密权。大学生人身权是大学生依法享有的与其人身不可分离而无直接财产内容的权利，一般可将其分为人格权和身份权两个方面，主要包括了身体权、生命权、姓名权、肖像权、名誉权、隐私权等内容。

（三）经济权利

1. 财产权

《宪法》第 13 条规定："公民的合法的私有财产不受侵犯。国家依照法律规定保护公民的私有财产权。"公民的财产权是一项绝对权利，任何人不得侵犯和非法限制。大学生虽尚未参加工作，但也享有法律所赋予的财产权。大学生的财产权，主要是指学生在校期间对其依法取得的财产享有占有、使用、受益和处分等权利。

2. 受益权

这是指大学生依法在高校学习生活期间获得利益的权利，如大学生在校期间使用高校教育教学的相关设施、设备以及图书资料，并依照规定获得奖学金、贷学金、助学金等，享受来自国家乃至相关企事业单位的一系列优待及相关荣誉，以及获得社会服务或校内勤工助学机会等。

（四）文化权利

大学生的受教育权在《宪法》、《教育法》、《高等教育法》等多项法律法规中有不同程度的规定和涉及。大学生的文化权利主要包括以下几种。

1. 取得学籍的权利

《普通高等学校学生管理规定》第7条至第10条规定了大学生获得学籍以及学籍登记、注册等的手续和方法。凡是按照国家招生规定录取的大学生，都应该依法享有取得学籍的权利。

2. 参加教育教学活动权

我国《教育法》第42条规定，大学生有参加教育教学计划安排中所包括的各种活动，使用教学设施、设备、图书资料的权利，主要包括直接参与学校安排的各种教育教学活动。参与教育教学活动是学生受教育的基本内容，如听课、授课、讲座、课堂讨论、观摩、实验、实习、测验以及考试等，学校要为学生参与教育教学活动提供良好的条件和环境。

3. 就业、接受就业指导和服务权

《高等教育法》第59条规定："高等学校应当为毕业生、结业生提供就业指导和服务。"

4. 获得学业、学历、学位证书权

学校对思想品德合格，在规定时间内修完规定的课程，成绩合格或者修完相应学分的学生应准予毕业并颁发相应证书。

5. 获得公正的评价

学生有着在学业、成绩、品德上得到公正评价以及完成规定的学业并且获取专业证书、学位证书的权利。教育者要公正地对学生进行评价，这是学生的权利，也是教师的要求。

（五）学生参与学校管理权

高校应该提供正当、平等、切实可行的机会，让学生参与校务管理及教学培养计划、宿舍管理规定等的制定，让学生在涉及自身利益的行政行为（如奖励、处分、学籍管理）中，有充分参与并表达意见的权利，进而影响决策结果的作出。这些权利，在许多法规中都有明确的规定，如《普通高等学校学生管理规定》第56条规定："学校在对学生作出处分决定之前，应当听取学生或者其代理人的陈述和申辩。"第58条规定："学校对学生作出处分，应当出具处分决定书，送交本人。"第59条规定："学校对学生作出的处分决定书应当包括处分和处分事实、理由及依据，并告知学生可以提出申诉及申诉的期限。"

（六）学生救济程序中享有的各项权利

这些权利包括申诉、行政复议、行政诉讼等救济程序中的权利。由于这些权利是在高校决定做出后大学生寻求外部干预所享有的权利，是一种能否改变原决定内容的权利，因此也有学者称之为"救济性权利"。《宪法》规定我国公民有申诉的权利，《教育法》第 42 条第 4 项也规定学生有权对学校给予的处分向有关部门提出申诉，对学校、教师侵犯其人身权、财产权等合法权益的行为有权提出申诉或者依法提起诉讼。《普通高等学校学生管理规定》第 5 条第 5 项专门规定了学生享有的程序性救济权利，即对学校给予的处分或者处理有异议，有权向学校、教育行政部门提出申诉；对学校、教职员工侵犯其人身权、财产权等合法权益的，有权提出申诉或者依法提起诉讼。

第二节　大学生创业活动的相关法律知识

一、合同法的相关内容

（一）合同法的使用范围

1. 适用范围

《中华人民共和国合同法》（以下简称《合同法》）第 2 条规定：本法所称合同是平等主体的自然人、法人、其他组织之间设立、变更、终止民事权利义务关系的协议。婚姻、收养、监护等有关身份关系的协议，适用其他法律的规定。合同法的适用范围是：①适用于平等主体之间订立的民事权利义务关系的协议；②适用的合同包括各类民事主体基于平等自愿等原则所订立的民事合同；③适用范围既包括当事人设立民事权利义务的协议，也包括当事人变更、终止民事权利义务的协议。由此可见，不属于平等主体之间订立的民事权利义务关系的协议不适用合同法。

2. 合同的基本特征

根据《合同法》第 2 条的规定，《合同法》所调整的合同可以归结为下列法律特征。

（1）合同的主体具有平等的法律地位

《合同法》本来是一部民事法律，也是《民法通则》的特别法。民法的基本属性和本质特征是调整平等主体之间的财产关系和人身关系。这种属性将其与非平等主体之间的协议区别开来，如政府依法维护经济秩序的管理活动，属于行政管理关系，不是民事关系，适用有关行政管理的法律，不适用合同法；法人、其他组织的内部管理关系，适用有关公司、企业的法律，也不适用合同法。

（2）合同的内容和目的是设立、变更、终止民事权利义务

设立民事权利义务关系，是指当事人之间原本不存在的民事权利义务关系，而通过订立合同形成了某种特定的民事权利义务关系，如买卖关系、租赁关系；变更合同，是指当事人通过订立合同变更原本存在合同关系的内容，是在保持原合同效力的前提下变更合同的内容（主体变更为转让）；终止合同，是指当事人通过订立合同消灭原本存在的合同关系。

3. 合同是一种协议

在合同法甚至民法上，"协议"基本上是合同的同义语，这种协议就是合同当事人意思表示达成一致，也就是"合意"。既然合同是一种合意的结果，就必然包含下列要素：①协议必须是两个或者两个以上的当事人所达成的；②当事人作出了设立变更或者终止其民事权利义务的意思表示；③当事人的意思表示达成一致。

（二）合同法的基本原则

《合同法》第3条到第8条规定了合同的平等、自愿、公平、自愿、合法、法律约束力原则。

1. 平等原则

《合同法》第3条规定：合同当事人的法律地位平等，一方不得将自己的意志强加给另一方。具体包括以下几层含义。

（1）合同当事人法律地位的平等

这体现为：为了不影响到合同的效力，相关合同当事人之间在合同关系中不存在有管理与被管理、服从与被服从等不平等的关系。即使他们之间在其他方面具有不平等的关系，如行政上的领导与被领导的关系，但是在订立合同的时候就必须是平等的地位。

（2）机会平等

不论人的天赋、才能或者机遇如何，法律为其提供同等的订立合同的机会，就构成了机会平等或程序平等。至于订立合同的结果如何，那是由当事人的天赋、才能或机遇去决定，不影响合同的效力。

（3）适用合同规则上的平等

合同规则是基本的市场交易规则，合同规则的统一是建立统一开放、竞争有序的大市场的需要。合同规则的统一，要求其对所有的合同当事人都一视同仁地适用，而不是因人而异、厚此薄彼。在三大合同法中，由于主体不同，适用也不同，没有平等法律地位，不利于市场经济的发展。平等是自愿原则的前提，没有平等的法律地位，自愿也就无从谈起了。

2. 自愿原则

《合同法》第4条规定：当事人依法享有自愿订立合同的权利，任何单位和个

人都不得非法干预。合同自愿原则属于合同法的最基本的原则，即指合同的当事人依法享有以下的自由：在缔结合同、选择相对人、决定合同内容变更和解除合同以及选择合同补救方式等方面的自由。我国《合同法》确认合同自愿原则主要表现在：一方面，依照《合同法》第4条的规定；另一方面，要在尽量限制合同法强制性规范的同时来努力扩大任意性的规范。就一般情况而言，当事人的约定要优先于法律规定，即有约定的时候就依照约定，无约定的时候则依照相关的法律规定。但是在合同法条文中也规定"当事人另有约定的除外"，这就体现了对当事人合意的充分尊重。

3. 公平原则

《合同法》第5条规定：当事人应当遵循公平原则确定各方的权利和义务，公平原则是指根据社会公认的公平观念来确定当事人之间的权利和义务。主要体现为：

①当事人在订立合同的时候，应该按照公平合理的标准确定合同权利义务；

②当事人发生纠纷的时候，法院应当按照公平的原则对当事人所确定的权利义务来进行价值判断，以决定其法律效力；

③当事人变更、解除合同或者履行合同的时候，应体现公平的精神，不能有不公平的行为。

4. 诚信原则

《合同法》第6条规定：当事人行使权利、履行义务应当遵循诚实信用原则。这是指当事人在从事民事活动的时候应该做到诚实守信，不能滥用权利以及规避法律或合同所规定的义务，而是要以善意的方式来履行其义务。在《合同法》中，诚信原则具体体现在以下方面。

（1）合同订立阶段应依循诚信原则

尽管在合同订立阶段合同尚未成立，但是在这个时候当事人彼此间已经具有了订约上的联系，理应根据诚实信用的原则，履行忠实、诚实、保密、相互照顾和协力的附随义务。当事人任何一方都不能采用恶意谈判、欺诈等手段牟取不正当的利益，并且致他人损害，也不能披露和不正当地使用他人的商业秘密。依据诚信原则产生的订约过程的附随义务，随着当事人之间联系的不断密切和发展，当事人一方不履行这些义务而给另一方造成信赖利益的损失，应当承担缔约过失责任。

（2）合同订立后至履行前应依循诚信原则

在合同订立后但在尚未履行以前，当事人双方都应当根据诚实信用的原则认真做好各种履约的准备，严守诺言。如果其中一方有确切的证据来证明另一方在履约前经营状况严重恶化，或者存在着其他法定的情况，可以依据法律的规定，暂时中止合同的履行，并要求对方提供履约担保。但在行使中止权的时候应该严格遵循诚实信用的原则以及法律规定的相关条件。如因违背诚实信用原则而行使中止权，给对方造成损失，应负损害赔偿责任。

（3）合同的履行应依循诚信原则

在合同履行中，当事人应当严格遵循诚实信用的原则，根据合同的性质、目的以及交易习惯等履行通知、协助和保密的义务。

（4）合同终止后应当遵循保密和忠实的义务

尽管双方当事人不再承担规定的相关义务，但是也应该依据这一原则的要求，承担某些必要性的附随义务（后契约义务），如保密义务。

（5）合同的解释应依循诚信原则

实践中，当事人订立合同时所使用的文字词句可能有所不当，可能会存在这样的情况：其一，未能将其真实意思表达清楚；其二，合同未能明确各自的权利与义务的关系。这些情况会使合同难以正确履行，从而发生纠纷。这个时候，法院或仲裁机构应该依据诚实信用的原则，在考虑各种因素的基础上来探求当事人的真实意思，并能正确地解释合同，从而明辨是非，确定相关的责任。

5. 合法原则

《合同法》第7条规定：当事人订立、履行合同，应当遵守法律、行政法规，尊重社会公德，不得扰乱社会经济秩序，损害社会公共利益。《合同法》第7条是民事活动的基本准则，其确认了合法原则，主要基于以下目的：其一，为了保障所订立的合同符合国家的意志以及社会公共利益；其二，协调不同当事人之间的利益冲突；其三，协调当事人的个别利益与整个社会和国家利益的冲突，以保护正常的交易秩序。这一原则具体包括以下几个方面：①首先要求当事人在订约以及履约过程中必须遵守全国性行政法规；②在特殊情况下要依据指令性的计划以及国家订货任务的要求来订立合同；③当事人必须遵守社会公德，不能违反社会的公共利益。

6. 法律约束力原则

《合同法》第8条规定：依法成立的合同，对当事人具有法律约束力。这是指依法成立的合同对当事人具有法律约束力并受到法律的保护，当事人应该按照合同的相关约定来履行自己的义务，擅自变更或者解除合同都是不行的，具体体现在以下方面。

（1）合同具有法律约束力的前提是依法成立

这是指只有依法成立的合同才能具有法律约束力，属于有效合同；非依法成立的合同不具有法律的约束力，属于无效合同。并且，可撤销的合同在被撤销后自始没有法律约束力。

（2）合同具有履行力

依法成立的合同，当事人应当按照合同的约定和法律的规定履行权利义务，使合同的目的得到实现。

（3）当事人不得擅自变更或解除合同

当事人擅自变更或解除合同要承担相应的不利后果。

（4）违反合同应当承担违约责任

违约责任是合同具有法律约束力的重要体现，它一方面既可以保障当事人正常地履行合同，另一方面又可以在当事人违约的时候替代合同的正常履行，使受害方的利益得到保障。

（三）合同的签订

1．要约的含义及构成要件

要约又可以称为发盘、出盘、发价、出价报价等，是指希望与他人订立合同的一种意思表示。从这一定义可以得知，要约是一种意思表示，即要约既不是一种事实行为，也不是一种法律行为。其中，要约人是指发出要约的人，而接受要约的人为受要约人、相对人或承诺人。以下为要约的构成要件。

（1）要约必须是特定人的意思表示

要约人必须是订立合同的一方当事人，这是由于要约的提出是为了与他人订立合同，并换取相对人的承诺。如对订立买卖合同来说，他既可以是买受人也可以是出卖人，但必须是准备订立合同的买卖当事人或者是订约当事人的代理人（代理须本人授权），任何人在没有经过他人授权的情况下擅自代替他人发出要约，对他人不能发生约束力。要约人是否具备一定的民事行为能力，则涉及当事人的缔约能力的确定问题。为了使合同产生效力，在我国《合同法》中有这样的要求，即要求当事人在订立合同时要具有相应的民事权利和民事行为能力。

（2）要约必须具有订立合同的意图

要约发出的目的是为了订立合同，而这种要约的目的必须要由要约人通过其发出的要约以充分地表达出来，这样要约才能产生。但是，如何才能判定要约人所发出的要约具有定约意图并能够成为一项有效的要约呢？这主要根据要约所实际使用的语言文字以及其他情况来确定要约人是否已经决定订立合同，而不是打算准备和正在考虑"订约"，即不包括初步磋商、要约邀请或者很显然开玩笑的行为，以及并无产生法律关系目的的行为。

（3）要约需向受要约人发出

《合同法》第14条对受要约人是否须为特定的人并未作出明确的规定，理论界对此问题是存在着不同的看法的。一种观点认为，受要约人必须是特定人，即要约必须向特定人发出，才能一经承诺即告成立合同，向不特定人发出的只能是要约邀请；另一种观点认为，要约的对象不能也不应该只是特定的人，向不特定的人也可以发出要约。立法和学说主要是倾向于后者。如欧共体合同法规定："要约可以向一个或者多个特定的人或者向公众作出"。受要约人是否特定的人无关紧要，只要要约人愿意受约束，向不特定的人发出也完全可以。当然从现实情况看，大多数要约事实上是向特定人发出的，但这只是事实而不是将其作为构成要约的要件。《合同法》第15条第2款"商业广告的内容符合要约规定的，视为要约"体现了后一种观点，如广告开列了必要的合同条款明示或默示一经承诺即成立合同的订约意图，就可以构成要约。换言之，商业广告尽管是向不特定人发出的，也可以构成要约。

（4）要约的内容必须确定和完整

"完整"是指要约首先需要具备一些内容（条款），这是合同成立所必需的条款，即要约的内容需达到一旦被受要约人全盘接受即承诺、合同就告成立的程度。要约的内容至少应包括合同成立的必要条款，如标的，但不限于必要条款；"确定"是指要约人对要约内容必须作出清楚、明白的表述，不能含糊不清。

（5）要约必须送达受要约人

要约只有在送达受要约人以后才能为要约人所知悉，才能对受要约人产生实际的约束力。如果要约在发出以后，因传达要约的信件丢失或没有传达，不能认为要约已经送达。当然，对话要约不存在送达问题。而非对话要约，则应将要约的信件送达到能够为受要约人所能支配的地方。至于受要约人是否实际拆阅了这些信件或文件则不必考虑。

只有具备上述5个要件，才能够形成有效的要约，并使要约发出后产生应有的约束力。

2. 承诺的含义及构成要件

承诺是受要约人同意要约的意思表示。承诺的法律效力在于，一经承诺，即告成立。根据《合同法》及相关理论，承诺需符合下列构成要件。

（1）承诺必须由受要约人作出

根据要约的约束力，只有受要约人才能够取得承诺的能力。如果有第三人作出承诺，则否认了要约的实质约束力。再者，根据要约人是要约人的主人的原则，承诺人是由要约人所选择的，承诺人的权利是由要约人所赋予的，由于要约人只是给予了受要约人而没有给予第三人承诺的权利，因此，第三人无权作出承诺。如允许第三人作出承诺，实际上违背了要约人的意志。

（2）承诺必须向要约人作出

承诺的目的在于同要约人这一特定的主体订立合同，若承诺针对要约人以外的第三人作出，便毫无意义。

（3）承诺必须在要约的存续期限内作出（承诺延迟）

如果约定有效期间，承诺必须在此期间作出；如未约定，对于口头要约，受约人须立即承诺；对于书面要约，受约人应在通常情况下收到要约后必要的合理期间内承诺。凡在要约的存续期间届满后承诺，属于迟到的承诺，除了要约人及时通知受要约人该迟到的承诺仍然有效外，其它不能发生承诺的效力，应视为新要约。但是，受要约人在要约的存续期间内作出承诺，在正常情形下能够按时送达要约人，因传达故障等原因致使承诺迟到，是承诺迟延。要约人若不承认该承诺，应立即将承诺迟到的情况通知受要约人，以免其因准备履行合同而造成不必要的损失。要约人怠于通知，承诺视为迟到，合同的有效成立。

（4）承诺的内容应当与要约的内容一致

承诺是对要约的同意，其同意内容要与要约的内容一致，才能构成意思表示一致即合意，从而使合同成立。这就意味着承诺不得限制、扩张或者变更要约的内容。但是，并不是说承诺的内容对要约的内容不得作丝毫更改，是允许更改要约的非实质性内容的，如要约人未及时表示反对，则承诺有效。

（四）合同的效力

1. 合同效力的定义及生效要件

合同效力是指依法成立的合同所产生的法律效力。合同的成立与合同的生效是两个不同的概念，其中，合同成立只要求当事人意思表示一致就可以，而合同生效则表明已成立的合同符合法定的生效要件。为此可将合同分为效力待定合同、可撤销合同、无效合同和有效合同。以下为合同生效的要件。

（1）当事人具有相应的订约能力

合同主体应具备订立合同的主体资格，这种资格包括：独立订立合同并能独立承担合同义务。合同是当事人以设立、变更、终止民事权利和民事义务为目的，并有意识地追求特定法律后果的行为。它直接关系到当事人的利害得失问题，当事人只有能够认识和辨认自己的行为，并能判断自己行为的法律后果，才能保证合同得以有效实施。

（2）意思表示真实

意思表示真实是合同有效的重要条件，它是指行为人将其产生、变更和终止民事权利和民事义务的意思表示于外部的行为。在大多数的情况下，行为人表示于外部的意思是同其内心真实意思一致的。需要注意的是，合同成立与合同生效对当事人意思表示的要求是不同的，合同成立只要求当事人意思表示一致，而不要求真实，而合同生效则要求意思表示不仅一致而且更要真实。

（3）不违反法律和社会公共利益

合法既是民事法律行为的本质属性，也是行为有效的当然要件。合同不违反法律是指合同不违反法律中的强制性规范，如不得从事毒品买卖、买卖房屋必须过户等。同时，根据《合同法》的规定需注意的是：这里的"法律"是指法律、行政法规层次以上的法律规范，违反部门规章或地方性法规的合同并不当然构成合同无效的理由。

（4）合同必须具备法律所要求的形式

《民法通则》第56条规定，我国法律承认当事人可以依法选择合同的形式。但是，如果法律对合同的形式作出了特殊的规定，当事人必须遵守法律规定。《合同法》第44条也作了相应规定。也有一些合同依照法律规定，当事人在签订书面合同后还必须登记方为有效，如根据城市私有房屋管理条例的规定，房屋买卖须经房管部门登记、办理过户手续后才能生效。

2. 合同分类

根据合同的生效要件，可将合同分为效力待定合同、可撤销合同、无效合同和有效合同。

（1）效力待定合同

效力待定合同，是指合同虽然已经成立，但是因为其不能完全符合关合同生效要件的相关规定，因而导致其效力能否发生还尚待确定。一般需要经过有关当事人表示承认才有可能生效。

效力待定合同的类型分为以下几种：第一，主体不合格的效力待定合同，即无行为能力人所订立的合同，限制民事行为能力人依法不能独立订立的合同；第二，代理权有缺陷的效力待定合同；第三，因无权处分形成的效力待定合同。

效力待定合同涉及追认权、撤销权与催告权。

①追认权。追认权是指法定代理人、代理关系中本人、财产所有人（统称权利人）对有缺陷合同事后予以承认的单方意思表示。追认权包括两方面，一是对权利有缺陷的人所订立合同的追认，二是不予以追认。由此，行使追认权的法律后果也有两个：追认的话合同生效，不追认则合同无效。总之，效力待定合同，就是通过追认权的行使，使其效力最终得以确定。

②撤销权和催告权。撤销权和催告权是法律赋予相对人的权利。其中，撤销权是指相对人在权利尚未追认前，成立该合同的意思表示被撤回。催告权是指相对人在合同成立后，催促权利人在一定期限内明确答复是否承认该合同。《合同法》对主体不合格和无权代理的两种效力未定情形下，相对人的催告权、撤销权以及该权利如何行使作出了明确的规定。《合同法》第47、48条规定：权利人追认的合理期限是1个月；起算日是相对人的催告之日。这一期限是权利人行使追认权的期限，超期，追认无效；权利人经相对人催告后未做表示的，视为拒绝追认；相对人的撤销权只能在权利人行使追认权之前行使；行使撤销权的方式必须是明示的，默示不产生撤销效力。

（2）可撤销合同

它又被称为可撤销、可变更合同，是指由于当事人意思表示有缺陷，存在可撤销原因的合同。可撤销合同的类型包括：其一，因重大误解而订立的合同；其二，在订立合同时显失公平的；其三，因欺诈、胁迫或乘人之危而订立的合同。

①撤销权的行使。撤销权的行使，是指享有撤销权的合同当事人的其中一方，通过自己单方的意思表示，使合同的效力归于消灭的权利。由于以单方的行为就可以影响合同的效力，因此撤销权属于形成权。重大误解以及显失公平合同的双方当事人一方，欺诈、胁迫和乘人之危合同的受害人一方属于撤销权人。

②实现撤销权。撤销权人以单方意思表示使合同的效力归于消灭。这种意思表示必须向法院或仲裁机构作出，而非向相对人作出。若法院或仲裁机构承认撤销权，则合同效力溯及于成立时消灭。

③变通实现撤销权。这是指合同变更向法院或仲裁机构作出，达不成协议的，由法院或仲裁机构裁判。

④撤销权的抛弃。这是指撤销权人知道撤销事由后明确表示放弃撤销权或以自己的行为放弃撤销权，该撤销权消灭，可撤销合同发生有效合同的效力。

⑤撤权人应在除斥期间内行使撤销权，除斥期间为1年，起算点是"知道应当知道撤销事由之日起"。而《民通》规定为"从行为成立时起"计算。

⑥合同被确认为无效和被撤销的后果。《合同法》56条规定说明，合同被确认无效和被撤销以后，将溯及既往，自合同成立之日起就是无效的，而不是从确认合同无效之时起无效。合同被确认无效或被撤销以后，虽不能产生当事人所预期的法律效果，但并不是不产生任何法律后果。无效合同的违法性，决定了法律不仅要使这些行为无效并使当事人负返还财产、赔偿损失的民事责任，而且当事人订立无效合同侵犯了为法律所保护的社会秩序和社会公共利益，因而还应使当事人承担其他法律责任。对于可撤销合同来说，当事人虽然可能不会承担无效合同的某些后果（如行政责任），但因合同被撤销，当事人之间也应承担返还财产或赔偿损失的民事责任。

（3）无效合同

无效合同是相对于有效合同来说的，是指合同虽然已经成立了，但是由于其在内容和形式上违反了相关法律、行政法规的强制性规定以及违背了社会的公共利益，因此确认其为无效。无效合同具备以下条件：其一，严重欠缺合同生效的相关要件；其二，不发生合同当事人追求的法律后果；其三，不受国家保护的合同。典型的如当事人订立的非法买卖枪支弹药的合同、订立的"洋垃圾"的合同就属于违法的无效合同。

无效合同包括：其一，欺诈一方以欺诈、胁迫手段订立合同，损害国家利益；其二，恶意串通，损害国家、集体或第三者利益；其三，以合法形式掩盖非法目的；其四，损害社会公共利益，违反法律、行政法规的强行性规定。

（4）附条件、附期限的合同

附条件的合同是指合同的当事人约定一定的条件，合同的生效或者解除取决于该条件的是否成就。其作用在于，它可以将不属于合同构成因素的行为人的动机作为合同的条件，以此赋予行为人动机一定的法律意义。换句话说，在现实生活中，某种合同对于当事人是否有意义，就完全取决于该合同是否能够满足其生产生活的需要，这种需要就体现为行为的动机。如果合同法完全排除当事人订立合同的动机的法律意义，就有可能背离社会生活的需要。如甲乙双方约定，待甲的美术作品获奖后，乙即向甲赠送一套先进作画工具。在这里，作品获奖是一个条件，在该条件实现时，赠送设备的合同即发生效力。这里就是把当事人的动机（为什么赠送工具）反映到合同中来。

附期限的合同是指当事人在合同中设定一定的期限，并把期限的到来作为合同生效或者是消灭的根据。期限是附加于合同中的任意限制，在这点上，期限与条件的性质是一样的，这种限制能够直接限制合同效力的发生或者是消失。但是，与作为条件的事实不同的是，期限的到来是必然的，不存在到来不确定的情况。

期限一般分为始期（生效期限、延缓期限）和终期（终止期限、解除期限）。前者是指合同的效力自期限到来时才发生。即在期限到来以前，合同已经成立，但其效力仍然处于停止状态，待期限到来时，效力才发生；后者是指合同的效力自期限到来时消灭。

（五）合同的履行

1. 合同履行的基本原则

合同履行是指债务人全面地、适当地完成其相关的合同义务，由此使得债权人的合同债权得到完全实现，如交付约定标的物、完成约定的工作交付工作成果、提供约定的服务等。合同履行的原则，是当事人在履行合同债务时所必须遵循的基本准则。在这些准则中，有的属于合同法的基本原则，如诚信、公平、平等；有的专属于合同履行的原则，如适当履行、协作履行等。

（1）适当履行原则

它又可以称为全面正确履行原则，是指当事人按照规定的标的及其质量、数量，由适当的主体在适当的履行期限、地点，以适当的履行方式，全面、正确地完成合同的义务的履行原则。

（2）协作履行原则

这是指当事人不仅适当履行自己的合同债务，而且应基于诚信原则的要求协助对方当事人履行其债务的履行原则。合同的履行，只有债务人的给付行为，没有债权人的受领给付，合同的内容仍难实现。不仅如此，在建筑工程合同、技术合同等场合，债务人实施给付行为也需要债权人的积极配合，否则，合同内容也难以实现。因此，履行不仅是债务人的事，也是债权人的事，协助履行往往是债权人义务。只有双方在合同履行过程中相互配合、相互协作，合同才会得到适当履行。

（3）情势变更原则

这是指合同有效成立后，因不可归则于双方当事人的原因发生情势重大变化，致使继续履行合同会显失公平，因此，当事人可请求法院或仲裁机构变更或解除合同的原则。

2. 合同履行中的抗辩权

（1）同时履行抗辩权

同时履行抗辩权，是指双务合同的当事人一方在他方未为对待给付之前，有权拒绝自己的履行。其构成要件为：其一，在同一双务合同中互负对待给付义务；其二，互负的义务均以到清偿期；其三，须对方未履行债务或未提出发行债务；其四，须对方的对待给付是可能履行的。

（2）先履行债务抗辩权

这是指当事人互负债务，有先后履行顺序的，先履行一方未履行之前，后履行一方有权拒绝其履行请求；先履行一方履行债务不符合债的本旨，后履行一方有权拒绝其相应的履行请求。先履行抗辩权的成立要件为：须双方当事人互负债务；两个债务须有先后履行顺序，至于该顺序是当事人约定的还是法律直接规定的，在所不问。如果两个对立的债务无先后履行顺序，凡适用同时履行抗辩权而不成立先履行抗辩权；先履行一方未履行或其履行不合债的本旨。

（3）不安抗辩权

这是指先给付义务人在有证据证明以下情况时可中止自己的履行：其一，给付义务人的经营状况严生恶化；其二，转移财产、抽逃资金以逃避债务；其三，丧失商业信誉，其他丧失或者可能丧失履行债务能力的情况。如果后给付义务人在接收到中止履行通知后，在合理的期限内提供了适当担保的，先给付义务人应当履行其债务；在合理的期限内未恢复履行能力，并且未提供适当担保的，先给付义务人可以解除合同。

其成立的条件有：其一，双方当事人因同一双务合同而互负债务的；其二，后给付义务人的履行能力明显降低，有不能为对待给付的现实危险的；其三，后给付义务人未提供适当担保的。

（六）合同的权利义务终止

合同是平等主体的公民、法人或者是其他组织之间设立、变更、终止债权债务关系的协议。合同的性质，决定合同是有期限的民事法律关系，不可能永恒存在，有着从设立到终止的过程。合同的权利义务终止，是指依法生效的合同，因具备法定情形以及当事人约定的情形，合同债权、债务归于消灭，债权人不再享有合同权利，债务人也不必再履行合同义务。按照《合同法》第 91 条的规定，有下列情形之一的，合同的权利义务终止：①债务已经按照约定履行；②合同解除；③债务相互抵销；④债务人依法将标的物提存；⑤债权人免除债务；⑥债权债务同归于一人；⑦法律规定或者当事人约定终止的其他情形。这一条是关于合同的权利义务终止情形的规定。

（七）合同的违约责任

违约责任是指合同生效后，合同当事人不履行合同或者履行合同不符合约定义务而应承担的民事责任。合同关系中，只要当事人违反合同义务不论其有没有主观过错都应当承担责任，除非存在不可抗力等免责事由。

1. 违约行为

违约行为有两种：预期违约和届期违约。预期违约是指在合同规定的履行期届满前，当事人一方明示或默示其将不能履行合同。明示毁约是当事人一方直接明确将不履行合同的意思表示告知对方。默示毁约是指当事人虽未向对方当事人声明将不履行合同，但却以自身的行为明确表示不履行合同。

2. 违约人承担责任的方式

（1）预期违约

对预期违约行为，债权人可以有多种应对策略：①接受预期违约，立即解除合同；②遵守合同约定，等待对方履行；③采取其他方式比如行使履行抗辩权来减少自己的损失；④采取法律规定的救济程序。

（2）届期违约

对届期违约行为，承担违约责任的方式也有几种：①被违约人可以要求违约人继续履行合同义务，前提是此时实际履行仍为可能。②对质量不符合约定的履行，可以要求修理、更换、重做、退货、减少价款或者报酬。③要求赔偿因对方违约所造成的损失。④对违约金有预约的，可要求支付违约金。⑤要求支付定金，但定金不能和违约金同时适用，如果合同中同时规定有违约金和定金的，则被违约人只能选择其中一种方式要求对方承担。

3. 违约人的免责

《合同法》第117条第1款规定："因不可抗力不能履行合同的，根据不可抗力的影响，部分或者全部免除责任。但法律另有规定的，依照其规定。当事人迟延履行后发生不可抗力的，不能免除责任。"所谓"迟延履行后发生不可抗力不能免责"是指当事人没有按照约定期限履行合同，在约定期限届满后发生不可抗力导致履行不能或不能全部履行，当事人仍然应当承担违约责任。当事人没有按照约定履行义务要承担违约责任，但如果违约是由当事人不能抗拒的原因导致的，则构成了不可抗力的免责，即在此情况下当事人可以不承担违约责任。不可抗力是指不能预见、不能避免并不能克服的客观情况。不可抗力事件包括自然灾害如水灾、地震、旱灾等和社会事件如罢工、战争等。

二、反不正当竞争法概述

(一) 调整对象

反不正当竞争法是调整市场竞争过程中因规制不正当竞争行为而产生的社会关系的法律规范的总称。我国《反不正当竞争法》于 1993 年 9 月 2 日颁布，1993 年 12 月 1 日起实施。其后，国家工商行政管理局针对几种特殊的不正当竞争行为，先后发布了相关的行政规章《关于禁止公用企业限制竞争行为的若干规定》、《关于禁止有奖销售活动中不正当竞争行为的若干规定》、《关于禁止仿冒知名商品特有名称、包装、装潢的不正当竞争行为的若干规定》、《关于禁止侵犯商业秘密行为的若干规定》、《关于禁止商业贿赂行为的暂行规定》。此外，在其他法规中，也有涉及竞争规范的内容，如商标法、专利法、著作权法、价格法、广告法、招标投标法。

在市场竞争中，反不正当竞争法主要调整以下关系：其一，经营者之间的不正当竞争关系；其二，监督、检查部门与市场竞争主体之间的竞争管理关系；其三，由于我国的特殊情况，它亦调整在政府及经营者之间产生的与竞争有牵涉的关系。其中，不正当竞争行为是指经营者为了逐利从而以损害其他经营者的合法权益为前提，违反了法律规定，扰乱了社会经济秩序的行为。而经营者是指从事商品经营或者营利性服务的法人、其他经济组织和个人。

(二) 立法目的

反不正当竞争法作为市场竞争的基本法、"兜底法"，其地位体现为：凡是在其他法律、法规没有明确规定的情况下，而经营者的市场行为与反不正当竞争法相违背的，均要依照该法来进行规范。其立法目的可以分为以下三个层次：其一，直接目的在于制止不正当竞争行为；其二，直接目的的必然延伸，保护经营者和消费者的合法权益；其三，根本目的在于鼓励和保护公平竞争、保障社会主义市场经济的健康发展。

(二) 不正当竞争行为的概念及特征

不正当竞争行为，是指经营者为了自身利益而损害了其他经营者的合法权益，从而违反了反不正当竞争法的相关规定，扰乱社会经济秩序的行为。其有如下特征。

1. 不正当竞争行为的主体是经营者

所谓经营者，是指从事商品经营或营利性服务的法人、其他经济组织和个人。

也就是说，非经营者不属于竞争行为的主体，所以也不属于不正当竞争行为的主体。但是可能存在这样的情况：非经营者的某些行为可能会影响到经营者的正当性的经营活动，从而侵害了经营者的合法权益。这种行为就属于反不正当竞争法的规制对象。比较典型的是：政府及其所属部门滥用行政权力妨害经营者的正当竞争行为。

2. 不正当竞争行为是违法行为

不正当竞争行为的违法性主要体现为：违反了《反不正当竞争法》的规定，既包括违反了第二章关于禁止各种不正当竞争行为的具体的规定，也包括违反了其第2条的原则规定。需要说明的是，虽然经营者的某些行为从表面上很难从该法明确规定的不正当竞争行为中找到对应的地方，但是只要经营者的行为有如下体现也应认定为不正当竞争行为：其一，违反了自愿、平等、公平、诚实信用等原则；其二，违反了大家公认的商业道德的；其三，损害了其他经营者的合法权益，扰乱了社会经济秩序的。

3. 不正当竞争行为侵害的客体

这是指其他经营者的合法权益以及正常的社会经济秩序。其破坏性主要体现为：其一，危害了公平竞争的市场秩序；其二，阻碍了技术进步和社会生产力的发展；其三，损害了其他经营者的正常经营和合法权益，使守法经营者既受到物质上也受到精神上的损害；其四，还有的不正当竞争行为可能损害广大消费者的合法权益，如虚假广告以及欺骗性有奖销售等；其五，除此之外，不正当竞争行为还有可能给我国的对外开放政策带来消极的影响，从而严重地损害国家的利益。

（三）不正当竞争行为的表现形式

1. 混淆行为

在市场经营活动中，诸如假冒他人注册商标、企业名称，仿冒国家名优标志，擅自使用知名商品特有名称、包装、装潢，伪造产地名称等都属于造假活动，即在客观上，这些行为者实施了《反不正当竞争法》第5条禁止的不正当竞争手段。

2. 公用企业或其他依法享有独占地位的经营者的限制竞争行为

这些限制竞争行为包括以下内容：①限定用户或者消费者只能购买和使用其附带提供的相关商品，而不得购买和使用其他经营者提供的符合技术标准的同类商品；②限定用户或消费者只能购买和使用其指定的经营者生产或者经销的商品，而不得购买和使用其他经营者提供的符合技术标准的同类商品；③强制用户、消费者购买其提供的不必要的商品及配件；④强制用户、消费者购买其指定的经营者提供的不必要的商品；⑤以检验商品质量、性能等为借口，阻碍用户、消费者购买、使用其他经营者提供的符合技术标准的其他商品；⑥对不接受其不合理条件的用户、消费者拒绝、中断或者削减供应相关商品，或者滥收费用；⑦其他限制竞争的行为。

3. 政府机构的限制竞争行为

这主要体现为政府机构滥用行政权力，具体体现在：①实施行政性的强制的经营活动，限定他人购买其指定的经营者的商品，限制其他经营者正当的经营活动；②实施地区性的封锁行为，即限制外地商品进入本地市场或者本地商品流向外地市场。

4. 商业贿赂行为

有的经营者为了争取更多的交易机会，偷偷地给予能够影响到市场交易的有关人员以财物或者其他好处。其主要形式是回扣。

5. 虚假宣传行为

经营者为了利益，通过广告或者其他公众知晓的方法，对其商品的质量、制作成份、性能、用途、生产者、有效期限、产地等作不真实的虚假宣传。而当宣传达到足以引起一般公众误解的程度的时候，就构成了虚假广告。

6. 侵犯商业秘密行为

这些行为包括如下内容：①以盗窃、利诱、胁迫或其他不正当手段获取权利人的商业秘密；②披露、使用或允许他人使用以前项手段获取的权利人的商业秘密；③与权利人有业务关系的单位和个人违反合同约定或违反权利人有关保守商业秘密的要求，披露、使用或允许他人使用其所掌握的权利人的商业秘密；④权利人的职工违反合同约定或者权利人保守商业秘密的要求，披露、使用或允许他人使用其所掌握的权利人的商业秘密；⑤第三人明知或应知上述违法行为，获取、使用或披露他人的商业秘密，视为侵犯商业秘密。

7. 低价倾销行为

以下几种不构成低价倾销行为的法定情形：①销售鲜活商品；②处理有效期限即将到期的商品或者其他积压的商品；③季节性降价；④因清偿债务、转产、歇业降价销售商品。

8. 搭售或附加不合理条件行为

这些行为包括如下内容：①搭售；②限制转售价格；③限制转售地区；④限制转售客户；⑤限制技术受让方在合同技术的基础上进行新技术的研制开发等。

9. 不正当有奖销售行为

这些行为包括如下内容：①谎称有奖销售或对所设奖的种类、中奖概率、最高奖金额、总金额、奖品种类、数量、质量、提供方法等作虚假不实的表示；②采取不正当手段故意让内定人员中奖；③故意将设有中奖标志的商品、奖券不投放市场或不与商品、奖券同时投放，故意将带有不同奖金金额或奖品标志的商品、奖券按不同时间投放市场；④抽奖式的有奖销售，最高奖的金额超过 5000 元；⑤利用有奖销售手段推销质次价高的商品；⑥其他欺骗性有奖销售行为。

10. 诋毁竞争对手商业信誉行为

不正当竞争行为还包括经营者实施的诋毁竞争对手的商誉行为。如有的经营者通过广告、新闻发布会等形式捏造、散布虚假的事实，使用户、消费者不知道真相，从而对受到诋毁的经营者产生错误的认识或者是怀疑心理，导致他们不愿或不再与被诋毁的经营者进行交易。

11. 招标投标中的串通行为

这些行为主要有：①投票者串通投标的办理、共同压低报价、不进行价格竞争；②招标者与投标者串通。

(四) 不正当竞争行为的处理及法律责任

1. 混淆行为的处理

根据《反不正当竞争法》第 21 条第 1 款的规定，经营者利用该法第 5 条所禁止的不正当竞争手段从事市场交易的，对第一、三、四种行为，依照《商标法》、《产品质量法》的规定处罚；对第二种行为，《反不正当竞争法》第 21 条第 2 款规定，监督检查部门应责令停止违法行为，没收违法所得，可视情节处违法所得 2 倍以上 3 倍以下的罚款；情节严重的，可吊销营业执照；销售伪劣产品、构成犯罪的，应依法追究刑事责任。

2. 公用企业或其他依法享有独占地位的经营者的限制竞争行为的处理

公用企业或者其他依法具有独占地位的经营者，限定他人购买其指定的经营者的商品，以排挤其他经营者的公平竞争的，省级或者设区的市的监督检查部门应当责令停止违法行为，可以根据情节处以 5 万元以上 20 万元以下的罚款。被指定的经营者借此销售质次价高商品或者滥收费用的，监督检查部门应当没收违法所得，可以根据情节处以违法所得 1 倍以上 3 倍以下的罚款。

3. 政府机构的限制竞争行为的处理

政府及其所属部门限定他人购买其指定的经营者的商品、限制其他经营者正当的经营活动，或者限制商品在地区之间正当流通的，由上级机关责令其改正；情节严重的，由同级或者上级机关对直接责任人员给予行政处分。被指定的经营者借此销售质次价高商品或者滥收费用的，监督检查部门应当没收违法所得，可以根据情节处以违法所得 1 倍以上 3 倍以下的罚款。

4. 商业贿赂的行为处理

根据《反不正当竞争法》第 22 条的规定，经营者有商业贿赂行为的，构成犯罪，追究刑事责任；未构成犯罪的，监督检查部门可处以 1 万元以上 20 万元以下的罚款，并没收其违法所得。

5. 虚假宣传行为的处理

（1）经营者（广告主）的法律责任

《反不正当竞争法》第 24 条第 1 款规定，经营者利用广告和其他方法，对商品作引人误解的虚假广告的，监督检查部门应责令停止违法行为，消除影响，并可根据情节处 1 万元以上 20 万元以下的罚款。

（2）广告经营者的法律责任

《反不正当竞争法》第 24 条第 2 款规定，广告经营者在明知或应知情况下，代理、设计、制作、发布虚假广告的，监督检查部门应当责令停止违法行为，没收违法所得，并依法处以罚款。广告法第 37 条规定的罚款，指广告费用 1 倍以上 5 倍以下的罚款。情节严重的，可停止其广告业务；构成犯罪的，依法追究刑事责任。

（3）连带责任

《广告法》第 38 条规定：发布虚假广告，欺骗和误导消费者，使其合法权益受到损害的，广告主应负担民事责任。广告经营者、广告发布者不能提供广告主的真实名称、地址的应承担全部民事责任。

6. 侵犯商业秘密的处理

违反《反不正当竞争法》第 10 条的规定侵犯商业秘密的，监督检查部门应当责令停止违法行为，可以根据情节处以 1 万元以上 20 万元以下的罚款。

《反不正当竞争法》对侵犯商业秘密行为规定的处罚方式，一是由监督检查部门责令停止违法行为，二是可根据情节处以 1 万元以上 20 万元以下的罚款。此外，我国《刑法》第 229 条规定了侵犯商业秘密罪。

7. 低价倾销行为的处理

我国《反不正当竞争法》规定：经营者实施了不正当倾销行为时，受害的其他经营者可以依法要求行为人承担损害赔偿责任。

8. 搭售或附加不合理条件的处理

对于搭售行为，我国《反不正当竞争法》并没有明确规定具体的法律责任。因此，受到搭售行为侵害的经营者或者消费者只能依据《反不正当竞争法》第 20 条的规定，要求侵权行为人承担损害赔偿损失责任。该法第 20 条规定："经营者违反本法规定，给被侵害的经营者造成损害的，应当承担损害赔偿责任，被侵害的经营者的损失难以计算的，赔偿额为侵权人在侵权期间因侵权所获得的利润；并应当承担被侵害的经营者因调查该经营这侵害其合法权益的不正当竞争行为所支付的合理费用"。

9. 不正当有奖销售行为的处理

经营者违反《反不正当竞争法》第13条规定进行有奖销售的，监督检查部门应当责令停止违法行为，可以根据情节处以1万元以上10万元以下的罚款。

有关当事人因有奖销售活动中的不正当竞争行为受到侵害的，可根据《反不正当竞争法》第20条的规定，向人民法院起诉，请求赔偿。

10. 诋毁竞争对手商业信誉的处理

此种不正当竞争行为一般承担民事责任。民事责任的形式主要有停止侵权；公开赔礼道歉，消除影响；赔偿损失，赔偿损失的范围一般包括直接损失和间接损失。直接损失包括：因诽谤行为造成的实际经济损失，如退货、商品积压滞销损失；为消除影响和调查、制止侵权行为而支出的费用。如调查费、合理律师费等。间接损失包括：因诽谤行为造成客户终止履行合同而丧失的可得利益损失；因诽谤行为造成停产滞销期间设备折旧费及货款利息等。

11. 招标投标中的串通行为的处理

投标者串通投标，抬高标价或者压低标价；投标者和招标者相互勾结，以排挤竞争对手的公平竞争的，其中标无效。监督检查部门可以根据情节处以1万元以上20万元以下的罚款。

第三节　大学生创新活动的相关法律知识

一、著作权法的相关内容

（一）著作权法概述

著作权法是有关著作权以及相关权益的取得、行使、和保护的法律规范的总称，主要由著作权人及其权利、著作权归属、权利的保护期、权利的限制、著作权许可使用和转让合同、著作邻接权、法律责任和执法措施等一系列具体的法律制度构成。著作权法是指调整著作权的产生、控制、利用和保护等社会关系的一系列法律规范的总称。1990年9月，我国制定了《著作权法》，该法于1991年6月1日正式实施。随后，我国相继参加了著作权国际保护公约——《伯尔尼公约》和《世界版权公约》。进入21世纪后，我国加入了世界贸易组织，需要遵循《知识产权协定》的精神。因此，我国于2001年10月27日修订了《著作权法》，并于同日公布施行。《著作权法》以及与之配套的《著作权法实施条例》、《计算机软件保护条例》、《信息网络传播权保护条例》、《民间文学艺术保护条例》、《广播组织法定许可付酬办法》等组成了我国较为完善的著作权法律、法规体系。

（二）著作权法的主要内容

1. 著作权作品及其保护条件

（1）著作权作品保护的前提

著作权法保护的具体对象，即指由作者创造的、为著作权法所确认的具有一定表现形态的各类作品。2002 年《中华人民共和国著作权法实施条例》第 2 条规定：著作权法所称作品，指文学艺术和科学领域内，具有独创性并能以某种有形形式复制的智力创作。《伯尔尼公约》第 2 条第 1 款规定："'文学和艺术作品'一词包括文学、科学和艺术领域内的一切作品，不论其表现形式或方式如何。"——该条第 2 款还提示各成员国可以通过国内立法，要求所有作品或任何特定种类的作品必须以某种物质形式固定下来才予以保护。《著作权法》第 2 条规定：中国公民或组织的作品不论是否发表，都享有著作权；外国人和无国籍人的作品根据其所属国或经常居住地是否同中国签订了协议或者同中国共同参加国际条约而享有著作权，受保护。

（2）作品受保护的条件

①实质条件。独创性：独创性的独（不是首创，不要求新颖，而要求由作者独立完成）；独创性的创（无对作品质量的要求；关于"创"的高度，大陆法系和英美法系规定的程度是不同的）；作品表达而非思想内容的独创性（独创性的出现以客观上存在创作机会为前提条件，即存在表现个性的余地）。

②形式要件。我国著作权法不要求作品被固定（如保护口头作品）。但软件必须固定在某种有形物体上才能受到保护（《计算机软件保护条例》第 4 条）。

2. 著作权的客体

著作权的客体是指能够获得著作权法保护的作品，包括文学、艺术和自然科学、社会科学、工程技术等作品，具体来讲包括以下 9 类作品：①文字作品；②口述作品；③音乐、戏剧、曲艺、舞蹈、杂技艺术作品；④美术、建筑作品；⑤摄影作品；⑥电影作品和以类似摄制电影的方法创作的作品；⑦工程设计图、产品设计图、地图、示意图等图形作品和模型作品；⑧计算机软件；⑨法律、行政法规规定的其他作品。

根据我国《著作权法》第 5 条的规定，不适用著作权法保护的作品主要有以下几类：

①法律、法规、国家机关的决议、决定、命令和其他属于立法、行政、司法性质的文件及其官方正式译文。上述官方文件和相应的官方文件译文都是作品。但是，由于

这些文件涉及到社会公众以及国家的整体利益，它们是属于国家和社会成员的公有信息资源，不应该作为任何人的专有而去限制它们的传播，因此不享有著作权。

②时事新闻。时事新闻是对已经发生的事件或事实的真实客观的披露，其是一种客观存在的信息。这类信息直接涉及国家、社会公众、国际社会乃至全人类的经济、政治、文化和社会生活因而要求广泛而迅速地传播，不应控制，故法律不给予其著作权保护。

③历法、通用数表、通用表格和公式。由于上述作品的表达形式具有"唯一性"，因而也就无法体现其独创性，不符合著作权法保护的作品的条件，所以不宜用《著作权法》进行保护。此外《著作权法》第4条还规定，依法禁止出版、传播的作品，不受著作权法保护。这种作品虽然具备了作品的要件，但因其表达的内容、思想倾向等对社会有危害性，不适于出版传播，故不受著作权法保护。

2. 著作权的主体

这是指依法对文学、艺术和科学作品享有著作权的人。根据我国2001年著作权法的规定，著作权的主体可以是自然人、法人和其他组织及国家。

（1）作者的分类

①《著作权法》第11条第2款规定："创作作品的公民是作者"。

②事实作者，即指实际创作作品的自然人创作。一件文学艺术的产生，其从设计到完成的过程即是从构思到表达完成的过程。其中构思主要是作者的一种内心活动，通常包括从感受到思索以及到完成关于未来作品的全面设计的过程。在构思成熟的基础上，作者再运用文学艺术的语言，将头脑中的构思通过象形式化的传达出来，就最终形成了作品。《著作权法实施条例》第3条规定："著作权法所称创作，是指直接产生文学、艺术和科学作品的智力活动。为他人创作进行组织工作，提供咨询意见、物质条件，或者进行其他辅助工作，均不视为创作。"

③法定作者。本来是自然人创作的作品，在特定情况下，为了满足某种利益需求，通过法律规定，把作者的身份赋予自然人以外的其他主体。《著作权法》第11条规定：由法人或者其他社会组织主持，代表法人或其他社会组织的意志创作，并由法人或其他社会组织承担责任的作品，法人或者其他社会组织视为作者。

（2）作者身份的推定

《著作权法》第11条第4款规定："如无相反证明，在作品上署名的公民、法人或者他组织为作者"。

4. 著作权的归属

（1）基本原则

著作权的归属，即著作权在产生时的权利归属状态。归属的原则为：作者为主导，投资、合意为补充作者的构成要件，参与实际的创作。

（2）特殊作品的著作权主体

①演绎作品。改编、翻译、注释、整理、已有作品而产生的作品为演绎作品。《著作权法》第 12 条规定：改编、翻译、注释、整理、已有作品而产生的作品，其著作权由改编者、注释者、翻译者及整理者所有，但这些著作权人在行使著作权的时候时不能侵犯原作品著作权人的权利。

②合作作品。合作作品是指由两个或者是两个以上的人共同合作创作完成的作品。归属：《著作权法》第 13 条规定："两个以上合作创作的作品，著作权由合作作者共同享有。合作作品可以分割使用的，作者对各自创作部分可以单独享有著作权。"合作作品著作权的行使：《实施条例》第 9 条规定，合作作品不可以分割使用的，其著作权由各合作作者共同享有，通过协商一致行使；不能协商一致，又无正当理由的，任何一方不得阻止他方行使除转让以外的其他权利，但是所得收益应当合理分配给所有合作作者。

③汇编作品。《著作权法》第 14 条规定："汇编若干作品、作品的片段或者不构成作品的数据或其他资料，对其内容的选择或编排体现独创性的作品，为汇编作品，其著作权由汇编人享有，但行使著作权时，不得侵犯原作品的著作权。"

④电影和以类似摄制电影的方法创作的作品。《著作权法》第 15 条规定：①导演、编剧、作词、作曲、摄影等作者享有署名权。②影视作品著作权的其他权利属于电影、电视、录像作品的制片者所有。③作品中的剧本、音乐等可以单独使用的作品的作者有权单独行使其著作权。如果是将电影改编为其他艺术形式，则需制片人和电影剧本著作权人的许可。如果仅是发行、放映电影及为发行目的而翻译电影，只需制片人许可即可（《伯尔尼公约》第 14 条第 2 款）。

⑤职务作品。职务作品是指公民为完成法人单位或者是其他组织的工作任务所创作完成的作品（《著作权法》第 16 条）。A. 通常，职务作品的著作权属于事实作者，即自然人作者。但要受劳动关系的制约，即法人或其他组织有权在其业务范围内优先使用。作品完成两年内，未经单位同意，作者不得许可第三人以与单位使用的相同方式使用该作品；经单位同意的，所获报酬应与单位按照约定比例分配。两年之后，可不经许可，但仍需支付报酬。B. 主要是利用法人或其他社会组织的物质技术条件创作，并由法人或者其他社会组织承担责任的工程设计图、产品设计图、计算机软件、地图等职务作品以及法律、行政法规规定或者合同约定著作权由法人或其他社会组织享有的职务作品，作者享有署名权。

⑥委托作品。委托作品是指接受他人委托而创作的作品。其著作权主体的确定有两种不同的情况：第一，通过合同约定，包括：委托人所有、创作者所有、委托人和创作者共有。第二，合同未约定，由创作者所有（《著作权法》第 17 条）。在委托作品著作权属于受托人的情形下，委托人在约定的适用范围内享有使用作品的权利；双方没有约定使用作品范围的，委托人可以在委托创作的特定目的范围内免

费使用该作品。

⑦美术作品著作权的特殊规定。《著作权法》第 18 条规定：美术作品的著作权属于作者，美术作品原件的展览权属于原件的所有人美术作品的著作权和所有权是可以脱离的。

⑧匿名作品。《著作权法》实施条例第 13 条规定：匿名作品是指作品的作者隐去姓名即不署名的作品，也指署假名的作品。如果匿名作品是公民所作，该公民的作者身份被证实，该公民死亡的，著作权中的经济权利属于作者的继承人。《著作权法》第三次修改意见稿第 24 条为：作者身份不明的作品，其著作权除署名权外由作品原件的所有人行使。作者身份确定后，其著作权由作者或者其继承人行使。《著作权法》第 25 条规定：下列著作权的保护期尚未届满的作品，使用者可以向国务院著作权行政管理部门申请提存使用费后使用作品：作者身份不明且作品原件的所有人经尽力查找无果的；作者身份确定但经尽力查找无果的。前款具体事项，由国务院著作权行政管理部门另行规定。《著作权法实施条例》第 16 条规定："作者身份不明的作品，有作品原件的所有人行使除署名权以外的著作权。作者身份确定后，由作者或其继承人行使著作权。"

5. 著作权的内容

（1）著作人身权

这是指作者基于作品依法所享有的以人身利益为内容的权利（不直接具有财产内容的与作者人身不可分离的权利），有的国家将其称作精神权利、作者人格权。要注意的是著作人身权通常不能转让、继承或者是放弃。根据我国《著作权法》第 10 条的规定，著作人身权包括以下 4 项。

①发表权，即决定作品是否公之于众的权利；

②署名权，即表明作者身份，在作品上署名的权利；

③修改权，即修改或者授权他人修改作品的权利；

④保护作品完整权，即保护作品不受歪曲、篡改的权利。

（2）著作财产权

这是指著作权人基于对作品的利用给其带来的财产收益权，著作权人可以许可他人行使，也可全部或者部分转让给他人，并依照约定或者著作权法有关规定获得报酬。根据我国《著作权法》第 10 条的规定，著作财产权包括以下 13 项：①复制权，即以印刷、复印、拓印、录音、录像、翻录、翻拍等方式将作品作一份或者多份的权利；②发行权，即以出售或者赠与方式向公众提供作品的原件或者复制件的权利；③出租权，即有偿许可他人临时使用电影作品和以类似摄制电影的方法创作的作品、计算机软件的权利，计算机软件不是出租的主要标的的除外；④展览权，即公开陈列美术作品、摄影作品的原件或者复制件的权利；⑤表演权，即公开表演作品，以及用各种手段公开播送作品的表演的权利；⑥放映权，即通过放映机、幻灯机等技术设备公开再现美术、摄影、电影和以类似摄制电影的方法创作的作品等的权利；⑦广播权，即以无线方式公开广播或者传播作品，以有线传播或者转播的方式向公众传播广播的作品，以及通过扩音器或者其他传送符号、声音、图像的类似工具向公众传播广播的作品的权利；⑧信息网络传播权，即以有线或者无线方式向公众提供作品，使公众可以在其个人选定的时间和地点获得作品的权利；⑨摄制权，即以摄制电影或者以类似摄制电影的方法将作品固定在载体上的权利；⑩改编权，即改变作品，创作出具有独创性的新作品的权利；⑪翻译权，即将作品从一种语言文字转换成另一种语言文字的权利；⑫汇编权，即将作品或者作品的片段通过选择或者编排，汇集成新作品的权利；⑬应当由著作权人享有的其他权利。

6. 著作权的保护期限

（1）对人身权的保护期限

人身权的署名权、修改权以及保护作品完整权的保护没有期限的限制，可以永久受到保护。发表权不在此列。

（2）对财产权利的保护期限

①作者为公民的，其作品著作权的财产权和发表权的保护期为作者终生加死后50年，截至第50年的12月31日，无论作者的作品是否发表，以及在何时发表。

②法人或其他组织的作品，以及由法人或其他组织享有著作权的职务作品，发表权和财产权的保护期限为50年，从作品的首次发表截至第50年的12月31日；但作品完成后50年内没有发表的，不再受法律保护。

③电影、电视、录像作品的发表权和财产权的保护期为50年，截止于作品首次发表后的第50年的12月31日，但作品完成后的第50年内没有发表的，其著作权不再受法律保护。

④由于摄影作品的创造更依赖于器材、设备所致，所以摄影作品的保护期比公民的其他作品的保护期限要短，摄影作品的发表权和财产权的保护期为50年。截止于作品首次发表的第50年的12月31日，但作品自完成后50年内没有发表的，著作权法不再保护。

⑤合作作品的发表权和财产权的保护期为作者终身加死后50年，截止于最后一位作者死后的第50年的12月31日。

⑥作者身份不明的作品，其财产权利的保护期为50年，截止于作品首次发表的第50年的12月31日；作者身份一经确定，则仍然适用著作权法对作者权利的一般规定。

⑦录音、录像制品的财产权的保护期限为50年，截止于该制品首次发表的第50年的12月31日。

⑨广播、电视节目的财产权的保护期限为50年，截止于节目播放后的第50年的12月31日。

著作权的保护期限归纳为表一。

表一　著作权的保护期限

作者终身＋50 年	首次发表后的 50 年（50 年内未发表不再受保护）
公民的作品；作者身份经确定的匿名作品；合作作品	电视、电影录像作品；职务作品；公民的摄影作品；广播、电视节目；法人、组织的作品；录音、录像制品

7. 著作权的转让与许可使用

（1）著作权的转移

①法定转移。法律规定的事件（自然人的死亡，法人的终止）出现时引起的著作权的无偿转移（通过继承、遗赠的方式）。著作权人身权是不能继承的，我国著作权法规定署名权、改编权和保护作品完整权不受时间的限制，在作者死后由其继承人或者是受赠人保护。作者生前如果未行使发表权，又未明确表示不发表的，发表权在作者死后由继承人或受赠人行使。

②自愿转让。通过版权交易的方式，将著作权的财产权利的一项或多项有偿地转移由他人享有。著作权的转让，并非作品原件物权的转让。如果转让行为涉及到对作品原件的使用的，在使用完毕以后，应该将该作品原件返还原著作权人或原件的合法所有人。比如，转让小说出版权，受让人在用完小说手稿之后，应当将手稿返还原著作权人或手稿之物权所有权人

（2）著作权的许可使用

著作权人以一定的合法方式，许可他人行使自己享有的经济权利中的一项或多项行为。《计算机软件保护条例》第 18 条、第 19 条规定了许可使用，分为一般许可和专有许可：许可他人行使软件著作权的，应当订立许可使用合同，许可使用合同中软件著作权人未明确许可的权利，被许可人不得行使；许可他人专有行使软件著作权的，当事人应当订立书面合同，没有订立书面合同或者合同中未明确约定为专有许可的，被许可行使的权利应当视为非专有权利。

8. 著作权侵权行为

侵犯著作权（包括邻接权）的行为，是指既没有得到著作权人的许可，又没有法律上的根据，就擅自对著作权作品进行利用或者是以其他非法的手段行使著作权人专有权利的行为。这就违反了法律的规定，妨碍了著作权人权利的实现。

（1）侵权行为的构成要件

物权之诉：受保护的著作权，客观侵权行为；损害赔偿之诉：受保护的著作权，客观侵权行为，包括损害后果、因果关系、主观过错等。

（2）侵权责任的种类

民事责任：停止侵害、消除影响、赔礼道歉、赔偿损失。行政责任：责令停止

侵权行为，没收违法所得，没收、销毁侵权复制品，罚款；情节严重的，著作权行政管理部门还可以没收主要用于制作侵权复制品的材料、工具、设备等。刑事责任：我国《刑法》第217条、第218条，明确规定严重侵犯著作权的行为应当承担刑事责任，即根据情节不同，对犯罪人处以有期徒刑或者拘役，并处或者单处罚金。我国《著作权法》第46条、第47条列举了19种侵权行为。

二、专利法的相关内容

（一）专利权法概述

专利权法是有关专利权以及相关权益的取得、行使、和保护的法律规范的总称，专利法的内容主要包括授予专利权的条件；专利的申请；专利申请的审查和批准；专利权的期限、终止和无效；专利实施的强制许可；专利权的保护等具体的法律制度。1984年3月，《专利法》颁布，并于1985年4月1日正式施行。为适应科技发展和与国际接轨的需要，我国先后于1992年、2000年对《专利法》进行了两次修订，这在我国立法史上是不多见的。2000年8月25日修订，2001年7月1日生效的《专利法》，以及国务院2002年12月制定、2003年2月1日生效的《专利法实施细则》是当前我国调整专利权的确认、转让、利用、保护等社会关系的主要法律依据。

（二）专利法的主要内容

1. 专利法的保护对象

根据我国《专利法》第2条的规定，可以申请专利的发明创造包括发明、实用新型、外观设计。

（1）发明

《专利法实施细则》第2条第1款规定，专利法所称发明，是指对产品、方法或者其改进所提出的新的技术方案。由此可见，发明包括产品发明、方法发明以及产品和方法的改进发明。第一，发明应当是创新。如果仅仅重复现有技术，甚至将现有技术变劣的方案，不能被称作专利法意义上的发明。第二，发明必须利用自然规律或者是自然现象。第三，发明属于具体的技术方案。所谓具体，是指发明必须能够得以实施，达到一定的效果并具有可重复性。

（2）实用新型

《专利法实施细则》第2条第2款规定："专利法所称实用新型，是指对产品的形状、构造或者其结合所提出的适于实用的新的技术方案。"这种新的技术方案能够在产业上制造出具有使用价值和实际用途的产品。习惯上将实用新型称之为小发明。

（3）外观设计

《专利法实施细则》第 2 条第 2 款规定："专利法所称外观设计，是指对产品的形状、图案或者其结合以及色彩与形状、图案的结合所做出的富有美感并适于工业应用的新设计。"外观设计的特点：第一，外观设计必须以产品为依托，离开具体的工业产品不能够构成专利法所称的外观设计。第二，外观设计必须要以产品的形状、图案和色彩等为构成要素，以视觉美感为目的，而不去追求实用功能，这是外观设计与发明和实用新型的最大差异。另外根据《专利法》第 25 条规定，以下各项智力成果不授予专利权：科学发现；智力活动的规则和方法；疾病的诊断和治疗方法；动植物品种（动植物品种的生产、培育方法可获得专利，植物新品种可以通过行政方式获得植物新品种权）；用原子核变换方法获得的物质。结合案例来讲，小明发明的电烤箱电子控温器是一项有形产品，如果以前没有类似产品，则凭借其突出的实质性特点和显著进步，可申请发明专利；如果以前已经存在类似产品，小明只是做了一些改进，使得其功能增强，更为高效、易用，则可申请实用新型专利。

2. 授予专利权的条件

专利是受法律规范保护的发明创造，它是指一项发明创造向国家审批机关提出专利申请，经得依法审查合格后向专利申请人授予的在规定的时间内对该项发明创造享有的专利权。

（1）新颖性

在授予专利的条件中，新颖性在所有国家的专利法中占第一位，是授予专利权的首要条件。我国专利法规定："新颖性，是指在申请日之前没有同样的发明或者实用新型在国内外出版物上公开发表过，在国内公开使用过或者以其他方式为公众所知，也没有同样的发明或者实用新型由他人向专利局提出过申请并且记载在申请日以后公布的专利申请文件中"新颖性是指发明创造是现有技术中所没有的。所谓现有技术，又称为技术水平、已有技术或先行技术，是指有关某一技术问题已经公开的技术知识的总和。判断新颖性的问题实际上就是判断申请专利的技术是否与现有技术相同的问题。而判断某项技术是否属于现有技术，就是要看该项技术是否已经公开。因此某项发明公开与否是决定其是否具有新颖性的条件。

（2）创造性

一项发明创造仅具有新颖性，但与现有技术相比没有什么进步，即没有创造性，是不能取得专利的。按照我国专利法的规定，发明创造的创造性包括了实质性特点以及进步这两个因素，缺一不可。所谓实质性特点，就是指发明创造具有一个或者是几个技术的特征，其与现有技术相比，有着本质上的区别。所谓进步，这是指发明创造与最接近的技术相比有所进步。

（3）实用性

所谓实用性，是指发明创造的客体能够在工业上得到制造或者是使用。在专利的三性（新颖性、创造性和实用性）审查程序中，实用性的审查相对来说比较简单。因而在审查程序上也是最先审查实用性，而后再对新颖性和创造性进行审查，即只有具备实用性的发明创造才有可能进一步接受新颖性和创造性的审查。

3. 专利的申请、审查和批准

（1）专利申请须递交的文件

①申请发明专利的，申请文件应当包括发明专利请求书、说明书（必要时应当附图）、权利要求书、摘要及附图，各一式两份。

②申请实用新型专利的，申请文件应当包括实用新型专利请求书、说明书、说明书附图、权利要求书、摘要及其附图，各一式两份。

③申请外观设计专利的，申请文件应当包括外观设计专利请求书、图片或者照片，各一式两份；要求保护色彩的，还应当提交彩色和黑白图片或者照片各一份；提交图片的，两份均应为图片提交照片的，两份均应为照片，不得将图片或照片混用。如对图片或照片需要说明的，应当提交外观设计简要说明，一式两份。

（2）专利的审查和批准

①初步审查。发明专利申请被受理以后，专利局首先得对该申请案进行初步的审查。初步审查主要是审查申请文件是否齐备、填写是否正确，专利申请是否明显不符合法律要求或者不属于专利法保护的对象。初步审查合格后，予以早期公开。在专利申请日起满 18 个月，即在有关专利文献中予以公开，其目的是为了使公众可以及早地自由地阅读以及索取相关的文献，这既有利于公众对专利审查的监督和协助，又有利于最新技术的迅速传播和利用，同时避免相同或类似发明创造人继续投入开发该技术造成社会资源的浪费。

②实质审查。《专利法》第 35 条规定，发明专利申请自申请日起 3 年内，国务院专利行政部门可以根据申请人随时提出的请求，对其申请进行实质审查；申请人无正当理由逾期不请求实质审查的，该申请即被视为撤回。国务院专利行政部门认为必要的时候，可以自行对发明专利申请进行实质审查。授权登记公告。《专利法》第 39 条规定，发明专利申请经实质审查没有发现驳回理由的，由国务院专利行政部门做出授予发明专利权的决定，发给发明专利证书，同时予以登记和公告。发明专利权自公告之日起生效。

4. 专利权的内容及专利权的限制

根据《专利法》的规定，专利权人享有对专利的制造权、使用权、许诺销售权、销售权、进口权、转让权、许可权、标记权、署名权等各项权利，专利权人可以合理行使这些权利来保障自己的利益。这些权利大致可以概括为以下四大项。

（1）独占权

关于独占权，我国《专利法》第 11 条规定："发明或者实用新型专利权被授予后，除法律另有规定的以外，任何单位或者个人未经专利权人许可，不得为生产经营目的的制造、使用、许诺销售、销售、进口其专利产品，或者使用其专利方法以及使用、许诺销售、进口依照该专利方法直接获得的产品。""外观设计专利权被授予后，任何单位或者个人未经专利权人许可，不得为生产经营目的制造，销售其外观设计专利产品。"

（2）转让权

《专利法》第 10 条规定：专利权可以转让。通过转让，专利权的权利主体发生变更，原来的专利权人丧失专利权；受让人取得该专利权，成为新的专利权人。专利权的转让属要式行为，即必须订立书面合同，经专利局登记和公告后，专利权的转让才能生效。

（3）许可权

许可权是指专利权人享有的许可他人实施其专利的权利。将专利技术许可他人使用，是专利权人获得收益的主要方式之一。专利权人可以视情况独占许可、排他许可、一般许可给他人使用自己的专利技术。

（4）在产品或包装上注明专利标记的权利

对于专利权人来讲，专利标记是权利不是义务，这一点不同于注册商标标记（既是权利，又是义务）。

（5）专利权的限制

①不视为侵犯专利权的行为。根据《专利法》第 63 条的规定，"不视为侵犯专利权的行为"主要包括以下几种情形：第一，专利权用尽后的使用或者是销售。即指专利权人制造、进口或者经专利权人许可而制造、进口的专利产品或者是依照专利方法直接获得的产品售出后，使用、许诺销售或者销售该产品的。第二，先用权人的实施行为。即指在专利申请日前已经制造相同产品、使用相同方法或者已经作好制造、使用的必要准备，并且仅在原有范围内继续制造、使用的。第三，运输工具临时过境的使用。是指临时通过中国领陆、领水、领空的外国运输工具，依照其所属国同中国签订的协议或者共同参加的国际条约，或者依照互惠原则，为运输工具自身需要而在其装置和设备中使用有关专利的。第四，专为科学研究和实验而使用有关专利的。

②强制许可。这是指国务院专利的行政部门依照法律的规定，可以不经专利权人的同意，直接允许申请人实施专利权人的发明或者是实施新型专利的一种行政措施。根据《专利法》第 48、第 49、第 50 条的规定，"强制许可"包括以下三种情形：

第一，未能获得专利权人许可时的强制许可。是指具备实施条件的单位以合理的条件请求发明或者是实用新型专利权人许可实施其专利，而未能在合理的长的时间内获得这种许可的时候，国务院专利行政部门根据该单位的申请，可以给予实施该发明专利或者实用新型专利的强制许可。

第二，为公共利益颁发的强制许可。是指在国家出现紧急状态或者非常情况时，或者为了公共利益的目的，国务院专利行政部门可以给予实施发明专利或者实用新型专利的强制许可。

第三，从属专利的强制许可。是指一项取得专利权的发明或者实用新型比前已经取得专利权的发明或者实用新型具有显著经济意义的重大技术进步，其实施又有赖于前一发明或者实用新型的实施的，国务院专利行政部门根据后一专利权人的申请，可以给予实施前一发明或者实用新型的强制许可。在依照前款规定给予实施强制许可的情形下，国务院专利行政部门根据前一专利权人的申请，也可以给予实施后一发明或者实用新型的强制许可。需要注意的是，根据《专利法》第 51 条的规定：依照本法规定申请实施强制许可的单位或者个人，应当提出未能以合理条件与专利权人签订实施许可合同的证明。

5. 专利权的期限、终止和无效

（1）专利权的期限

这也可以称作专利权的保护期限，指专利主管机关授予的专利权发生法律效力到失效之间的期限。我国的专利法第 45 条规定，发明专利权的期限为 20 年。实用新型和外观设计专利权的期限为 10 年，均自申请日起计算。

（2）专利权的终止

这是指专利权在有效期届满以后而自然消灭，以及有效期未满前由于不缴纳年费或自动放弃专利权等各种原因而自行消灭。前者是自然终止，后者是法律令其终止。提前终止专利权，应由专利局登记和公告；凡未经专利局登记以及公告的，无法律效力。

（3）专利权的无效

这是指被授予的专利权由于不符合专利法的相关规定，专利复审委员会根据有关单位或者是个人的请求，通过行政审查的相关程序来宣告其无效。我国《专利法》第 48 条规定："自专利局公告授予专利权之日起满 6 个月后，任何单位或者个人认为该专利权的授予不符合本法规定的，都可以请求专利复审委员会宣告该专利权无效"。从这一规定中可以得知，任何单位或者是个人都有权向专利复审委员会提出宣告专利权无效的请求，请求既可以是宣告专利权全部无效，也可以是宣告专利权部分无效。

专利权的无效与专利权的终止，从本质上讲，都是说明专利权人所享有的专利权已不复存在，但两者是有区别的：专利权提前终止，是专利权人自身的行为所造成的结果，而专利权宣告无效，则是因专利局审查专利过程中的过失造成的；专利权提前终止，其效力不溯及既往，而专利权的无效宣告有溯及力，即该专利权被视为自始无效。

6. 专利权的保护

专利权是一种财产权利，它关系到专利权人的利益。只有保护专利权，才能确保专利权人的合法权益。对专利权的保护，主要体现在对侵权行为进行禁止和制裁。

（1）专利侵权行为的认定

①侵权行为的特征。必须具备侵害行为；以营利为目的的；未经专利权人许可的。

②侵权行为的表现。专利侵权行为就是以生产经营为目的制造、使用、销售或者进口专利产品，或者是使用专利方法以及使用、销售或进口依照该方法直接获得的产品，或者制造、销售或进口外观设计专利产品，而又未经专利权人许可的行为。

（2）对侵权行为的处理方式

对侵权行为的处理方式有三种：自行和解；请求地方专利管理机关调解；诉讼解决。专利权受到侵犯时，专利权人有权要求消除影响。侵犯他人的专利权而使专利权人的信誉受到损害时仅仅赔偿专利权人的金钱损失是不够的，专利权人还可以要求采取恢复名誉的措施，如公开赔礼道歉等。

三、商标法的相关内容

（一）商标法概述

商标法即指调整在商标注册、使用、管理和保护商标专用权过程中所发生的社会关系的法律规范。我国于1982年颁布了《商标法》，这部法律对于促进商品经济的发展发挥了重要作用。1993年2月、2001年10月我国两次修订《商标法》，修订后的《商标法》自2001年12月1日正式施行。作为《商标法》的配套法规，《商标法实施条例》由国务院于2002年8月颁布，自2002年9月15日正式施行。《商标法》包括的具体法律制度主要有：注册商标应具备的条件；商标注册的申请；商标注册的审查和核准；注册商标的续展、转让和使用许可；注册商标争议的裁定；商标使用的管理；注册商标专用权的保护等。

（二）商标法的主要内容

1. 商标权的客体

商标权的客体即注册商标。《商标法》规定，注册商标应采用"自愿注册"与"强制注册"相结合的原则。但是未注册商标不受商标法保护，他人使用相同或近似商标，不构成商标侵权行为，但可以依照反不正当竞争法获得一定的保护；另外，使用未注册商标不能够与他人的注册商标相混同，换言之，不得在同种或者是类似的商品上，使用与他人注册商标相同或者是近似的商标，否则就构成商标侵权行为。

2. 注册商标应具备的条件

（1）具有可视性

注册商标只能属于是平面商标、立体商标或者是颜色商标，具有可视性。音响和气味等不能作为商标。我国《商标法》第8条规定：任何能够将自然人、法人或者其他组织的商品与他人的商品区别开的可视性标志，包括文字、图形、字母、数字、三维标志和颜色组合，以及上述要素的组合，均可以作为商标申请注册。

（2）具有显著性

商标的显著性是指商标的构成要素应具有明显的特征。不具有显著特征的标志为：其一，仅有本商品的通用名称、图形、型号的；其二，仅仅直接表示商品的质量、主要原料、功能、用途、重量、数量及其他特点的；其三，其他缺乏显著性的标志。如单纯的颜色组合，单纯的字母、数字，过长的商务口号等。此外，商标法还规定了注册商标的消极条件，即注册商标中不得具有的要素。

（3）标志的非禁止性

《商标法》第10条规定，下列标志不得作为商标使用：同中华人民共和国的国家名称、国旗、国徽、军旗、勋章相同或者近似的，以及同中央国家机关所在地特定地点的名称或者标志性建筑物的名称、图形相同的；同外国的国家名称、国旗、国徽、军旗相同或者近似的，但该国政府同意的除外；同政府间国际组织的名称、旗帜、徽记相同或者近似的，但经该组织同意或者不易误导公众的除外；与表明实施控制、予以保证的官方标志、检验印记相同或者近似的，但经授权的除外；同"红十字"、"红新月"的名称、标志相同或者近似的；带有民族歧视性的；夸大宣传并带有欺骗性的；有害于社会主义道德风尚或者有其他不良影响的。此外，县级以上行政区划的地名或者公众知晓的外国地名，不得作为商标。但是，地名具有其他含义或者作为集体商标、证明商标组成部分的除外；已经注册的使用地名的商标继续有效。以上属于绝对禁止的标志，除了特别指出的例外情形，上述标志不得作为商标使用，更不能作为商标申请注册。

3. 商标权的利用和限制

（1）商标的正确使用

使用范围严格限制在核准注册的标志和核定使用的商品或服务上；使用注册商标时应尽量加注注册标志；防止商标显著特征的退化。

（2）商标权的限制

商标权的限制是指法律为协调商标权人与社会公众之间在某些情况下的利益冲突关系而对商标权的行使和保护范围所作出的特殊规定。

①合理使用。合理使用是指对叙述性商标以善意正当的方式进行商业性使用，不视为商标侵权行为。合理使用的认定需要考虑几个方面的因素：第一，如不使用该商标就无法真实说明产品或服务；第二，仅仅使用为了指明产品或服务所必需的标志，并未涉及商标中其他成份；第三，此使用不含有与商标所有人之间存在某种关系的任何暗示。

②商标用尽。商标用尽也称为商标权利用尽，是指经商标所有人或其本人同意将带有商标的产品投放市场后，对于任何人使用或销售该产品，商标权人无权禁止。

4. 商标权的继展、无效和终止

（1）商标权的续展

这是指注册商标所有人享有的商标专用权的有效期限。在我国规定为 10 年。核准注册之日是指在《商标登记簿》上登记的日期。

（2）商标权的无效

商标权无效，即指商标不具备注册条件但取得注册，依法定程序使该注册商标的商标权归于消灭的制度。

①商标权无效的种类。注册不当商标：违反商标法禁用条款（10~12 条）、以不正当手段取得商标注册；侵犯他人合法在先权利的商标：在先著作权、在先外观设计专利权、公民肖像权和姓名权、商号权、在先商标权等。侵犯他人合法权益的商标：抢注驰名商标（13 条）、抢注有一定影响的未注册商标（31 条）、虚假地理标志（16 条）、代理人或代表人抢先注册被代理人的商标。

②注册商标无效的程序。第一步，申请人。以不同理由提起商标权无效申请的，申请人的资格有所不同。第二步，申请时限。以不同理由提起商标权无效申请的，申请时限不同。（不受限制和 5 年两种）第三步，商标评审委员会行政裁定。司法机关司法终审最终决定商标权归属或变更。

③宣告无效的效力。无效宣告具有绝对效力，其商标权被视为自始即不存在。但在无效宣告之前，人民法院做出并已执行的商标侵权案件的判决、裁定，工商行政管理机关做出并已执行的商标侵权案件的处理决定，以及已经履行的商标转让或者许可合同，不具有追溯力。但是，因商标注册人的恶意给他人造成损失的，应当予以赔偿。

（3）商标权的终止

①注册商标的撤销。注册商标的撤销是由于商标注册人违反商标法关于商标使用的规定，而导致商标主管部门终止其商标权而采取的强制行政手段。自行改变注册商标的；自行改变注册商标的注册人名义、地址或者其他注册事项的；自行转让注册商标的；连续 3 年停止使用注册商标的；使用注册商标，其商品粗制滥造，以次充好，欺骗消费者的，丧失显著特征的。

②注册商标的注销。是指因商标权主体消灭或商标权人自愿放弃商标权等原因，而由商标局采取的终止其商标权的一种形式。注销注册商标的情况有下列几种：商标注册人死亡或者终止，无继受人或无人办理注册商标专用权转移手续的，该商标权归于消灭；注册商标有效期届满，且已过宽展期，商标注册人未提出续展申请，或续展申请未被核准的，该注册商标终止；商标注册人自愿放弃商标权，向商标局提出注销申请的。

5. 商标权的保护

（1）商标权保护的范围

商标专用权的范围："注册商标的专用权以核准注册的商标和核定使用的商品为限"。商标专用权的保护范围除注册商标专用权的范围外，还扩大到与注册商标相近似的商标和与该注册商标核定使用的商品相类似的商品上。

（2）商标侵权行为的种类

商标侵权行为包括使用侵权、销售侵权、标识侵权、反向假冒侵权和其他侵权五种情况。

①使用侵权。未经商标注册人的许可，在同一种商品或者是类似商品上使用与其注册商标相同或者是相近似的商标的。

②销售侵权。"销售侵犯注册商标专用权的商品的"，"销售不知道是侵犯注册商标专用权的商品，能证明该商品是自己合法取得的并说明提供者的，不承担赔偿责任。"

③标识侵权。"伪造、擅自制造他人注册商标标识或者销售伪造、擅自制造的注册商标标识的"。

④反向假冒侵权。"未经商标注册人同意，更换其注册商标并将该更换商标的商品又投入市场"。

⑤其他侵权。给他人的注册商标专用权造成其他损害的：企业名称侵犯商标权：将与他人注册商标相同或者相近似的文字作为企业的字号在相同或者类似商品上突出使用，容易使相关公众产生误认的；抢注驰名商标：复制、摹仿、翻译他人注册的驰名商标或其主要部分在不相同或者不相类似商品上作为商标使用，误导公众，致使该驰名商标注册人的利益可能受到损害的；域名侵犯商标权：将与他人注册商标相同或者相近似的文字注册为域名，并且通过该域名进行相关商品交易的电子商务，容易使相关公众产生误认的；商品名称和装潢侵权：在同一种或者类似商品上，将与他人注册商标相同或者近似的标志作为商品名称或商品装潢使用，误导公众的；为商标侵权行为提供便利条件的：故意为侵犯他人注册商标专用权行为提供仓储、运输、邮寄、隐匿等便利条件的。

第四节 大学生就业权益的相关法律知识

一、大学生就业的基本权益

大学生作为一个特殊群体，在就业过程中除享有普通劳动者所享有的劳动报酬权、休息休假权、劳动保护权等一般权利外，还享有其它的权利。

（一）就业信息知情权

就业信息知情权是指大学毕业生拥有及时全面地获取应该公开的各种就业信息的权利。它包括三个方面的含义：信息公开，任何团体、组织和个人都不得隐瞒、截留用人信息，要全部向毕业生公布；信息及时，应当将就业信息及时向毕业生公布，否则就业信息就会过时，失去了利用价值；信息全面，向毕业生公布的就业信息应当是全面完整的，部分的、残缺不全的信息，将影响毕业生对用人单位的全面了解和准确判断，从而影响自己对职业的选择。

（二）接受就业指导权

就业指导工作对毕业生来说意义重大，它会直接影响毕业生的职业生涯规划、就业意识、就业方向及求职择业的技巧。接受来自国家、社会和学校的及时、有效的就业指导和服务，是大学毕业生的一项特别重要的权益。而学校在毕业生就业指导中占据着重要的位置。《中华人民共和国高等教育法》第59条规定，"高等学校应当为毕业生、结业生提供就业指导和服务"。为做好毕业生就业指导工作，学校应当设立专门机构、开设专门课程、安排专门人员对毕业生进行全方位的就业指导与服务，向毕业生宣传国家关于毕业生就业的方针、政策，帮助毕业生做好职业规划，对毕业生进行择业技巧的指导，引导毕业生准确定位，合理择业。除了学校，毕业生还可以从社会上合法的就业指导机构获得帮助。

（三）被推荐权

学校推荐往往会在较大程度上影响用人单位对毕业生的取舍，毕业生在就业中有权得到学校的如实地推荐。高校在就业工作中所承担的一个重要职责就是向用人单位推荐毕业生。毕业生享有被学校及时、公正、如实地推荐到用人单位的权利。学校推荐毕业生时应做到：如实推荐，对毕业生的在校表现不夸大、不贬低，实事求是；择优推荐，在公开、公正的基础上择优推荐毕业生，使人尽其才，并激发广大学生的学习工作积极性；公正推荐，根据个人的表现及能力，公平、公开、公正地推荐每一位毕业生，使大家都能够享受到被推荐的权利。

（四）平等就业权

毕业生享有平等就业的权利。我国《劳动法》规定，"劳动者享有平等就业和选择职业的权利"，"劳动者就业不因民族、种族、性别、宗教信仰不同而受到歧视"。毕业生在就业过程中享有平等的就业权利，有平等的机会去竞争工作岗位，反对就业中的各种歧视行为，这是一项基本的劳动权和人权。毕业生应当平等地接受学校推荐，平等地参加用人单位的公开招聘，同时还应该要求用人单位在录用毕业生时能够做到公平、公正及一视同仁。目前社会上确实存在着种种就业歧视，包括性别歧视、地域歧视、学历歧视、经验歧视、身体条件歧视等等，毕业生在遭遇这些歧视时，应该勇敢地拿起法律武器维护自己的权利。

（五）就业选择自主权

根据国家规定，毕业生在国家就业方针、政策指导下"双向选择，自主择业"，《中华人民共和国劳动法》第3条规定，劳动者享有选择职业的权利。因此，作为求职方的毕业生（委培生、定向生除外），在就业市场上拥有自主选择职业的绝对权利，他们可以按照自己的兴趣、爱好以及能力去选择自己将要从事的职业。家长、学校以及用人单位，可以为初出校门、缺乏工作经验的毕业生，提供择业意向方面的建议、参考、推荐和引导，但不能强迫或限制他们选择职业。即毕业生可按照自己的意愿就业，有权决定自己是否就业，何时就业，何地就业，从事何种职业，学校、其它单位和个人均不能进行干涉。任何强加给毕业生的就业行为都是侵犯毕业生就业自主权的行为。

（六）择业知情权

毕业生有全面获悉用人单位信息、了解用人单位的工作环境、福利待遇、发展前景等情况的权利。用人单位有义务向毕业生和学校如实介绍本单位的真实情况。任何发布虚假招聘信息、对毕业生隐瞒本单位实际情况的做法，都是对毕业生就业权利的漠视和侵犯。毕业生在与用人单位签订就业协议以及劳动合同前，有权了解用人单位的主体资格、劳动岗位、劳动条件、劳动报酬以及规章制度等情况，用人单位应当如实说明和介绍，不能回避或故意隐瞒某些职业危害，也不能夸大单位规模和提供给毕业生的待遇。

（七）违约求偿权

毕业生的就业协议一经签订，毕业生、用人单位、学校任何一方不得擅自毁约,都应严格履行。任何一方提出变更或解除协议,均须得到另外两方的同意,并应承担违约责任。如用人一方违约,毕业生有权要求用人单位承担违约责任,支付违约补偿。在现实就业过程中,毕业生出于谋求更好的就业机会等原因,向用人单位主动提出解除协议的情况较多,毕业生大多也都承担了自己的违约责任。但用人单位一方出于单位改制、经营情况不好等原因,也有主动向毕业生提出解除协议的情况,甚至个别单位在招聘时提供了虚假信息,在毕业生到单位就业后不能履行对毕业生的承诺,对于这些情况毕业生有权向用人单位提出赔偿要求。

(八)户口档案保存权

毕业生自毕业之日起两年择业期内如果没有联系到合适的工作单位,没有和用人单位签订就业协议,也没有因回生源地自主择业、出国等情况而办理人事代理手续,有权将档案和户口保存在学校,学校应当对毕业生的学籍档案和户口关系进行妥善保管,不能向毕业生收取费用。择业期满后,学校就不再承担此义务。

二、大学生就业权益的相关法律规定

毕业生要熟悉和掌握国家有关法律、法规,强化自己的维权意识,一旦在求职应聘、签订就业协议和劳动合同的过程中发现有权益受到侵害的现象时,能够积极运用法律武器,争取和维护自己的合法权益。这方面主要的法律和法规有:《劳动法》、《劳动合同法》、《就业促进法》、《劳动争议调解仲裁法》、《普通高等学校毕业生就业工作暂行规定》等。

(一)《劳动法》

《劳动法》于1994年7月5日经第八届全国人民代表大会常务委员会第八次会议通过后,自1995年1月1日起施行。它根据宪法制定,目的是"为了保护劳动者的合法权益,调整劳动关系,建立和维护适应社会主义市场经济的劳动制度,促进经济发展和社会进步"。其适用的范围是:在中华人民共和国境内的企业、个体经济组织和与之形成劳动关系的劳动者,国家机关、事业组织、社会团体和与之建立劳动合同关系的劳动者。内容包括:劳动者的基本权利和义务、促进就业、劳动合同和集体合同、工作时间和休息休假、工资、劳动安全卫生、女职工和未成年工特殊保护、职业培训、社会保险和福利、劳动争议、监督检查、法律责任。

毕业生应该自觉地着重了解《劳动法》中关于劳动者应享有的各项权利:平等就业和选择职业的权利、取得劳动报酬的权利、休息休假的权利、获得劳动安全卫生保护的权利、接受职业技能培训的权利、享受社会保险和福利的权利、提请劳动争议处理的权利以及法律规定的其它权利。毕业生还应该明确:"劳动者应当完成劳动任务，提高职业技能，执行劳动安全卫生规程，遵守劳动纪律和职业道德。""用人单位应当依法建立和完善规章制度，保障劳动者享有劳动权利和履行劳动义务。"

（二）《劳动合同法》

《劳动合同法》于 2007 年 6 月 29 日经第十届全国人民代表大会常务委员会第二十八次会议通过后，自 2008 年 1 月 1 日起施行。《劳动合同法》从劳动合同的订立、履行、变更、解除到终止，明确了劳动合同双方当事人的所具备的权利和义务，重在对劳动者合法权益的保护，被誉为劳动者的"保护伞"，为构建以及发展和谐稳定的劳动关系提供了法律上的保障。作为我国劳动保障法制建设进程中的一个重要里程碑，《劳动合同法》的颁布实施有着深远的意义。《劳动法》与《劳动合同法》都是为了保护合法的劳动关系和双方的合法利益而制订的法律，《劳动合同法》是《劳动法》的特别法，在关于劳动合同的问题上，优先适用《劳动合同法》。

1. 劳动合同的概念

《劳动法》第 16 条规定：劳动合同是劳动者与用人单位确立劳动关系，明确双方权利和义务的协议。一般合同包含两个方面的内容：一是劳动合同的法定条款，二是双方协商的内容。

2. 劳动合同的分类

劳动合同按照标准可划分为不同的种类，最常见的分类有：其一，以合同的目的为标准，可以划分为聘用合同、录用合同、借调合同等；其二，以合同的期限为标准，可以划分为固定期限劳动合同、无固定期限劳动合同、以完成一定工作任务为期限的劳动合同；其三，按照劳动者人数不同，可以划分为个人劳动合同和集体劳动合同。

3. 劳动合同的内容

劳动合同的内容与劳动者的权益是密切相关的，毕业生在正式报到后一定要按照有关的原则、形式以及内容要求等与用人单位签订劳动合同。劳动合同的内容，即指在劳动合同中，就双方共同达成的意见来规定双方当事人相关权利以及义务的有关条款。任何一份劳动合同，都应包含以下两个基本的部分。

（1）劳动合同的法定条款

这是指《劳动法》规定的劳动合同必须所具备的条款。按照《劳动法》的相关规定，主要包含以下几项：劳动合同期限；工作内容；劳动保护和劳动条件；劳动报酬；劳动纪律；劳动合同终止的条件；违反劳动合同的责任。

（2）劳动合同的协商条款

这是指劳动者和用人单位在不与国家法律以及有关规定相抵触的前提下，双方所协商约定的那部分合同内容。常见的协商条款有：试用期条款、培训条款、保密条款等，在此需要提到的是，试用期是劳动合同中的一项约定，没有单独的试用期合同，用人单位和大学生约定试用期考察合格后才签订正式的劳动合同，这是明显违反法律规定的。

4. 签订劳动合同的原则

根据《劳动合同法》的相关规定，毕业生在与用人单位签订劳动合同的时候，应该注意以下几个原则。

(1) 合法原则

这主要包括以下3个方面的内容：一是签订劳动合同的主体合法，即用人单位必须是依法设立的企业、事业单位、国家机关、社会团体和个体经济组织等；劳动者必须是达到法定年龄、具有劳动权利能力以及行为能力的自然人。二是劳动合同的内容合法，即劳动合同的所有条款都不能够违反国家法律、法规的规定。三是劳动合同订立的形式和程序必须合法，即劳动合同必须有规范的文本，并经用人单位与劳动者在劳动合同文本上签字或者盖章生效。劳动合同文本由用人单位和劳动者各执一份。

(2) 公平原则

这是指劳动合同的双方当事人都要公平地确定合同的权利以及义务，使双方的权利义务对等，双方都不得利用自己的优势地位或对方的不利地位而订立显失公平的合同。

(3) 平等自愿、协商一致原则

其中，平等是指用人单位与劳动者是以平等的身份订立劳动合同的，他们在签订劳动合同时是依照法律规定地位平等，没有任何的隶属关系以及服从关系；自愿是指订立劳动合同完全出于当事人自己的意志，任何一方不得把自己的意志强加给另一方，也不允许第三者干涉劳动合同的订立。协商一致是指合同的双方当事人对合同的各项条款，只有在双方充分表达自己意志基础上，经过平等协商，取得一致意见的情况下，劳动合同才能成立。凡是违反平等自愿、协商一致原则签订的劳动合同，不仅不具备法律效力，而且还应当承担一定的法律责任。

(4) 诚实信用原则

诚实信用原则是指劳动合同的当事人在订立劳动合同的时候要诚实，不能够有欺诈的行为。而"欺诈行为"是指一方当事人故意实施某种欺骗他人而使他人违背自己的真实意愿做出某种决定的行为，如用人单位或劳动者为了签订劳动合同，故意告知对方虚假的情况等。

5. 劳动合同的签订

当毕业生完成了大学学业并领取了就业报到证之后，去用人单位上班，此即为正式报到。为了更好地保障自己的权益，毕业生应该及时地和用人单位签订劳动合同，此时劳动者与用人单位之间根据所签订的劳动合同就形成了法律上的权利义务关系即劳动关系。其具有以下基本法律特征：

①劳动关系的主体是特定的，即一方是劳动者，另一方是用人单位。用人单位包括企业、事业单位、机关、社会团体、个体工商户等。

②劳动关系的发生、变更和终止，以及当事人双方在劳动过程中的权利、义务等均应依照劳动法和劳动合同法来处理。

③劳动合同的标的是劳动过程，而不仅仅是劳动成果。只要劳动者按时完成了劳动合同所规定的工作量，用人单位就应当按照劳动合同的约定支付劳动报酬。

（三）《全国普通高等学校毕业生就业协议书》

1.《全国普通高等学校毕业生就业协议书》适用范围

教育部高校学生司制作的《全国普通高等学校毕业生就业协议书》，也可以简称为三方协议，是由毕业生、用人单位以及学校三方之间就学生就业方向签订的一种协议，由三方共同签署后生效。其内容包括以下 5 个部分：①用人单位的情况及意见；②毕业生的情况及意见；③学校意见；④备注；⑤规定条款（《全国普通高等学校毕业生就业协议书》背面）。

2. 就业协议书的法律性质和地位

毕业生所签订的就业协议书是在双方意思表示一致后订立的，其涉及的主体是平等的，并且协议书所涉及的权利以及义务在我国民事法律调整的范围之内，所以，毕业生就业协议书具有合同的属性。就业协议书是明确毕业生、用人单位，以及学校三方在毕业生就业工作中的权利和义务的一种书面表现形式。需明确的是，协议在毕业生到单位报到、用人单位正式接收后自行终止。就业协议的作用在于：保护毕业生、用人单位各自的权益，是学校制订、国家审批毕业生就业计划的依据。

3. 就业协议书的签订

①用人单位在对毕业生综合考察的基础上确定了用人意向，由用人单位承诺接收，毕业生到学校就业主管部门领取三方协议。

②毕业生与用人单位就协议书中所列事项平等地协商，在双方在场的情况下，认真填写各项基本资料并且签名盖章，如果另有其他约定条款的，需在就业协议书上注明或另附补充协议（比如违约金）。

③学校盖章。

④学校签署意见后，学校保留一份协议，毕业生自己执一份，并由毕业生将另一份协议及时反馈给用人单位。

4. 就业协议书与劳动合同的区别

（1）签订的时间不同

三方协议的签订时间是学生在校期间，而劳动合同是在大学生毕业离校后到单位正式报到之后签订的。

（2）主体不同

三方协议的主体是三方，即学校、大学生和用人单位；而劳动合同的主体是两方，即劳动者和用人单位。

（3）内容不同

三方协议的主要内容是毕业生如实介绍自身情况，并表示愿意到用人单位就业、用人单位表示愿意接收毕业生，学校同意推荐毕业生并列入就业方案等；而劳动合同是记载劳动者和用人单位的权利和义务，是劳动关系确立的法律凭证。

（4）目的不同

就业协议是毕业生和用人单位关于将来就业意向的初步约定，经用人单位的上级主管部门以及高校就业部门统一签字，一经毕业生、用人单位、学校签字盖章，即具有一定的法律效力，是编制毕业生就业方案和将来双方订立劳动合同的依据。

（5）适用的法律不同

三方协议的制定、发生争议后的解决主要依据是《国家关于高校毕业生就业的规定》、《民法》、《合同法》等，而劳动合同的订立以及发生争议后主要是依据《劳动法》和《劳动合同法》来解决。

所以，就业协议不能够等同于劳动合同，在就业中处于弱势地位的大学生，千万不能因为签订了就业协议就忽视了劳动合同的签订，万一发生事故或其他劳动纠纷，则很难得到全面保护。

（四）《就业促进法》

《就业促进法》的制定主要基于：其一，促进就业；其二，促进经济发展与扩大就业相协调；其三，促进社会和谐稳定。《就业促进法》于 2007 年 8 月 30 日由第十届全国人民代表大会常务委员会第二十九次会议通过，自 2008 年 1 月 1 日起施行。这是我国劳动保障法制建设以来取得的重大成果，它将多年来行之有效的就业再就业的相关政策措施通过法律的形式以固定下来，这标志着我国在解决就业这一民生问题上有了法律的保障。其中人们普遍关心的禁止就业歧视、扶助困难群体以及规范就业服务和管理等就业问题在这部法律中都有所体现。

《就业促进法》重点规定平等就业权。第 3 条明确规定："劳动者依法享有平等就业和自主择业的权利。劳动者就业，不因民族、种族、性别、宗教信仰等不同而受歧视。"第 25 条：各级人民政府创造公平就业的环境，消除就业歧视，制定政策并采取措施对就业困难人员给予扶持和援助。第 26 条：用人单位招用人员、职业中介机构从事职业中介活动，应当向劳动者提供平等的就业机会和公平的就业条件，不得实施就业歧视。第27条：国家保障妇女享有与男子平等的劳动权利。用人单位招用人员，除国家规定的不适合妇女的工种或者岗位外，不得以性别为由拒绝录用妇女或者提高对妇女的录用标准。用人单位录用女职工，不得在劳动合同中规定限制女职工结婚、生育的内容。第28条：各民族劳动者享有平等的劳动权利。用人单位招用人员，应当依法对少数民族劳动者给予适当照顾。第29条：国家保障残疾人的劳动权利。各级人民政府应当对残疾人就业统筹规划，为残疾人创造就业条件。用人单位招用人员，不得歧视残疾人。第30条：用人单位招用人员，不得以是传染病病原携带者为由拒绝录用。但是，经医学鉴定传染病病原携带者在治愈前或者排除传染嫌疑前，不得从事法律、行政法规和国务院卫生行政部门规定禁止从事的易使传染病扩散的工作。第31条：农村劳动者进城就业享有与城镇劳动者平等的劳动权利，不得对农村劳动者进城就业设置歧视性限制。

《就业促进法》第62条规定：实施就业歧视的，劳动者可以向人民法院提起诉讼，通过法律途径维护自己公平就业的权利。

毕业生在就业中常常遭遇就业不平等、就业歧视等问题，《就业促进法》给毕业生提供了明确的法律依据，毕业生可以向人民法院提起诉讼，以维护自己平等就业的权利。

三、违约责任

（一）关于违约

为了维护广大毕业生的利益，国家要求用人单位维护毕业生就业计划的严肃性，一旦签订了就业协议，一方面用人单位不得拒收毕业生；另一方面毕业生也不得随意更换单位，否则都是属于违约的行为。

（二）违约处理程序

签订了《就业协议书》以后是不能违约的。但是，毕业生在就业的过程中，违约现象还是有发生，这是由于双向选择的就业机制以及各单位在招聘时间上存在的差异所造成的。

在用人单位单方面违约的情况下，毕业生应该具有维权意识，积极运用法律的武器积极伸张属于自己的权利，去追究用人单位的违约责任。这有以下的渠道：其一，可以向用人单位上级主管部门以及学校申诉；其二，在必要的时候可以向单位所在地劳动仲裁机构投诉或直接向人民法院起诉。从而以确保自身的合法权益。在毕业生因为种种原因造成违约的情况下，毕业生也应该跟用人单位坦诚协商，在此基础上，合理的解决违约情况，在取得原用人单位的同意后，再跟新的单位签订新的三方就业协议。但需要注意的是，在任何情况下其中一方提出违约的，都须经另两方同意之后才能办理并要承担违约责任。另外，毕业生还须履行以下手续：

①要征得原用人单位同意，并出示原单位向学校开具的退函，将因此造成的对学校的不良影响减少到最小。

②违约的调整要符合国家就业政策导向。

③学校审核同意毕业生个人违约后，毕业生提供新单位的接收函，重新办理相关的手续。

四、劳动争议的解决

劳动争议又可以称作劳动纠纷，即指劳动者与用人单位之间因为劳动合同的履行而引起的争执。

(一) 劳动争议处理机构

1. 劳动争议调解委员会

《劳动法》第80条规定："在用人单位内，可以设立劳动争议调解委员会。劳动争议调解委员会由职工代表、用人单位代表和工会代表组成。劳动争议调解委员会主任由工会代表担任。"可见，劳动争议调解委员会即指在本单位内部内依法成立的调解劳动争议的群众组织。

调解委员会的职责有以下：其一，对职工进行劳动法律法规的宣传教育，以做好劳动争议的预防工作；其二，调解本单位发生的劳动争议；其三，检查督促争议双方当事人履行调解协议。

2. 劳动争议仲裁委员会

《劳动法》第81条规定："劳动争议仲裁委员会由劳动行政部门代表、同级工会代表、用人单位方面的代表组成。"可见，劳动争议仲裁委员会即指依法成立的行使劳动争议仲裁权的劳动争议处理机构。

地方仲裁委员会的职责有以下：其一，负责处理本委员会管辖范围内的劳动争议案件；其二，聘任专职和兼职仲裁员，并对仲裁员进行管理；其三，领导和监督仲裁委员会办事机构和仲裁庭开展工作；其四，总结并组织交流办案经验。

3. 人民法院

人民法院是行使审判权的行政机关，劳动争议案件经过仲裁仍然不能够解决的，可以由人民法院的民事审判庭受理。

（三）劳动争议处理程序

《劳动法》第 77 条规定："用人单位与劳动者发生争议，当事人可以依法申请调解、仲裁、提起诉讼，也可以协商解决。"另外，根据《劳动法》第 79 条以及《中华人民共和国单位劳动争议处理条例》（1993 年 7 月 6 日国务院颁布），劳动争议处理程序可以分为协商、调解、仲裁、诉讼四个阶段。当然，这些阶段并不是按先后顺序的，当事人可以依法选择。

1. 协商

《劳动法》第 79 条及《中华人民共和国单位劳动争议处理条例》第 6 条规定：劳动争议发生后，当事人应当协商解决，不愿协商或协商不成的可以向本单位劳动争议调解委员会申请调解。可见，协商不是处理劳动争议的必经程序，不愿协商的，可以直接向本单位劳动争议调解委员会申请调解。

2. 调解

《劳动法》第 79 条及《中华人民共和国单位劳动争议处理条例》第 6 条规定：调解不成的，当事人一方要求仲裁的，可以向劳动争议仲裁委员会申请仲裁；当事人一方也可以直接向劳动争议仲裁委员会申请仲裁。可见，调解也不是处理劳动争议的必经程序。

3. 仲裁

《劳动法》第 79 条及《中华人民共和国单位劳动争议处理条例》第 6 条规定：对仲裁裁决不服的，可以向人民法院提起诉讼。因此，仲裁是处理劳动争议的必经程序。

4. 诉讼

《劳动法》第 83 条规定："劳动争议当事人对仲裁裁决不服的，可以自收到仲裁裁决书之日起 15 日内向人民法院提起诉讼。一方当事人在法定期限内不起诉又不履行仲裁裁决的；另一方当事人可以申请人民法院强制执行。"

五、社会保险的有关知识

（一）社会保险概述

1. 社会保险的涵义

社会保险是指由国家通过立法的方式来多渠道的筹集资金，目的使劳动者在因年老、失业、生病、工伤、生育而减少劳动收入时能够给予一定的经济补偿，使他们能够享有基本生活保障的一项社会保障制度。

2. 社会保险的种类

社会保险主要包括养老保险、失业保险、医疗保险、工伤保险以及生育保险等，其具有强制性。

（1）养老保险

养老保险（或养老保险制度）是指国家和社会根据一定的法律和法规，为解决劳动者在达到国家规定的解除劳动义务的劳动年龄界限，或因年老丧失劳动能力退出劳动岗位后的基本生活而建立的一种社会保险制度。养老保险是社会保障制度的重要组成部分，是社会保险五大险种中最重要的险种之一。

（2）失业保险

失业保险制度是国家通过立法强制实施，由政府负责建立失业保险基金，对非因本人意愿中断就业而失去工资收入的劳动者提供一定时期的物资帮助及再就业服务的一项社会保险制度。

（3）医疗保险

所谓社会医疗保险制度，就是通过国家立法，强制性地由国家、单位和个人缴纳医疗保险费，建立医疗保险基金，当个人因疾病需要获得医疗服务时，由社会医疗保险机构按规定提供医疗费用补偿的一种社会保障制度。医疗保险具有社会保险的强制性、互济性、社会性等基本特征。因此，医疗保险制度通常由国家立法，强制实施，建立基金制度，费用由用人单位和个人共同缴纳，医疗保险费由医疗保险机构支付，以解决劳动者因患病或受伤害带来的医疗风险。医疗保险就是当人们生病或受到伤害后，由国家或社会给予的一种物质帮助，即提供医疗服务或经济补偿的一种社会保障制度。

（4）工伤保险

工伤保险也称职业伤害保险，是指劳动者由于工作原因并在工作过程中遭受意外伤害，或因接触粉尘、放射线、有毒有害物质等职业危害因素引起职业病后，由国家或社会给负伤、致残者以及死亡者生前供养亲属提供必要的物质帮助的一项社会保险制度。

（5）生育保险

生育保险是指通过国家立法规定，在劳动者因生育子女而导致劳动力暂时中断时，由国家和社会及时给予物质帮助的一项社会保险制度。我国生育保险待遇主要包括以下两项：一是生育津贴，用于保障女职工产假期间的基本生活需要；二是生育医疗待遇，用于保障女职工怀孕、分娩期间以及职工实施节育手术时的基本医疗保健需要。

（二）"三险一金"与"五险一金"

"三险一金"中的"三险"指的是养老保险、失业保险、医疗保险，"五险一金"中的"五险"指的是养老保险、失业保险、医疗保险、工伤保险、生育保险，"一金"均指住房公积金。

其中养老保险、失业保险和医疗保险是由企业以及个人共同所缴纳的保费，工伤保险和生育保险完全是由企业承担的，个人不需要缴纳。

第五章　社会生活中的法律

第一节　就业相关法律知识

一、我国的就业方针

(一) 就业方针

《就业促进法》第 2 条规定，国家坚持劳动者自主择业、市场调节就业、政府促进就业的方针。

劳动者自主就业是指劳动者个人是市场就业的主体，有宪法赋予的就业的权利和择业的自由。

市场调节就业是指在培育与发展劳动力市场的基础上，将市场机制作为配置劳动力资源的基础性调节手段，从而实现用人单位以及劳动者之间的双向选择。

政府促进就业是指政府通过宏观经济以及就业协调发展的政策来促进就业，包括：其一，通过发展经济，即第三产业、个体私营经济等来增加就业岗位；其二，实行积极的就业服务，扩大投入，健全和发展就业服务体系；其三，采取必要的措施，帮助下岗职工以及其他特殊群体实现就业。

(二) 国家倡导的就业观念

《就业促进法》第 7 条规定，国家倡导劳动者树立正确的择业观念。提高就业能力以及创业能力；鼓励劳动者自主创业、自谋职业。各级人民政府和有关部门应当简化程序，提高效率，为劳动者自主创业、自谋职业提供便利。

所谓树立正确的择业观，具体就是指劳动者应当树立自主择业观，竞争就业观，职业平等观和多种方式就业观。

所谓自主创业，是指劳动者主要凭借自己所具备的资本、资源、信息、技术、经验以及其他因素等来自己创办实业，解决就业问题。

所谓自谋职业，是指劳动者主要依靠自己的信息、技术、经验以及其他因素自己获得就业机会。

二、劳动者享有的就业权利

（一）一般劳动者权利

《就业促进法》第 3 条规定，劳动者依法享有平等就业和自主择业的权利。劳动者就业，不因民族、种族、性别、宗教信仰等不同而受歧视。

劳动就业权是指劳动者在具备劳动权利能力、劳动行为能力以及有劳动愿望的前提下，依法从事有劳动报酬或者是经营收入的劳动的权利。这项权利是各国宪法确认以及保护公民的一项重要的基本权利，其在各项劳动权利中处于首要的地位，所以它是劳动者赖以生存的权利。

平等就业权意味着劳动者在就业时享受与其他劳动者平等机会的权利，主要包含以下三层含义：一是任何公民都平等地享有就业的权利和资格，不因为民族、种族、性别、年龄、文化、宗教信仰、经济能力等的差别而受到限制；二是在应聘某一职位的时候，任何公民都必须平等地参与竞争，任何人不得享有特权，也不得对任何人予以歧视；三是平等不等于同等，平等是指对于符合要求以及符合特殊职位条件的人，应给予他们平等的机会，而不是不论条件如何都同等对待。

所谓自主择业权，是指公民可以根据自己的兴趣，自主选择不同行业、不同岗位的权利，在行使上述权利时，任何公力机构和个人不得干涉。选择职业权必须有赖于劳动力市场的形成，在计划经济时期，劳动者就业是按照国家计划就业，劳动者并无选择职业的权利，而只有在劳动力市场形成后，劳动者才具有选择职业的权利，也就有了选择行业、选择岗位的权利。

所谓的"就业歧视"，即指那些条件相等或者是相近的求职者求职的过程中或者是受雇者在就业的时候，因为受到某些与个人工作能力无关的因素的影响，而不能够享有平等的就业机会以及工资、配置、升迁、培训机会等就业安全保障的平等待遇，从而其平等就业机会受到损害的现象。

（二）就业援助对象和方式

《就业促进法》第 52 条规定，各级人民政府建立健全就业援助制度，采取税费减免、贷款贴息、社会保险补贴、岗位补贴等办法，通过公益性岗位安置等途径，对就业困难人员实行优先扶持和重点帮助。就业困难人员是指因身体状况、技能水平、家庭因素、失去土地等原因难以实现就业，以及连续失业一定时间仍未能实现就业的人员。就业困难人员的具体范围，由省、自治区、直辖市人民政府根据本行政区域的实际情况规定。

税费减免是指在一定期限一定限额内，减收或者免收就业困难人员从事个体经营应缴纳的税收以及各项行政事业收费。贷款贴息即是指那些符合条件的就业困难人员贷款是由政府对其利息部分给予补贴的。社会保险补贴是指对符合条件的就业困难人员参加社会保险的，政府对其社保缴费给予一定的补贴。岗位补贴是指政府开发的公益性岗位、机关事业单位工勤岗位、各类企业后勤服务岗位和街道社区组织开发的服务性岗位安排就业困难对象，并与其签订一定期限以上劳动合同的，根据补贴的标准，按照实际招用的人数给予岗位补贴，期限与劳动合同一致，且不超过国家或地方规定的最长期限。就业援助的途径就是通过何种手段使其实现就业。就业困难人员由于其本身或者家庭等原因，在求职时，与其他人员相比，本身不具有较强的竞争力，因此，由政府提供或者开发一些公益性岗位，优先安置这些就业困难人员，使其实现就业，成为就业援助的主要途径。

（三）公益性岗位的优先安排对象

就业促进法第53条规定，政府投资开发的公益性岗位，应当优先安排符合岗位要求的就业困难人员。

所谓公益性岗位是指由政府投资开发，享受一定的政策优惠、财政扶持，并以安排就业困难人员为主的工作岗位。

政府投资开发公益性岗位的目的就在于解决就业困难人员的就业问题，因此，公益性岗位应优先安排就业困难人员。但是安排公益性岗位工作的就业困难人员也要符合该岗位的要求，达到岗位对劳动者技能或者学历、身体状况的最基本要求，不能不考虑岗位的要求，仅根据就业困难人员的困难情况安排就业。

（四）用人单位应当履行促进残疾人就业的义务

《就业促进法》第55条规定，各级人民政府采取特别扶助措施，促进残疾人就业。用人单位应当按照国家规定安排残疾人就业，具体办法由国务院规定。

《残疾人保障法》第3条第1款规定，残疾人在政治、经济、文化、社会和家庭生活等方面享有同其他公民平等的权利。其中包括残疾人的平等就业权。残疾人就业有助于残疾人平等参与社会生活、共享社会物质文化成果。2007年5月1日起施行的《残疾人就业条例》第2条第1款规定，国家对残疾人就业实行集中就业与分散就业相结合的方针，促进残疾人就业；第4条规定，国家鼓励社会组织和个人通过多种渠道、多种形式，帮助、支持残疾人就业，鼓励残疾人通过应聘等多种形式就业。禁止在就业中歧视残疾人。残疾人应当提高自身素质，增强就业能力。

三、社会组织在促进就业工作中的作用

《就业促进法》第9条规定，工会、共产主义青年团、妇女联合会、残疾人联合会以及其他社会组织，协助人民政府开展促进就业工作，依法维护劳动者的劳动权利。

协助人民政府开展促进就业的工作，依法维护劳动者的劳动权利，是我国工会等社会组织承担社会责任的一个重要方面。所谓社会责任，是社会对其成员的期待和要求，无论这个成员是个人还是组织或机构。所谓责任，按照《现代汉语词典》的解释，是指"分内应做的事；没有做好分内应做的事，因而应当承担的过失。"概括地说，责任是社会分工合作的产物，是社会赖以存在和发展的主观条件之一；责任是社会对某个社会角色的行为期待；责任的落实要将这种行为期待转化为这个社会角色的目标；责任的实现既需要当事主体对这种行为期待的主观认知，也需要有效的制度安排。随着社会的发展进步，人们对责任的认识也在不断深化。人们看到，责任在现代社会生活中，已不仅仅来自于社会分工的单纯目的。现代社会组织的目的往往是多元的，无论是政府组织、企业组织，还是非政府组织、民间团体，每个组织角色几乎均有其基本目的和附属目的。组织目的的多元化和多样性已经使责任的外延大大地扩大了。也就是说，现代的任何组织，不仅有基本责任，同时也有其他相关的责任。

四、政府职责

（一）促进就业的税收优惠政策

《就业促进法》第17条规定，国家鼓励企业增加就业岗位，扶持失业人员和残疾人就业，对下列企业、人员依法给予税收优惠：①吸纳符合国家规定条件的失业人员达到规定要求的企业；②失业人员创办的中小企业；③安置残疾人员达到规定比例或者集中使用残疾人的企业；④从事个体经营的符合国家规定条件的失业人员；⑤从事个体经营的残疾人；⑥国务院规定给予税收优惠的其他企业、人员。

税收是政府宏观经济调控的重要杠杆，对就业水平的高低和就业结构的调整有很大影响。法律规定的税收优惠政策，能够发挥税收在个人层面——特殊群体、失业人员和企业层面的良好就业效应。

（二）公共就业服务机构提供的免费就业服务

《就业促进法》第35条规定，县级以上人民政府建立健全公共就业服务体系，设立公共就业服务机构，为劳动者免费提供下列服务：①就业政策法规咨询；②职

业供求信息、市场工资指导价位信息和职业培训信息发布；③职业指导和职业介绍；④对就业困难人员实施就业援助；⑤办理就业登记、失业登记等事务；⑥其他公共就业服务。

就业服务在促进劳动力供求均衡、减少人力资源市场摩擦、降低人力资源交易成本等方面发挥着重要功能，其中的公共就业服务更能起到提高人力资源市场透明度、保证平等就业和帮助就业困难群体就业的重要作用。各国都将建立并不断完善公共就业服务体系作为政府的重要职责。

五、职业中介机构

(一) 职业中介机构不得扣押劳动者居民身份证等证件

《就业促进法》第66条规定，职业中介机构扣押劳动者居民身份证等证件的，由劳动行政部门责令限期退还劳动者，并依照有关法律规定给予处罚。

居民身份证是每一个公民的重要身份证件，颁发身份证是为了证明居住在中华人民共和国境内的公民的身份，保障公民的合法权益，便利公民进行社会活动。针对一些职业中介机构在向劳动者提供就业服务时，违法扣押劳动者的身份证等行为，《就业促进法》第41条明确规定，职业中介机构不得扣押劳动者的居民身份证和其他证件。对职业中介机构违反这一规定的，扣押劳动者身份证等证件的，要由劳动行政部门责令限期退还给劳动者本人；同时，对种违法行为，要依照相关的法律规定给予相应的处罚。这里的"有关法律"主要是指的居民身份证法。对非法扣押他人居民身份证的违法行为，根据《居民身份证法》第16条的规定，还要由公安机关对违法者给予警告、200元以下的罚款和没收违法所得的行政处罚。

(二) 职业中介机构不得收取劳动者押金

《就业促进法》第66条规定，职业中介机构者向劳动者收取押金的。由劳动行政部门责令限期退还劳动者，并以每人500元以上2000元以下的标准处以罚款。

实践中，一些职业中介机构往往要求劳动者，特别是非本地户口的劳动者收取押金。这一问题的存在，严重侵犯了劳动者的合法权益，同时也是对外来务工人员在就业方面的歧视性行为。为了惩治这一违法行为、保护劳动者的合法权益，《就业促进法》第41条明确规定，职业中介机构不得向劳动者收取押金。对于职业中介机构违反这一规定要求劳动者收取押金的，依据该条的规定，要由劳动行政部门责令限期将违法收取的押金退还给劳动者本人，并且要按每一名劳动者500元以上2000元以下的标准处以罚款；对劳动者造成损害的，用人单位应当承担赔偿责任。

第二节　劳动法相关知识

一、劳动合同制度

（一）建立劳动合同用工制度的意义

劳动合同作为保护劳动者合法权益的基本依据，是在市场经济体制下，用人单位与劳动者进行双向选择、确定劳动关系、明确双方权利和义务的一种协议。在改革开放以后，计划经济逐步向市场经济转变，为了适应这种转变，我国开始对计划经济下的固定工制度加以改革，从而逐步打破了劳动用工制度上的"铁饭碗"。这表现为：1994 年通过的《劳动法》，将劳动合同制度作为法定的用工制度，既不分固定工和临时工，也不分管理人员和普通工人，适用于各种所有制的用人单位和全体劳动者。因此，劳动合同制度的意义有如下：其一，有利于破除传统计划经济体制下行政分配用工的劳动用工制度，从而建立了与社会主义市场经济体制相适应的用人单位与劳动者双向选择的劳动用工制度；其二，实现劳动力资源的市场配置；其三，促进劳动力的合理流动。

（二）劳动合同的定义

劳动合同即指劳动者与用人单位确立劳动关系、明确双方权利以及义务的协议。要正确理解劳动合同的概念，就必须正确理解劳动关系的概念。劳动关系是指用人单位招用劳动者成为其成员，劳动者在用人单位的管理下提供有报酬的劳动，由此而产生的权利义务关系。其基本特征是：其一，用人单位和劳动者符合法律、法规规定的主体资格；其二，用人单位依法制定的各项劳动规章制度适用于劳动者，劳动者受用人单位的劳动管理，从事用人单位安排的有报酬的劳动；其三，劳动者提供的劳动是用人单位业务的组成部分。

（三）劳动法和劳动合同法的适用范围

1994 年颁布的《劳动法》第 2 条对劳动法的适用范围作了规定。根据《劳动法》第 2 条和 1995 年原劳动部《关于贯彻执行〈中华人民共和国劳动法〉若干问题的意见》的规定，劳动法的适用范围具体为：①各类企业和与之形成劳动关系的劳动者；②个体经济组织和与之形成劳动关系的劳动者；③国家机关、事业组织、社会团体实行劳动合同制度的以及按规定应实行劳动合同制度的工勤人员；④实行企业化管理的事业组织的人员；⑤其他通过劳动合同与国家机关、事业组织、社会团体建立劳动关系的劳动者。排除了公务员和比照实行公务员制度的事业组织和社会团体的工作人员，以及农村劳动者（乡镇企业职工和进城务工、经商的农民除外）、现役军人和家庭保姆等。按照当时的设计，就是将劳动者分为两部分：一部分是公务员和参照公务员管理的人员，按照公务员进行管理；另一部分是工人，按照《劳动法》进行管理。随着市场经济的发展，劳动关系呈现多样化，劳动法的调整范围已不适应劳动关系客观发展的需要。因此，2007 年颁布的《劳动合同法》在《劳动法》的基础上，扩大了适用范围，增加了民办非企业单位等组织作为用人单位，并且将事业单位聘用制工作人员也纳入调整范围，但家庭保姆、个体工匠的帮工、学徒、返聘的离退休人员等仍不在调整之列。

（四）劳动合同期限

1. 劳动合同期限制度的意义

劳动合同期限即指劳动合同的有效时间，是劳动关系双方当事人享有权利和并履行义务的时间。它一般始于劳动合同的生效之日，终于劳动合同的终止之时。其产生的原因在于：劳动合同期限属于劳动合同的一项重要内容，是劳动合同存在的前提条件，也是实现劳动合同内容的保证。当用人单位和劳动者订立劳动合同之后，他们便建立了劳动关系，双方都要依据合同的相关内容来享受权利和履行义务。但是在市场经济的条件下，必然存在着劳动力的流动。这就导致所建立的劳动关系不可能成为永恒不变的关系，也许是较长期限的，也许短暂的，但具体要维系多久，必须通过一定具体的时间以表现出来，所以就产生了劳动合同的期限。劳动合同是以实现劳动过程为目的的，这个过程是一个相当复杂的过程。如果劳动合同没有期限的话，就难以确定这个过程，劳动关系就处于不确定的状态，劳动者和用人单位就难以预期。

2. 劳动合同期限的种类

劳动合同可以分为固定期限劳动合同、无固定期限劳动合同、以完成一定工作任务为期限的劳动合同。

（1）固定期限劳动合同

固定期限劳动合同，是指用人单位与劳动者约定合同终止时间的劳动合同，具体是指劳动合同双方当事人在劳动合同中明确规定了合同效力的起始和终止的时间。劳动合同期限届满，劳动关系即告终止。如果双方协商一致，还可以续订劳动合同，延长期限。固定期限的劳动合同可以是较短时间的，如 1 年、2 年，也可以是较长时间的，如 5 年、10 年，甚至更长时间。不管时间长短，劳动合同的起始和终止日期都是固定的。具体期限由当事人双方根据工作需要和实际情况确定。

（2）无固定期限劳动合同

无固定期限劳动合同，是指用人单位与劳动者约定无确定终止时间的劳动合同。"无确定终止时间"是指劳动合同没有一个确切的终止时间，劳动合同的期限长短不能确定，但并不是没有终止时间。只要没有出现法定解除情形或者双方协商一致解除的，双方当事人就要继续履行劳动合同。一旦出现了法定情形或者双方协商一致解除的，无固定期限劳动合同同样也能够解除。由此可见，无固定期限合同并不是没有终止时间的"铁饭碗"，只要符合法律规定的条件，劳动者与用人单位都可以依法解除劳动合同。

（3）以完成一定工作任务为期限的劳动合同

以完成一定工作任务为期限的劳动合同，是指用人单位与劳动者约定以某项工作的完成为合同期限的劳动合同。用人单位与劳动者协商一致，可以订立以完成一定工作任务为期限的劳动合同。某一项工作或工程开始之日，即为合同开始之时，此项工作或者工程完毕，合同即告终止。以完成一定工作任务为期限的劳动合同，合同双方当事人在合同存续期间建立的是劳动关系，这种劳动合同实际上属于固定期限的劳动合同，只不过表现形式不同。

（五）试用期条款

试用期是指用人单位对新招收职工的思想品德、劳动态度、实际工作能力、身体情况等方面进行进一步考察的时间期限，主要有以下几种情况：第一，劳动合同期限3个月以上不满1年的，试用期不得超过1个月；第二，劳动合同期限1年以上不满3年的，试用期不得超过2个月；第三，3年以上固定期限和无固定期限的劳动合同，试用期不得超过6个月。需注意的是：第一，同一用人单位与同一劳动者只能约定一次的试用期；第二，以完成一定工作任务为期限的劳动合同或者是劳动合同期限不满3个月的，不得约定试用期，试用期包含在劳动合同期限内；第三，劳动合同仅约定试用期的，试用期不得成立，该期限为劳动合同期限。

（六）服务期条款

用人单位为劳动者提供专项的培训费用以对其进行专业技术培训的，可以与该劳动者订立协议约定服务期。法律之所以规定服务期的原因在于：用人单位提供培训费用使劳动者接受培训的目的是为了劳动者在受到培训回来后，能够将其学到的为本单位提供约定服务期期间的劳动。在此过程中，劳动者获得了利益，如果劳动者违反服务期约定的，就应当按照协议向用人单位支付违约金。这就可以避免用人单位白白地损失培训费用，在大体上平衡了劳动合同双方当事人的利益。但需要注意的是：其一，所赔付的违约金的数额不得超过用人单位提供的培训的费用；其二，所赔付的违约金不得超过服务期尚未履行部分所应分摊的培训费用；其三，用人单位与劳动者约定服务期的，不影响按照正常的工资调整机制提高劳动者在服务期期间的劳动报酬。

（七）竞业限制条款

《劳动合同法》规定，用人单位与劳动者可以在劳动合同中约定保守用人单位的商业秘密和与知识产权相关的保密事项。对负有保密义务的劳动者，用人单位可以在劳动合同或者保密协议中与劳动者约定竞业限制条款，并约定在解除或者终止劳动合同后，在竞业限制期限内按月给予劳动者经济补偿。如果劳动者违反竞业限制约定的，应当按照约定向用人单位支付违约金。竞业限制的人员限于用人单位的高级管理人员、高级技术人员和其他负有保密义务的人员。竞业限制的范围、地域、期限由用人单位与劳动者约定，竞业限制的约定不得违反法律、法规的规定。在解除或者终止劳动合同后，约定保密的人员到与本单位生产或者经营同类产品、从事同类业务的有竞争关系的其他用人单位，或者自己开业生产或者经营同类产品、从事同类业务的竞业限制期限，不得超过2年。

劳动关系具有特定的人身属性，由劳动者对用人单位忠诚义务演化出劳动合同的保密义务，并进而扩展为竞业限制或竞业禁止。竞业限制条款蕴涵了用人单位的财产权益和劳动者的劳动权利两者的矛盾，因此必须一个必须依据法律来调整的问题。劳动合同法规定竞业限制的主要目的是为了要保护用人单位的商业秘密，但其实施客观上限制了劳动者的就业权，进而影响到了劳动者的生存权。所以需注意的是：约定竞业限制一方面必须是保护合法权益所必需，另一方面还必须受到法律规定的竞业限制人员范围以及期限的规制。

（八）劳动合同的书面形式

1. 书面形式要求

在其他民事活动中，订立合同的形式有口头形式、书面形式和其他形式。劳动合同属于合同的一种，是劳动者与用人单位确立劳动关系、明确双方权利义务的协议。考虑到口头劳动合同的内容难以固定，容易产生争议，因此就产生了书面形式的劳动合同。书面劳动合同的好处在于：其一，可以根据实际的情况有不同内容；其二，可以证明劳动关系的存在，并且清楚地记载劳动合同双方的权利义务，在发生纠纷的时候呀可以作为证据，既有利于纠纷的解决，也有利于劳动行政部门监督执法。如果不签订书面劳动合同，对于劳动者来说是坏处多于好处。因此，劳动合同法实际上明确了书面劳动合同是劳动合同的唯一合法形式，即建立劳动关系，应当订立书面劳动合同。

2. 建立劳动关系与订立书面劳动合同的时间关系

建立劳动关系时间并不等同于订立书面劳动合同时间，不能将二者混淆。在劳动合同法中有规定，已建立劳动关系的，未同时订立书面劳动合同的，应当自用工之日起一个月内订立书面劳动合同。用人单位与劳动者在用工前订立劳动合同的，劳动关系自用工之日起建立。实践中，用人单位与劳动者订立书面劳动合同需要一定的周期，特别是招用大批劳动者时，很难做到一经建立劳动关系就立即订立书面劳动合同，所以立法规定给予用人单位一个月的签订劳动合同的宽限期。劳动关系建立的唯一标准是实际用工，即劳动者实际提供劳动之日起劳动关系建立。任何组织和个人不得以书面劳动合同订立与否作为保护劳动者合法劳动权益的标准，即不得以事实劳动关系为由，降低或者放弃对劳动者的保护。书面劳动合同一经签字或者盖章就生效，而劳动关系从用工之日起建立。在劳动合同订立后，实际用工之前，如果因劳动合同发生争议，适用民法有关规定，不适用劳动法律的规定。

3. 不及时订立书面劳动合同的法律后果

《劳动合同法》规定：其一，如果用人单位自用工之日起超过 1 个月不满 1 年未与劳动者订立书面劳动合同的，应当向劳动者每月支付 2 倍的工资；其二，用人单位自用工之日起满 1 年不与劳动者订立书面劳动合同的，那就视为用人单位与劳动者已订立无固定期限劳动合同。在劳动合同法颁布前，实践中存在书面劳动合同签订率偏低的顽疾，这其中有部分是劳动者的原因，但主要的还是用人单位的原因所导致。有的劳动者不愿意或者没有意识到签订劳动合同，有的劳动者出于自由跳槽、规避交纳社会保险的考虑，不愿签订劳动合同。企业不愿签订劳动合同的原因主要是为了降低法律风险、压缩成本、逃避交纳社保费用等。劳动合同法规定不订立书面劳动合同的法律后果，就是为了解决书面劳动合同签订率偏低的问题，以利于更好地保护劳动者的合法权益。

（九）劳动合同的解除

1. 解除制度的意义

规范劳动合同解除是劳动者保护的重点。劳动合同的解除是劳动合同制度中与双方利益最密切相关的行为，劳动合同方面发生的大量争议，大多是由于解除合同而引起的。有的企业片面强调其用工自主权，随意解除劳动合同，损害了劳动者的合法权益。也有不少劳动者误解了择业自由的含义，任意地跳槽，甚至会不辞而别，严重影响了企业劳动力的正常流动。因此，我国将劳动者的保护重点放在合同的解除上。了解并切实执行有关劳动合同解除上的规定和制度，有助于理顺劳动关系，规范劳动合同管理，维护劳动关系双方的正当权益。

2. 解除的分类

劳动合同的解除，是指在订立劳动合同以后，但处于还尚未履行完毕或者是未全部履行以前，由于合同双方或者是单方的法律行为导致双方当事人提前消灭劳动关系的法律行为。根据解除依据的不同，可以将劳动合同的解除分为协商解除和法定解除。

（1）协商解除

协商解除，又称双方解除，是指用人单位与劳动者均在完全自愿的情况下，通过互相协商，并在达成一致意见的基础上提前终止劳动合同的效力。用人单位与劳动者均有权提出解除劳动合同的请求，但解除的形成必须是在双方自愿、平等协商的基础上达成一致的意见。

（2）法定解除

法定解除，又称单方解除，是指劳动者或者用人单位一方依照法律规定的解除条件和解除程序行使法律所赋予的解除权而提前终止劳动合同的行为。法定解除再根据行使解除权的主体的不同，还可进一步分为劳动者的单方解除以及用人单位的单方解除。

3. 劳动者解除劳动合同的自由度明显大于用人单位的

劳动者要提前 30 日以书面形式通知用人单位，可以解除劳动合同。劳动者在试用期内要提前 3 日通知用人单位，可以解除劳动合同。劳动者遵守法律规定的预告期，采用法律规定的书面或者口头形式，可以行使任意辞职权。所谓任意辞职，就是任由其自身的单方意志，法律不强求其必须给出解除的理由。赋予劳动者任意辞职权，一方面有利于劳动者根据自身的能力、特长以及志趣爱好等来选择最适合自己的职业，从而充分发挥劳动者自身的潜能；另一方面也有利于实现劳动力资源的合理配置。相比之下，用人单位若行使单方的解除权，则必须依照相关法律规定的条件以及程序来进行，否则就是违法的，就将承担相应的支付赔偿金等的法律责任。法律不仅规定用人单位单方行使解除权必须要有符合法律规定的具体事由，用人单位并不享有无理由辞退劳动者的权利，而且法律还规定在特定情形下，如因工负伤被确认丧失劳动能力或者部分丧失劳动能力等，禁止用人单位行使其原本享有的部分法定解除权。劳动者不受用人单位的无端解雇是劳动者保护的重要方面。

（十）集体合同

1. 集体合同的制度价值

集体合同制度，是调整劳动关系的一项重要的法律制度，在当今国际上被普遍地采用。集体合同，是指工会或者是职工代表代表全体职工，与用人单位之间根据法律、法规的相关规定，就劳动报酬、工作时间、休息休假、劳动安全卫生、保险福利等事项，在平等协商一致的基础上签订的书面协议。集体合同之所以能够普遍地应用于现代各国，就是因为其在保护劳动者利益以及协调劳动关系方面有着劳动法规和劳动合同所无法代替的功能。这主要表现为它可以弥补劳动立法、劳动合同的不足。

（1）弥补劳动立法的不足

①劳动法规定的关于劳动者利益的标准属于最低标准，按照这个标准来保护劳动者的利益，只能是满足法律所要求的最低水平。但是从立法意图上来说又不仅仅是希望停留在这样的最低水平，但是若通过劳动立法的方式规定更高标准的话，就现实情况来说是无法得以实施的。所以通过集体合同，可以对劳动者的利益作出高于法律上的最低标准的规定，从而能够使劳动者利益保护的水平能够实际高于法定最低标准。

②劳动法关于劳动者利益和劳动关系协调的规定相对来说比较原则性，在实施的过程中难免有所疏漏。通过集体合同可以对属于共性的问题作出相关的约定，从而能够具体地规范复杂的劳动关系，对劳动立法的不完备起到补充的作用。

（2）弥补劳动合同的不足

①在签订劳动合同的时候，单个劳动者与用人单位相比较是弱者，力量薄弱，难免存在接受用人单位提出的不合理的条款的情况。但是如果由工会代表全体劳动者签订了集体合同，大家就能够与用人单位平等地协商，避免了不合理条款的签订。

②因为每个劳动者的实力是不同的，因此实际上，在与用人单位签订劳动合同的时候就存在因为实力不同而造成的地位的不同，以至于劳动者的权利义务的不同。有的劳动者就可能会遭受歧视，不能平等地享有权利和承担义务。而通过集体合同可以确保在一定范围内，全体劳动者的权利和义务实现平等。

③劳动关系的内容包括工时、定额、工资、保险、福利、安全卫生等多个方面，若都由劳动合同作出具体规定，那么每个劳动合同的篇幅必将是冗长的。但是，集体合同对劳动关系的主要内容作出了具体规定后，只需要就单个劳动者的特殊情况作出约定就行了。

2. 集体合同与劳动合同的区别

集体合同与劳动合同存在明显的不同，主要体现在以下方面。

（1）当事人不同

劳动合同的当事人为单个劳动者和用人单位；集体合同的当事人为劳动者团体以及用人单位或其团体，故又称团体协议或团体合同。

（2）目的不同

订立劳动合同的主要目的是确立劳动关系；而订立集体合同的主要目的，是为了确立劳动关系并设定具体的标准，即在其效力范围内规范劳动关系。

（3）内容不同

劳动合同以单个劳动者的权利和义务为内容，一般包括劳动关系的各个方面；集体合同以集体劳动关系中全体劳动者的共同权利和义务为内容，可能涉及劳动关系的各个方面，也可能只涉及劳动关系的某个方面。

（4）形式不同

劳动合同在有的国家为书面合同，在有的国家则书面合同与口头合同并存，集体合同则一般为书面合同。

（5）效力不同

劳动合同对单个的用人单位和劳动者有法律效力，集体合同则对签订合同的单个用人单位或用人单位所代表的全体用人单位，以及工会和工会所代表的全体劳动者，都有法律效力。另外，集体合同的效力一般高于劳动合同的效力，它们在签订程序和适用范围等方面也有所不同。

（十一）劳务派遣

1. 劳务派遣的法律关系

劳务派遣的最大特点是劳动力的雇用和使用相分离。劳务派遣中存在三个法律主体，分别为劳务派遣单位、被派遣劳动者以及用工单位。被派遣劳动者与劳务派遣单位订立劳动合同，劳务派遣单位则与接受劳务派遣形式用工的用工单位订立劳务派遣协议。劳务派遣单位向社会招用劳动者成为其成员，并对应招合格的劳动者进行派遣，行使对劳动者的人事管理权，包括劳动者的录用、辞退、岗前培训、工资支付、社会保险费缴纳等方面的管理。劳务派遣单位是劳动者的用人单位，其应当履行法律法规所规定的一般劳动关系中用人单位对劳动者的全部义务；劳动者实际提供劳动所在的单位则是劳动者的用工单位，用工单位同样应当依照法律的相关规定履行相应的保护劳动者合法权益的职责。

2. 被派遣劳动者的同工同酬等权利

用工单位应当按照同工同酬的原则，对被派遣劳动者与本单位同类岗位的劳动者实行相同的劳动报酬分配办法。用工单位无同类岗位劳动者的，就可以参照用工单位所在地相同或者是相近岗位劳动者的劳动报酬来加以确定。劳务派遣单位与被派遣劳动者订立的劳动合同和与用工单位订立的劳务派遣协议，载明或者约定的向被派遣劳动者支付的劳动报酬应当符合该规定。劳动合同法之所以特别规定被派遣劳动者享有同工同酬的权利，是因为同工不同酬是劳务派遣实施中比较突出的问题。不过需要明确的是，同工同酬并不是要求用工单位不分情况地对同一岗位的劳动者支付完全相同的劳动报酬。根据劳动者的工作效率和工作质量的不同来区分、确定工资数额，这种差别不是基于劳动者身份的差别，而是充分尊重了个人的劳动能力和工作贡献，符合劳动力价值的一般规律，符合按劳分配的原则，是合法的。需要附带指出的是，关于被派遣劳动者的劳动合同双方，法律对双方的法定解除权较之一般的劳动合同中的解除权规定均有所限制，如被派遣劳动者并不享有任意辞职权。

（十二）非全日制用工

1. 定义

非全日制用工，是指主要以小时来计酬的方式，即劳动者在同一个用人单位一般平均每天工作时间不超过四小时，每周工作时间累计不超过二十四小时的一种用工形式。在近年来，我国非全日制劳动用工的形式得到了迅速的发展，特别是在餐饮、超市、社区服务等领域越来越多，主要是因为非全日制劳动是灵活就业的一种重要形式。需说明的是：非全日制用工同样是属于劳动关系的，它仅仅是限于用人单位的用工，而不包括个人用工的形式。而个人用工属于民事雇佣关系，应受民事法律关系的调整，但劳动者通过依法成立的劳务派遣组织派遣为用人单位、家庭或者个人提供非全日制劳动的应受劳动合同法的调整。其次，非全日制用工的计酬方式也是灵活多样，即主要是以小时计酬为主，但不仅仅是局限于以小时计酬。除了以小时计酬的形式以外，常见的计酬方式还有以日、周为单位来计酬或者是按件计酬的。法律规定的一般平均每日工作时间和每周工作累计时间，都是针对劳动者在同一个用人单位劳动所作出的，而并不是指劳动者实际上平均每日的全部劳动时间和每周累计的全部劳动时间，这是因为劳动者可以在一个以上的用人单位来从事非全日制的劳动，

2. 主要特点

（1）合同形式的特别规定

非全日制用工双方当事人之间可以订立口头协议，即他们之间既可以订立书面协议，也可以订立口头协议。

（2）允许建立多重的劳动关系

从事非全日制用工的劳动者可以与一个或者是一个以上的用人单位订立劳动合同，但是，后订立的劳动合同不能够影响到先订立的劳动合同的履行。即允许从事非全日制用工的劳动者建立双重或多重劳动关系，这就突破了原劳动法禁止建立多重劳动关系的限制，使得他们不仅有可能产生从事两种或两种以上职业的愿望，而且也能够拥有可调剂安排的劳动时间。

（3）试用期的特别规定

非全日制用工双方当事人不能约定试用期。劳动合同的试用期，是指包括在劳动合同期限内的，劳动关系还处于非正式状态，用人单位对劳动者是否适合自己要求进行了解的期限。一般而言，劳动者在试用期内的劳动报酬往往低于劳动合同中约定对同一岗位的工资，以致很多单位把试用人员当成廉价劳动力，甚至利用试用期解除劳动合同相对容易的特点，走马灯式地更换试用人员，这既加重了劳动关系

的不确定性，同时也增加了劳动者的经济负担。非全日制用工本来就属于灵活用工形式，劳动关系的不确定性比全日制用工要强，而且非全日制劳动者的收入也往往低于全日制职工，所以法律禁止非全日制用工约定试用期以加强对非全日制劳动者的保护。

（4）终止用工的特别规定

非全日制用工双方当事人任何一方都可以随时通知对方终止用工。终止用工，用人单位不向劳动者支付经济补偿。非全日制用工的突出特点就是它的灵活性，规定过多会限制这一用工形式的发展。为了更好地利用非全日制用工的灵活性，从而促进就业，促进劳动力资源的优化配置，劳动合同法对非全日制用工的终止作出了比全日制用工更为宽松的规定。

（5）劳动报酬支付规定

非全日制用工小时计酬标准不得低于用人单位所在地人民政府规定的最低小时工资标准。非全日制用工劳动报酬结算支付周期最长不得超过 15 日。最低工资规定是劳动基准法中劳动者保护的重要内容之一，非全日制用工也不例外。非全日制用工的劳动报酬结算支付周期较短则是特别规定。

二、工作时间及工资

（一）工时制度

1. 标准工时制

《劳动法》第 36 条规定，国家实行劳动者每日工作时间不得超过 8 小时、平均每周工作时间不超过 44 小时的工时制度。1995 年国务院修订的关于职工工作时间的规定明确，标准工时制是指职工每日工作 8 小时、每周工作 40 小时。

根据 1997 年原劳动部发布的关于职工工作时间有关问题的复函的规定，有条件的企业应该实行标准工时制度。有些企业因工作性质以及生产特点等不能够实行标准工时制度的，应保证劳动者每天工作不超过 8 小时、每周工作不超过 40 小时，并且每周至少休息 1 天。即企业和部分不能实行统一工作时间的事业单位的，可不实行"双休日"而安排每周工作 6 天，每天工作不超过 6 小时 40 分钟。

2. 不定时工作制

不定时工作制的产生是针对那些由于生产特点、工作特殊需要或者职责范围的关系，没有办法按标准工作时间来衡量或者需要机动作业的职工所采用的一种工时制度。例如，企业中从事高级管理、推销、货运、装卸、长途运输驾驶、押运、非生产性值班和特殊工作形式的个体工作岗位的职工，出租车驾驶员等，这些工作可以实行不定时工作制。鉴于每个企业的情况不同，企业可以依据上述原则并结合企业的实际情况进行研究，并按有关的规定报批。

3. 综合计算工时工作制

综合计算工时工作制是指针对那些因为工作性质特殊，需连续作业或者是受到季节以及自然条件限制的企业的部分职工，采用的以周、月、季、年等为周期综合计算工作时间的一种工时制度。需说明的是，这种工时制度的平均日工作时间以及平均周工作时间应该是与法定标准工作时间基本相同的。主要是指：交通、铁路、邮电、水运、航空、渔业等行业中因工作性质特殊，需要连续作业的职工；地质、石油及资源勘探、建筑、制盐、制糖、旅游等受季节和自然条件限制的行业的部分职工；亦工亦农或由于受能源、原材料供应等条件限制难以均衡生产的乡镇企业的职工等。另外，对于那些在市场竞争中，由于外界因素影响，生产任务不均衡的企业的部分职工也可以参照综合计算工时工作制的办法实施。

（二）工资制度

1. 工资支付基本规定

工资即报酬，就是指用人的单位根据相关劳动合同的规定，凭借各种形式来付给劳动者的一种报酬。其工资的支付需要注意以下情况：其一，工资应该要用法定货币来支付，而不能够用实物以及有价证券等来替代货币支付。其二，用人单位应该将工资付给劳动者本人，但是如果当劳动者自己不能够亲自领取工资的时候，就可以由其亲属代领或者是由劳动者委托他人代领。其三，用人单位可以委托银行来代发工资。其四，用人单位必须在与劳动者约定的日期之内支付给劳动者工资。如果是遇到节假日或者是休息日的时候，那么就该提前在最近的工作日支付工资。

还需注意的是：如果劳动者在法定工作时间期间内依法参加社会活动的，在这期间，用人单位应视同该劳动者提供了正常的劳动而支付其工资。这类社会活动包括有：依法行使选举权或者是被选举权的；当选代表出席乡（镇）、区以上政府、党派、工会、青年团、妇女联合会等组织所召开的会议的；出任人民法庭证明人的；出席劳动模范、先进工作者大会的；工会法规定的不脱产工会基层委员会委员因工会活动占用的生产或工作时间的；其它依法参加的社会活动（如人民陪审员参加人民法院的审判活动）。

同时，劳动者在依法享受年休假、探亲假、婚假、丧假期间，用人单位应该按照劳动合同所规定的标准来支付劳动者的工资。

2. 加班工资支付规定

用人单位在劳动者完成劳动定额或者是规定的工作任务之后，如果有实际需要安排劳动者在法定标准工作时间以外工作的，应该按照以下的标准来向劳动者支付工资：

①用人单位依法安排劳动者在日法定标准工作时间以外延长工作时间的，按照不低于劳动合同规定的劳动者本人小时工资标准的150％支付劳动者工资；

②用人单位依法安排劳动者在休息日工作，而又不能安排补休的，按照不低于劳动合同规定的劳动者本人日或小时工资标准的200％支付劳动者工资；

③用人单位依法安排劳动者在法定休假节日工作的，按照不低于劳动合同规定的劳动者本人日或小时工资标准的300％支付劳动者工资。经劳动行政部门批准实行综合计算工时工作制的，其综合计算工作时间超过法定标准工作时间的部分，应视为延长工作时间，并应按本规定支付劳动者延长工作时间的工资。实行不定时工时制度的劳动者，不执行上述规定。

3. 最低工资制度

最低工资标准，是指劳动者在法定的工作时间内或者是在依法签订的劳动合同约定的工作时间内提供了正常劳动的基础上，用人单位依照法律规定应付给劳动者的最低劳动报酬。其中正常劳动，即指劳动者按照依法签订的劳动合同的相关约定，在法定工作的时间或者是劳动合同约定的工作时间内所从事的劳动。以下两种情况可视为提供了正常劳动：其一，劳动者依法享受带薪年休假、探亲假、婚丧假、生育（产）假、节育手术假等国家规定的假期间。其二，法定工作时间内依法参加社会活动期间。最低工资标准一般采取月最低工资标准和小时最低工资标准的形式。其中前者适用于全日制就业劳动者，后者适用于非全日制就业劳动者。

需注意的是：月最低工资标准的确定和调整，可以考虑以下因素：当地就业者及其赡养人口的最低生活费用、城镇居民消费价格指数、职工个人缴纳的社会保险费和住房公积金、职工平均工资、经济发展水平、就业状况等。

4. 制度工作时间和制度计薪时间

现行制度依据是人社部发布的关于职工全年月平均工作时间和工资折算问题的通知。

（1）制度工作时间的计算

年工作日：365天－104天（休息日）－11天（法定节假日）＝250天。

季工作日：250天÷4季＝62.5天/季。

月工作日：250天÷12月＝20.83天/月。

工作小时数的计算：以月、季、年的工作日乘以每日的8小时。

（2）日工资、小时工资的折算

按照《劳动法》第51条的规定，法定节假日用人单位应当依法支付工资，即折算日工资、小时工资时不剔除国家规定的11天法定节假日。据此，日工资、小时工资的折算为：

日工资：月工资收入÷月计薪天数。

小时工资：月工资收入÷（月计薪天数×8 小时）。

月计薪天数＝（365 天－104 天）÷12 月＝21.75 天。

三、休息休假制度

（一）法定节假日

1. 全体公民放假的节日

根据国务院发布的现行的全国年节及纪念日放假办法规定，全体公民放假的节日：①新年，放假 1 天（1 月 1 日）；②春节，放假 3 天（农历正月初一、初二、初三）；③清明节，放假 1 天（农历清明当日）；④劳动节，放假 1 天（5 月 1 日）；⑤端午节，放假 1 天（农历端午当日）；⑥中秋节，放假 1 天（农历中秋当日）；⑦国庆节，放假 3 天（10 月 1 日、2 日、3 日）。

2. 部分公民放假的节日及纪念日

部分公民放假的节日及纪念日：①妇女节（3 月 8 日），妇女放假半天；②青年节（5 月 4 日），14 周岁以上的青年放假半天；③儿童节（6 月 1 日），不满 14 周岁的少年儿童放假 1 天；④中国人民解放军建军纪念日（8 月 1 日），现役军人放假半天。

3. 职工带薪年休制度

（1）职工带薪年休制度的确立

1994 年颁布的《劳动法》第 45 条规定，国家实行带薪年休假的制度。劳动者连续工作 1 年以上的，享受带薪年休假。其具体办法由国务院规定。2007 年国务院颁布职工带薪年休条例。2008 年人社部发布企业职工带薪年休假实施办法和机关事业单位工作人员带薪年休假实施办法。

（2）可享受带薪年休假的人员范围

根据职工带薪年休假条例规定，机关、团体、企业、事业单位、民办非企业单位、有雇工的个体工商户等单位的职工连续工作 1 年以上的，享受带薪年休假。单位应当保证职工享受年休假。职工在年休假期间享受与正常工作期间相同的工资收入。

（3）职工年休假的假期规定

根据职工带薪年休假条例规定，职工累计工作已满 1 年不满 10 年的，年休假 5 天；已满 10 年不满 20 年的，年休假 10 天；已满 20 年的，年休假 15 天。国家法定休假日、休息日不计入年休假的假期。根据企业职工带薪年休假实施办法的相关规定，职工连续工作满 12 个月以上的，享受带薪年休假。年休假天数根据职工累计工作时间来确定。职工在同一或者不同用人单位工作期间，以及依照法律、行政法规或者国务院规定视同工作期间，应当计为累计工作时间。根据机关事业单位工作人员带薪年休假实施办法规定，依法应享受寒暑假的工作人员，因工作需要未休寒暑假的，所在单位应当安排其休年休假；因工作的需要休寒暑假天数少于年休假天数的，所在单位应当安排补足其年休假天数。

（4）不能享受当年的年休假的情形

职工有下列情形之一的，不享受当年的年休假：①职工依法享受寒暑假，其休假天数多于年休假天数的；②职工请事假累计 20 天以上且单位按照规定不扣工资的；③累计工作满 1 年不满 10 年的职工，请病假累计 2 个月以上的；④累计工作满 10 年不满 20 年的职工，请病假累计 3 个月以上的；⑤累计工作满 20 年以上的职工，请病假累计 4 个月以上的。

（5）单位安排职工年休假的具体规定

单位在统筹安排职工年休假的时候，不仅要根据生产、工作的具体情况，还要考虑到职工本人的意愿。其中年休假在 1 个年度内既可以集中安排，也可以分段安排，一般来说不进行跨年度的安排。有以下几种情况：其一，如果单位因为生产、工作特点等确实有必要进行跨年度安排职工年休假的，可以跨 1 个年度安排。其二，企业职工带薪年休假实施办法中明文规定，用人单位确实是因为工作的需要不能够安排职工年休假或者是跨 1 个年度安排年休假的，应征得职工本人的同意。其三，在机关事业单位工作人员带薪年休假实施办法中规定，工作人员因承担野外地质勘查、野外测绘、远洋科学考察、极地科学考察以及其他特殊工作任务，所在单位不能在本年度安排其休年休假的，可以跨 1 个年度安排。

（6）不能安排职工休年休假的工资报酬规定

单位确实是因为工作需要不能够安排职工休年休假的，经过职工本人的同意后，可以不安排职工休年休假。而对于职工应休未休的年休假天数，单位应当按照该职工日工资收入的 300％ 支付年休假工资报酬，其中包含用人单位支付职工正常工作期间的工资收入。用人单位安排职工休年休假，但是职工因本人原因且书面提出不休年休假的，用人单位可以只支付其正常工作期间的工资收入。

（7）单位拒不支付年休假工资报酬的法律责任

单位不安排职工休年休假又不依照条例的相关规定给予职工年休假工资报酬的，由县级以上地方人民政府人事部门或者是劳动保障部门依据职权责令限期改正；对逾期不改正的，除责令该单位支付年休假工资报酬外，单位还应当按照年休假工资报酬的数额向职工加付赔偿金；对拒不支付年休假工资报酬、赔偿金的，属于公务员和参照公务员法管理的人员所在单位的，对直接负责的主管人员以及其他直接责任人员依法给予处分；属于其他单位的，由劳动保障部门、人事部门或者职工申请人民法院强制执行。

第三节　社会保险法的相关知识

一、社会保险基础知识

（一）实行社会保险的目的

建立社会保险制度是现代文明的标志。完善的社会保险制度是社会主义市场经济体制的重要支柱，是治国安邦的根本大计。因此现阶段建立健全的社会保障体系既是完善我国社会主义市场经济体制的必然要求，也是构建社会主义和谐社会的重要内容。在我国宪法中明确地规定，公民在年老、疾病或者是丧失劳动能力的情况下，享有从国家和社会获得物质帮助的权利。党的十七大报告提出，到2020年基本建立覆盖城乡居民的社会保障体系，使得人人享有基本生活的保障。社会保障体系包括社会保险、社会福利、社会救济、社会优抚和社会互助等。其中社会保险是社会保障体系的重要组成部分，在居于核心的地位。

在市场经济条件下，经济规律发挥着基础性的作用，在社会财富的初次分配中，效率处优先地位，可能会产生贫富分配不均的后果，加剧社会矛盾。社会保险具有社会财富的再次分配功能，包括年轻的人向年老的人，收入高的人向收入低的人、健康的人向患有疾病的人的再分配，具有社会共济的性质，体现了发展成果共享的价值观。建立强制性的社会保险制度，使所有人老有所养、病有所医，实现社会再次分配的公平性，为社会提供"安全网"，解决人们的后顾之忧，有利于实现社会和谐稳定。

（二）社会保险的特点和功能

1. 特点

（1）社会共济

社会保险按照大数法则，通过集合社会多数人的经济力量，在全社会范围内统一来筹集资金，从而建立社会保险基金，实现互助共济，均衡地分担少数人遭遇的社会风险。

（2）责任分担

社会风险由全体社会成员来共同承担。无论是个人，还是用人单位、国家都应该承担起社会保险的责任。

（3）国家干预和主导

一方面，社会保险与商业保险相比具有强制性，可以通过立法来强制单位、个人参加；另一方面，政府参与组织社会保险的组织和运作，并对社会保险工作进行监督。

2. 功能

（1）防范风险的功能

风险主要是分为两大类，即人身风险与工作风险。其中人身风险包括：年老、疾病、工伤、生育风险。工作风险包括失业风险。

（2）社会稳定功能

社会稳定是国家发展的前提条件，而社会保险是社会稳定的"调节器"。一方面，可以使社会成员产生一定的安全感，对未来生活有良好的心理预期，安居乐业；另一方面，能缓解社会矛盾，构建和谐的社会环境来实现整个社会的稳定。

（3）有利于实现社会公平

由于人们在文化水平、劳动能力、资本积累等方面的差异，形成收入上的差距，差距加大，就会造成贫富悬殊的社会问题。因此社会保险可以通过强制征收保险费，聚集成保险基金，对收入较低或者是失去收入来源的个人给予补助，提高其生活水平，从而可以在一定程度上实现社会的公平分配。

（4）有利于保证社会劳动力再生产顺利进行

市场经济需要劳动力的正常再生产，而市场竞争所形成的优胜劣汰，必然造成部分劳动者暂时退出劳动岗位，这就使部分劳动者及其家庭因失去收入而陷入生存危机，而社会保险则保障了这部分成员的基本生活需要，使得劳动力的供给以及正常再生产成为可能，为维持市场经济正常运行提供劳动力后备军。

此外，社会保险还可实行收入再分配，适当调节劳动分配，保障低收入者的基本生活。

（三）社会保险的险种

1. 基本养老保险

这是指当缴费达到法定期限并且个人达到法定退休年龄以后，国家和社会向年老者提供物质帮助，以保证他们获得稳定、可靠的生活来源的一种社会保险制度。它由三个部分组成：职工基本养老保险制度、新型农村社会养老保险制度、城镇居民社会养老保险制度。它从法律制度层面上实现了"覆盖城乡居民"，其目标是"老有所养"。

2. 基本医疗保险

它是指按照国家的规定缴纳一定比例的医疗保险费之后，在参保人因患病以及意外伤害等发生医疗费用的时候，由医疗保险基金支付其医疗保险待遇的一种社会保险制度。它由三个部分组成：职工基本医疗保险制度、新型农村合作医疗制度、城镇居民基本医疗保险制度。它从法律制度层面上实现了"覆盖城乡居民"，使全体公民实现"病有所医"。

3. 工伤保险

它是指由用人单位缴纳工伤保险费后，当劳动者因为工作的原因遭受意外伤害或者是职业病，从而造成死亡、暂时或者是永久丧失劳动能力时，给予职工及其相关人员工伤保险待遇的一项社会保险制度。

4. 失业保险

它是指国家为因为失业而暂时失去工资收入的社会成员提供物质帮助，以保障失业人员的基本生活，为失业人员重新就业创造条件，从而维持劳动力的再生产的一项社会保险制度。

5. 生育保险

这是指由用人单位缴纳保险费，其职工或者是职工的尚未就业的配偶按照国家规定享受生育保险待遇的一项社会保险制度。其具体的待遇包括生育医疗费用以及生育津贴。

（四）社会保险制度的方针

我国社会保险制度坚持"广覆盖、保基本、多层次、可持续"的12字方针。

1. 广覆盖

这是指要扩大社会保险的覆盖面，使尽可能多的人纳入到社会保险制度中来。其中基本养老保险以及本医疗保险的覆盖范围最广，其目标是做到"老有所养，病有所医"。工伤保险、失业保险、生育保险是与就业相关的保险制度，其覆盖范围限于职工和与职工相关的其他人员。

2. 保基本

我国社会保险待遇以保障公民的基本生活和需要为主。具体来说有两个功能：一是防止高标准的社会保险造成国家财政、用人单位和个人的负担过重；二是就某些保险而言，如失业保险，可以避免有劳动能力的人过分地依赖社会保险，而放弃以劳动为本的生存方式。

3. 多层次

这表现在除了基本养老保险、基本医疗保险之外，还有补充养老保险、补充医疗保险，以及补充性的商业保险等。

4. 可持续

这是指要确保社会保险基金收支能够平衡，自身能够良性地运行，即指在人口老龄化来临时的时候，基本养老保险制度能够持续，不会给财政造成过大的压力，不给企业和个人造成太大的缴费压力。

二、主要的社会保险权利和义务

社会保险法律关系是一种特殊的社会关系。社会保险法律关系的内容是各主体间的特定的权利以及义务。

（一）用人单位的权利及义务

用人单位是指雇用劳动力来组织生产劳动，并且向劳动者支付工资等劳动报酬的单位。《劳动法》中规定的用人单位包括：企业、个体经济组织、国家机关、事业组织和社会团体。

1. 用人单位的权利

用人单位可以免费向社会保险经办机构查询、核对其缴费记录，要求社会保险经办机构提供社会保险咨询等相关服务。

2. 用人单位的主要义务

（1）缴费义务

职工基本养老保险、职工基本医疗保险、失业保险的缴费义务由用人单位与职工共同来承担；工伤保险、生育保险的缴费义务全部由用人单位承担。

（2）登记义务

用人单位应当自成立之日起30日内凭营业执照、登记证书或者单位印章，向当地社会保险经办机构申请办理社会保险登记；用人单位应当自用工之日起30日内为其职工向社会保险经办机构申请办理社会保险登记。

（3）申报和代扣代缴义务

用人单位应当自行申报、按时足额缴纳社会保险费，非因不可抗力等法定事由不得缓缴、减免。职工应当缴纳的社会保险费由用人单位代扣代缴，用人单位应当按月将缴纳社会保险费的明细情况告知本人。

（二）个人的权利和义务

1. 个人的主要权利

①个人依法享受社会保险待遇。根据法律规定，参加基本养老保险的个人，达到法定退休年龄时累计缴费满15年的，按月领取基本养老金。参加基本养老保险

的个人，达到法定退休年龄时累计缴费不足 15 年的，可以缴费至满 15 年，按月领取基本养老金；也可以转入新型农村社会养老保险或者城镇居民社会养老保险，按照国务院规定享受相应的养老保险待遇。职工基本医疗保险、新型农村合作医疗和城镇居民基本医疗保险的待遇标准按照国家规定执行。职工因为工作原因受到事故伤害或者患职业病，且经过工伤的认定，享受工伤保险待遇；其中，经劳动能力鉴定丧失劳动能力的，享受伤残待遇。用人单位已经缴纳生育保险费的，其职工享受生育保险待遇；职工未就业配偶按照国家规定享受生育医疗费用待遇。

②个人有权监督本单位为其缴费情况。

③个人可以免费向社会保险经办机构查询、核对其缴费和享受社会保险待遇记录，要求社会保险经办机构提供社会保险咨询等相关服务。

2. 个人的主要义务

（1）缴费义务

职工要承担职工基本养老保险、职工基本医疗保险、失业保险的缴费义务；无雇工的个体工商户、未在用人单位参加基本养老保险的非全日制从业人员以及其他灵活就业人员可以参加基本养老保险、职工基本医疗保险，由个人缴纳基本养老保险和基本医疗保险费；农村居民参加新型农村社会养老保险、新型农村合作医疗，要承担缴费义务；城镇居民参加城镇居民社会养老保险、城镇居民基本医疗保险，要承担缴费义务。

（2）登记义务

自愿参加社会保险的无雇工的个体工商户、未在用人单位参加社会保险的非全日制从业人员以及其他灵活就业人员，应当向社会保险经办机构申请办理社会保险登记；失业人员应当持本单位为其出具的终止或者解除劳动关系的证明，及时到指定的公共就业服务机构办理失业登记。

（三）用人单位和个人的救济权利

①用人单位和个人有权对违反社会保险法律、法规的行为进行举报、投诉。

②用人单位或者个人认为社会保险费征收机构的行为侵害自己合法权益的，可以依法申请行政复议或者提起行政诉讼；用人单位或者个人对社会保险经办机构不依法办理社会保险登记、核定社会保险费、支付社会保险待遇、办理社会保险转移接续手续或者侵害其他社会保险权益的行为，可以依法申请行政复议或者提起行政诉讼。

③个人与所在用人单位发生社会保险争议的，可以依法申请调解、仲裁、提起诉讼；用人单位侵害个人社会保险权益的，个人也可以要求社会保险行政部门或者社会保险费征收机构依法处理。

三、社会保险基金的监督制度

社会保险基金是指按照国家的相关规定，由用人单位和个人分别按缴费基数的一定比例缴纳，以及通过其他合法方式筹集的，由专门机构来管理并用于支付参保人员社会保险待遇的一种专项资金。它既是社会保险事业的生命线以及百姓的"养命钱""活命钱"，也是社会保险制度运行的物质基础。社会保险基金的安全与完整，直接关系到广大参保人员的切身利益以及社会的稳定，所以要对其实行严的格监管。

社会保险基金监督的特点：①监督主体多元化，即国家对社会保险基金实行严格的监管。按照主体的不同，可以分为以下三种：人大监督、行政监督和社会监督。②全过程监督，即对社会保险基金的收支、管理以及投资运营情况的监督，涵盖了社会保险基金事前、事中、事后的全方位的运作。③监督的目的是保证社会保险基金安全、有效地运行。即社会保险基金的安全是第一位的，只有在保证社会保险基金安全的基础上，才能审慎提高社会保险基金运行效率。

四、个人社会保险登记规定

参保个人的社会保险登记是其缴纳社会保险费、享受社会保险待遇的基础。职工由用人单位代为办理个人社会保险登记，而灵活就业人员则自行办理个人社会保险登记。国家建立全国统一的个人社会保障号码。个人社会保障号码为公民身份号码。根据国务院关于实行公民身份号码制度的决定的规定，自1999年10月1日起在全国建立和实行公民身份号码制度，公民身份号码按照GB11643-1999公民身份号码国家标准编制，由18位数字组成：前6位为行政区划代码，第7至14位为出生日期码，第15至17位为顺序码，第18位为校验码。公民身份号码是国家为每个公民从出生之日起编定的唯一的、终生不变的身份代码，在我国公民办理涉及政治、经济、社会生活等权益事务方面广泛使用。由于公民身份号码全国统一编码，以公民身份号码作为个人社会保障号码是实现个人社会保障号码全国统一的简便易行的途径。早在1999年原劳动和社会保障部就下发了关于在劳动和社会保险管理信息系统中使用公民身份号码的通知，明确规定，从1999年9月30日开始，一律使用公民身份号码作为劳动保障部门各类信息系统中全国统一标识的、唯一的个人编码名称。

五、社会保险费征收机构的义务

社会保险费征收机构是负责社会保险费征收的法定机构。按照现行的社会保费征缴暂行条例的规定，社会保险费在省、自治区、直辖市的范围内由一个机构征收，具体征收机构由省、自治区、直辖市人民政府根据本地的实际情况来确定，既可以由税务机关来征收，也可以由劳动保障行政部门按照国务院规定设立的社会保险经办机构来征收。

社会保险费征收机构应当依法按时足额地征收社会保险费，并将缴费的情况定期告知用人单位和个人。需注意的是，依法征收是社会保险费征收机构的基本要求。其中所谓依法征收，就是征收机构的所有征收行为都必须要有法律、法规的依据，并且按照法律、法规规定的相关原则、标准和程序进行，不得超越职权、多征、少征或者违反法定程序征收。所谓按时征收，是指社会保险费的征收既不能够提前，也不能够拖延，而是要在规定的时间内及时地征收。所谓足额征收，是指社会保险费的征收既不能够超过应缴的数额，也不能够少于应缴的数额，而是要严格地按照依法确定的应缴数额来征收。规定征收机构的告知义务的目的，一是为了保障用人单位和个人的知情权，二是为了便于职工监督用人单位缴费和征收机构征收的行为。用人单位和个人作为缴费人，其所享有的一项最基本的权利是了解缴纳社会保险费的数额、时间等有关的情况。保障用人单位和个人的知情权，是社会保险费征收机构不可推卸的义务。征收机构应当按照规定定期将缴费情况以书面形式告知用人单位和个人，不得拖延或者隐瞒情况。同时，征收机构将缴费情况定期告知职工个人，使职工可以将征收机构告知的情况与用人单位告知的情况进行对照，便于职工监督用人单位缴费和代扣代缴是否真实以及合法。按照社会保险费申报缴纳管理的暂行办法，社会保险经办机构征收社会保险费的，应当至少每年向缴费个人发送一次个人账户通知单，至少每半年向社会公告一次社会保险费征收情况，接受社会的监督。

六、对用人单位未按时足额缴纳社会保险费的强制措施

如果用人单位未按时足额缴纳社会保险费的，则由社会保险费征收机构责令其限期缴纳或者是补足。如若用人单位逾期仍未缴纳或者是补足社会保险费的，社会保险费征收机构可以向银行和其他金融机构查询其存款账户，并可以申请县级以上的有关行政部门作出划拨社会保险费的决定，书面通知其开户银行或者是其他金融机构划拨社会保险费。如果用人单位账户余额少于应当缴纳的社会保险费的，社会保险费征收机构可以要求该用人单位提供担保，签订延期缴费协议。用人单位未足额缴纳社会保险费并且尚未提供担保的，社会保险费征收机构可以申请人民法院扣押、查封、拍卖其价值相当于应当缴纳社会保险费的财产，以拍卖所得抵缴社会保险费。

七、骗取社会保险待遇的法律责任

骗取社会保险待遇主要是指个人本身是不符合享受社会保险待遇的，便通过欺诈、伪造证明材料或者是其他手段来骗取社会保险待遇的行为。在实践中骗取存在多种形式。其一，如在养老保险待遇的支付环节，有的通过伪造身份证明或者冒用他人的身份证明来骗取；有的是伪造、变造档案年龄、特殊工种年限和病历等办理提前退休；有的是伪造、变造人事档案，以增加视同缴费年限；有的是伪造、变造用工关系、工资报表等证明材料来补缴养老保险费；有的是伪造、变造领取养老保险待遇证明文件等，甚至还有的是出现了已经去世的人仍在领取养老保险的事例。其二，如在医疗保险的支付环节，有的将本人的身份证明及社会保障卡转借他人就医；有的冒用他人身份证明或社会保障卡就医；有的伪造、变造病历、处方、疾病诊断证明和医疗费票据；有的伪造、变造劳动关系、工资报表等证明材料参加医疗保险或补缴医疗保险费。

骗取社会保险待遇的法律责任包括：其一，由社会保险行政部门责令退回骗取的社会保险金，处骗取金额2倍以上5倍以下的罚款；其二，构成犯罪的，依法追究刑事责任。

第四节 劳动争议处理相关知识

一、劳动争议的定义

劳动争议，又可以被称作是劳动纠纷或者是劳资争议，即指用人单位和劳动者在执行劳动法律、法规和劳动合同、集体合同的过程中，因为劳动的权利义务发生分歧而引起的争议。劳动争议不同于普通的民事争议，主要表现为：用人单位和劳动者双方存在管理和被管理的关系。劳动争议的特点是：第一，劳动争议的主体是劳动关系双方，即发生在用人单位和劳动者之间，二者之间形成了劳动关系，因而所发生的争议称为劳动争议；第二，劳动争议必须是因为执行劳动法律、法规或者是订立、履行、变更、解除和终止劳动合同而引起的争议。需要注意的是，有的争议虽然发生在用人单位和劳动者之间，但是由于争议的内容不涉及劳动合同和其他执行劳动方面的法律、法规问题，如劳动者一方因为与用人单位发生买卖合同方面的纠纷，就不属于劳动争议，而是属于普通民事争议。

二、劳动争议的处理方式

（一）和解

劳动争议的和解是指发生劳动争议的时候，劳动者与用人单位通过自行协商，或者是劳动者请工会或者其他第三方共同与用人单位进行协商，从而使当事人的矛盾得以化解，自愿就争议事项达成协议，使劳动争议及时得到解决的一种活动。发生劳动争议以后，当事人双方进行协商和解，有利于使劳动争议在比较平和的气氛中得到解决，防止矛盾的进一步激化，促进劳动关系的和谐与稳定。和解程序完全遵循自愿原则，任何一方，或者第三方都不得强迫另一方当事人进行协商。

（二）调解

劳动争议的调解是指在调解组织的主持下，在双方当事人自愿的基础上，通过宣传法律、法规、规章和政策，劝导当事人化解矛盾，自愿就争议事项达成协议，使劳动争议及时得到解决的一种活动。劳动争议调解组织包括：一是企业劳动争议调解委员会，二是依法设立的基层人民调解组织，三是在乡镇、街道设立的具有劳动争议调解职能的组织。

（三）仲裁

仲裁，也称作公断，是指争议双方在同一问题上无法取得一致时，由无利害关系的第三者居中作出裁决的活动。仲裁主要分为对经济纠纷的经济仲裁和对劳动争议的劳动仲裁。劳动仲裁是指劳动争议仲裁机构对劳动争议当事人争议的事项，根据劳动方面的法律、法规、规章和政策等的规定，依法作出裁决，从而解决劳动争议的一项劳动法律制度。仲裁不同于调解，仲裁属于一种法律行为，调解只是中间人的劝告和建议。劳动争议仲裁是指由法律授权的专门仲裁机构，应劳动争议一方当事人的申请，依法对当事人双方的劳动争议依法进行审理，并做出具有法律效力的裁决，使争议得以解决的争端处理方式。劳动争议仲裁是一种准司法性质的仲裁制度。

（四）民事诉讼

民事诉讼是指作为平等主体的公民之间、法人之间、其他组织之间或者他们相互之间因财产关系和人身关系发生纠纷，向人民法院提起诉讼，请求人民法院通过审判解决争议，保护自身的合法权益。民事诉讼的主体包括公民、法人和其他组织。这里的公民，是指具有中华人民共和国国籍的自然人。随着改革开放的不断深入和我国社会主义市场经济快速发展，越来越多的外国人和无国籍人在我国参加民事诉讼，民事诉讼法也适用于这些在我国参加民事诉讼的外国人、无国籍人。这里的法人，是指具有民事权利能力以及民事行为能力，依法独立享有民事权利和承担民事义务的组织。其他组织，是指尚不具备法人资格的独立的社会组织。

诉讼按大的类别可分为民事诉讼、行政诉讼和刑事诉讼三种。诉讼按审级可分为一审和二审。我国民事诉讼总体上实行二审终审制。启动一审的诉讼行为是原告的起诉，启动二审的诉讼行为是上诉人的上诉。审理一审案件的法院不限于基层人民法院，还包括中级人民法院等其他层级的人民法院。但劳动争议案件的一审法院除破产案件中涉及的劳动争议案件等特殊情形外，一般均由基层人民法院管辖。

三、劳动争议的处理制度

我国目前的劳动争议处理制度基本可以概括为"一调一裁两审"，即当发生劳动争议，当事人不愿协商、协商不成或者是达成和解协议之后不履行的，可以向调解组织申请调解；不愿调解、调解不成或者是达成调解协议后不履行的，可以向劳动争议仲裁委员会申请仲裁；对仲裁裁决不服的，除法律另有规定的之外，可以向人民法院提起诉讼。其中和解和调解不是必经的程序，当事人不愿意和解或者调解的，可以不进行和解，也可以不申请调解。除劳动者以用人单位的工资欠条为证据而且诉讼请求不涉及其他劳动争议而可以直接向人民法院起诉外，仲裁则是诉讼的前置程序，不经过申请仲裁的，当事人不能够直接向人民法院提起诉讼。仲裁裁决作出后，除法律规定的一裁终局案件外，当事人不服裁决还可以向人民法院起诉。人民法院审理劳动争议案件一般实行二审终审，例外的实行一审终审。根据《民事诉讼法》第162条的规定，基层人民法院和它派出的法庭审理符合适用简易程序条件的简单的民事案件，标的额为各省、自治区、直辖市上年度就业人员年平均工资30％以下的，实行一审终审。

四、劳动争议仲裁受案范围

用人单位与劳动者发生的下列劳动争议，属于劳动争议仲裁受案范围：①因确认劳动关系发生的争议；②因订立、履行、变更、解除和终止劳动合同发生的争议；③因除名、辞退和辞职、离职发生的争议；④因工作时间、休息休假、社会保险、福利、培训以及劳动保护发生的争议；⑤因劳动报酬、工伤医疗费、经济补偿或者赔偿金等发生的争议；⑥法律、法规规定的其他劳动争议。

五、一裁终局案件

一裁终局制度是指劳动争议经仲裁庭裁决后即行终结的制度。这包括5层含义：一是一裁终局仅是对用人单位而言的，劳动者对仲裁裁决不服的，仍可以向人民法院提起诉讼；二是一裁终局有范围的限制，一裁终局仅限于小额和标准明确的仲裁案件；三是裁决书自作出之日起发生法律效力；四是仲裁裁决发生法律效力后，当事人不得就同一争议事项再向仲裁委员会申请仲裁或向法院起诉；五是仲裁裁决发生法律效力之后，当事人应当依照规定的期限履行。

一裁终局的劳动争议范围为：①追索劳动报酬、工伤医疗费、经济补偿或者赔偿金，不超过当地月最低工资标准12个月金额的争议；②因执行国家的劳动标准在工作时间、休息休假、社会保险等方面发生的争议。

六、组成劳动争议仲裁委员会的三方原则

劳动争议仲裁委员会是由劳动行政部门代表、工会代表和企业方面代表所组成得，其组成体现了劳动关系的三方原则。所谓劳动关系三方原则，是指政府（通常以劳动行政部门为代表）、雇主组织和工会组织通过一定的协作机制来共同处理涉及劳动关系的重要问题的原则。随着我国社会主义市场经济的发展，使得劳动关系发生了深刻的变化，国家、企业、劳动者三方的利益格局也就日益明晰。我国也通过立法逐步建立起劳动关系三方协调机制，共同研究来解决劳动关系方面的重大问题。而作为处理劳动争议的专门机构的劳动争议仲裁委员会，为了体现公平、公正，在人员组成方面也应当体现出对国家、企业、劳动者三方利益的平衡。

七、调解组织调解、仲裁调解和法院调解的异同

（一）共同点

均须遵循合法、自愿原则。不论是调解组织、仲裁机构还是人民法院，都不能强迫当事人进行调解，即调解协议的达成必须是当事人自己的真实意思表示。不论是何种调解，既不能违反法律以及行政法规的强制性规定，也不能损害他人的合法权益。

（二）不同点

这主要是指调解协议的效力不同。

1. 经调解组织调解达成协议的，应当制作调解协议书

调解协议书是由双方当事人签名或者盖章，经调解员签名并加盖调解组织印章后方能生效，对双方当事人具有约束力，当事人应该履行。这种调解协议具有劳动合同的性质，是劳动争议仲裁委员会或者是人民法院裁决劳动争议案件的重要证

据，如果没有其他证据证明调解协议无效或者是可撤销的，可以作为仲裁组织裁决和人民法院裁判的依据，但它不具有直接申请强制执行的效力。但是，因为支付拖欠劳动报酬、工伤医疗费、经济补偿或者赔偿金事项达成调解协议，用人单位在协议约定期限内不履行的，劳动者可以持调解协议书依法向人民法院申请支付令。根据民事诉讼法的规定，经调解组织调解达成协议的，当事人还可以共同申请人民法院进行司法确认，一经司法确认即具有强制执行效力。

2. 经仲裁庭调解达成协议的，仲裁庭应当制作调解书

调解书应当写明仲裁请求和当事人协议的结果。调解书由仲裁员签名，加盖劳动争议仲裁委员会印章，送达双方当事人。调解书经双方当事人签收后，发生法律效力。当事人对发生法律效力的仲裁调解书，应当依照规定的期限履行。一方当事人逾期不履行的，另一方当事人可以依照民事诉讼法的有关规定向人民法院申请执行。受理申请的人民法院应当依法执行。在诉讼过程中达成的调解协议经人民法院审查确认发生法律效力后，当事人则必须履行，否则将面临强制执行。人民法院依法确认的调解协议生效后不经严格的再审程序不得推翻。仲裁调解协议生效后申请强制执行时，人民法院还将依法审查其是否违反法律规定并最终决定是否准予强制执行。

第五节 消费者保护的相关法律知识

一、消费者权益保护法的相关内容

(一) 消费者权益保护法的适用范围

1. 适用范围

《消费者权益保护法》第 2 条规定，消费者为生活消费需要购买、使用商品或者是接受服务的，其权益受到本法的保护；本法尚未作出规定的，受其他有关法律、法规的保护。

消费者权益保护法是保护消费者合法权益的重要法律，但保护消费者的法律并不限于消费者权益保护法，其他法律如合同法、侵权责任法、产品质量法、食品安全法、药品管理法、广告法等也有涉及消费者权益保护的规定。

2. 消费者概念的基本特征

消费者是同经营者相对应的概念，是指为生活需要目的购买、使用商品或者接

受服务的民事主体。

消费者概念的基本特征包括以下方面。

（1）消费性质是生活消费

一般认为，生活消费是指为个人或者家庭生活需要而消费物质资料或者精神产品的行为。生活消费是一个广义的、开放的概念。它既包括生存型消费，如吃饭、穿衣，也包括发展型消费，如个人培训，还包括精神或者休闲消费，如旅游、娱乐等。随着人民群众物质财富的增加、生活水平的提高，生活消费的内容还会不断丰富和发展，如现在有的人已开始购买私人飞机、私人游艇，将来也有可能会出现个人到太空旅行。那种认为生活消费仅限于衣食住行消费的观点是不正确的，认为买了奢侈品，甚至买汽车、去旅游等行为都不属于生活消费的观点也是不正确的。

（2）消费者的主体类型

消费者既包括商品的购买者，也包括商品的使用者，还包括服务的接受者。消费者不限于与经营者达成合同关系的相对方，购买商品一方的家庭成员、受赠人等使用商品的主体都是消费者。农民购买、使用直接用于农业生产的农资产品的，按消费者对待。从性质上讲，农民购买、使用农资产品是生产消费而不是生活消费，但考虑到消费者权益保护法是主要保护交易弱者一方的法，在我国目前的现实情况下，农民的弱者地位较为明显，为了体现对农民权益的特殊保护，消费者权益保护法在附则专门规定，农民购买、使用直接用于农业生产的生产资料，参照该法执行。

（3）生活消费的内容

这是指为生活消费需要购买、使用商品或者接受服务。

（二）消费交易的基本原则

《消费者权益保护法》第4条规定，经营者与消费者进行交易，应当遵循自愿、平等、公平、诚实信用的原则。

1. 自愿原则

这一原则体现了民事活动的基本特征，是民事法律关系区别于行政法律关系、刑事法律关系的特有原则。它意味着经营者在交易活动中应当充分尊重消费者自主选择商品或者服务的权利。这表明消费者在交易活动中有权利自主自愿地进行交易活动，即根据自己的知识、认识和判断，自主地选择提供商品或者服务的经营者，自主地选择商品品种或者服务的方式，自主地决定购买或者不购买任何一种商品、接受或者不接受任何一项服务。并且，消费者在自主选择商品或者服务的时候，有权利进行比较、鉴别和挑选。经营者不能以任何方式强迫消费者进行交易，或者施加不合理、不公平的交易条件。

2. 平等原则

平等原则是指经营者与消费者在交易过程中是平等主体，没有高低贵贱之分，也不具有支配和被支配、隶属和被隶属的关系，消费关系的产生、变更和消灭，经营者都必须与消费者平等协商，不能将自己的意志强加给消费者，更不能以强迫、命令、胁迫等手段要求消费者进行交易活动。

3. 公平原则

公平原则要求经营者与消费者之间的权利义务要公平合理，要大体平衡。公平原则是社会公德的体现，也是商业道德的要求，将公平原则作为经营者与消费者交易时的行为准则，可以防止任何一方滥用权利，有利于保护双方的合法权益。根据公平原则，经营者在与消费者订立合同的时候要根据公平原则来确定双方的权利及义务，不能滥用权利，也不得欺诈，不得假借订立合同恶意进行磋商；要根据公平原则确定风险的合理分配；要根据公平原则来确定违约的责任。消费者在购买商品或者接受服务的时候，有权获得质量保障、价格合理、计量正确等公平交易的条件，有权拒绝经营者的强制交易行为。需要强调的是，与合同法注重形式平等、形式公平相比，消费者权益保护法更注重实质平等、实质公平，强调对消费者的倾斜性保护。这主要是考虑到与经营者相比，消费者作为个体，在经济条件、技术实力和信息占有等方面都处于明显的劣势，如果不考虑实质平等、实质公平，消费者合法权益就很容易受到损害。这就是为什么要对消费者权益保护进行专门立法的主要原因。

4. 诚实信用原则

诚实信用原则要求经营者与消费者进行交易时都要诚实，讲信用，重承诺。其具体表现包括：

第一，在订立合同时，不得有欺诈或者其他违背诚实信用原则的行为。

第二，在履行义务过程中，经营者应当遵循诚实信用原则，根据交易的性质、目的和交易习惯履行及时通知、信息告知、协助、提供必要的条件、采取召回防止损失扩大、对消费者个人信息保密等义务。

第三，在交易终止以后，经营者也应当遵循该原则，根据法律法规规定和交易习惯履行通知、协助、保密等的义务。

（三）消费者的权利

1. 人身财产安全权

这是指消费者在购买、使用商品和接受服务时，享有人身、财产安全不受损害的权利，主要包括生命健康安全权和财产安全权。

2. 知情权

消费者购买、使用商品或者接受服务的知情权，是消费者在购买、使用商品或者接受服务时享有知悉商品或者服务的真实情况的权利。消费者在选择商品或服务时，信息不对称是消费受到损害的原因之一。知情权是消费者的一项基础性权利，涉及消费者的安全权、选择权等能否最终实现。

3. 自主选择权

消费是人们通过商品或者服务，满足自身欲望的一种经济行为。从消费的目的看，满足需求是消费的终极目标，消费者只有能够按照个人意愿决定是否消费、消费什么、以什么方式消费，其需求才能得到真正满足。

4. 公平交易权

这是指消费者在购买商品或者接受服务的时候所享有的与经营者进行公平交易的权利，其内容包括消费者在购买商品或者接受服务时，获得质量保障、价格合理、计量正确等公平交易的条件，拒绝经营者强制交易行为的权利。

5. 损害赔偿请求权

经营者应当保证其提供的商品或者服务符合保障人身、财产安全的要求。消费者因购买、使用商品或者接受服务受到人身、财产损害的，享有依法获得赔偿的权利。

6. 成立维权组织的权利

消费者为了维护自己的合法权益，有权依法成立社会组织。成立社会组织应当具备一定的条件，如所需要的会员人数、规范的名称和相应的组织机构、固定的场所，以及有与其业务相适应的专职工作人员，有合法的资产和经费来源，有独立承担民事责任的能力等，并经向民政部门申请登记成立。目前，我国对消费者权益保护的社会组织主要是中国消费者协会和各地方设立的消费者协会。

7. 获取消费知识的权利

消费知识获取权是从知情权中引申出来的一种消费者权利，只有保障消费者对于商品以及服务方面的知识获取权利，才能使消费者了解和掌握商品及其服务的基本的知识和使用技能，理性消费，保护合法权益。

8. 人格尊严受到尊重的权利

人格尊严是人身权的重要内容，涉及姓名权、名誉权、荣誉权、肖像权、隐私权等方面。人格尊严受到尊重是消费者应当享有的基本权利。

9. 民族风俗习惯受到尊重的权利

我国各民族间存在风土人情、饮食习惯、居住方式、衣着服饰、婚丧嫁娶、礼节禁忌等诸多的不同，而这些均与消费密切相关。尊重民族风俗习惯，尤其是少数民族的风俗习惯，就是尊重民族感情、民族尊严，这是涉及民族平等、民族团结的大事情，尊重民族风俗习惯，对于保护少数民族消费者合法权益有着重要的意义。

10. 监督权

消费者的监督权是其享有的其他权利的必然延伸，对消费者权利的实现至关重要。监督权的表现：一是有权对经营者进行监督，有权检举、控告侵害消费者权益的行为；二是有权对国家机关及其工作人员进行监督，有权检举、控告在保护消费者权益工作中的违法失职行为；三是有权对保护消费者权益工作提出批评、建议。消费者行使监督权，既是维护自身合法权益的需要，也是人民群众参与国家管理的形式和途径之一。

（四）经营者的义务

经营者依法负有广泛的义务，选择性列举如下。

1. 缺陷产品召回等义务

这是指当经营者发现其提供的商品或者服务存在缺陷的，并且有危及人身、财产安全的时候，应当立即向有关行政部门报告以及告知消费者，并要采取停止销售、警示、召回、无害化处理、销毁、停止生产或者服务等措施。采取召回措施的，经营者应当承担消费者因为商品被召回所支出的必要费用。其中，缺陷产品是指产品存在危及人身、财产安全的不合理危险，不符合保障人体健康和人身、财产安全的国家标准、行业标准的。召回是指产品的生产者、销售者依照法定的程序，对其生产或者销售的缺陷产品以换货、退货、更换零配件等方式，及时消除或减少缺陷产品危害的行为。

2. 包退、包换、包修等"三包"义务

这是指经营者提供的商品或者服务不符合质量要求的，消费者可以依照国家的相关规定与当事人约定退货，或者要求经营者履行更换、修理等义务。没有国家规定和当事人约定的，消费者可以自收到商品之日起 7 日内退货。7 日后符合法定解除合同条件的，消费者可以及时退货；不符合法定解除合同条件的，可以要求经营者履行更换、修理等义务。依照法律规定进行退货、更换、修理的，经营者应当承担运输等必要费用。

3. 网络销售等经营者承担无理由退货的义务

《消费者权益保护法》第 25 条规定，经营者采用网络、电视、电话、邮购等方式销售商品，消费者有权自收到商品之日起 7 日内退货，且无须说明理由，但下列商品除外：①消费者定做的；②鲜活易腐的；③在线下载或者消费者拆封的音像制品、计算机软件等数字化商品；④交付的报纸、期刊。除前款所列商品外，其他根据商品性质并经消费者在购买时确认不宜退货的商品，不适用无理由退货。消费者退货的商品应当完好。经营者应当自收到退回商品之日起 7 日内返还消费者支付的商品价款。退回商品的运费由消费者承担；经营者和消费者另有约定的，按照约定。

无理由退货制度，实质上是指消费者在合同缔结之后，赋予他们在适当期间内单方解除合同的一种权利。赋予消费者单方解除合同的权利，与消费者在特定交易中由于信息不对称而导致的意思表示不真实有关。特定交易领域的信息不对称，主要包括两种情形：一是非固定经营场所的交易（off－premises contract），即经营者离开其固定的经营场所，在消费者住所、工作场所等推销商品或者服务，典型的例子是上门推销。这种情形下，消费者在交易前一般没有购买商品或者接受服务的意愿，在信息有限的情况下面对经营者的推销突袭，可能冲动、仓促购买一些不合实用或者价格过高的商品，而不合实用或者价格过高等问题不构成产品质量问题，消费者很难根据合同法变更或者解除合同。因此，法律赋予消费者在"犹豫期"内单方解除合同的权利，以平衡双方在信息上的不对称，这也是无理由退货制度产生的历史由来。二是远程交易（distance sale），即经营者通过网络、电视、电话或者邮购向消费者销售商品。在这类交易中，虽然消费者在交易前具有主动购买商品或者接受服务的意愿，但是由于消费者在合同缔结的时候无法见到商品的实物，只能根据经营者的文字描述或者是图片来了解有关的商品信息，在收到商品后，就可能发现实物与经营者的描述存在一定的差异，而微小的差异难以构成产品质量的问题，消费者也就难以解除合同。鉴于上述两种情形，许多国家和地区相继立法赋予消费者在适当期限内的无理由退货权，以平衡双方因信息不对称而导致的实质缔约不公平的问题。

4. 保护消费者个人信息的义务

经营者收集、使用消费者个人信息的时候，应做到：其一，遵循合法、正当、必要的原则，明示收集、使用信息的目的、方式以及范围，并且要经过消费者的同意。其二，应当公开其收集、使用的规则，不得违反法律、法规的规定和双方的约定收集、使用信息。其三，经营者及其工作人员对收集的消费者个人信息必须严格地保密，不得泄露、出售或者非法向他人提供。其四，经营者应当采取技术措施和其他必要的措施，确保信息的安全，防止消费者个人信息的泄露以及丢失。在发生或者可能发生信息泄露、丢失的情况时，应当立即采取补救措施。经营者未经消费者同意或者请求，或者消费者明确表示拒绝的，不得向其发送商业性信息。

信息社会，人的存在不仅涉及生物体征方面的信息（如身高、性别等），也涉及人作为社会成员的基本社会文化信息（如姓名、职业、宗教信仰、消费倾向、生活习惯等）。几乎所有的人类活动都具有信息形式的记录，当个人信息累积到一定程度，就构成与实际人格相似的"信息人格"或者"数据人格"。经营者收集、利用消费者有关消费需求、消费倾向等方面的个人信息，可以有效地为特定消费者提供个性化服务，进而取得市场竞争优势。对个人信息的有效利用，对消费者也带来了诸多便利：消费倾向和消费兴趣被商家掌握的消费者，在选择商品和服务时可以节省更多搜索成本；经营者对消费信息的有效掌握可以使其不再向没有该类消费倾向的消费者滥发邮件，减少众多消费者收到垃圾邮件的数量；有良好信用记录的消费者可以更方便地取得贷款。个人信息的利用节约了社会发展成本，固然能为经济社会带来巨大的利益；但如果对其不作任何限制，利用技术手段滥用个人信息侵犯个人利益的事件也必然增多。消费者权益保护法对有关个人信息的保护，重点在于调整经营者在收集、处理众多消费者个人信息中的义务，如要求经营者依法收集、合理使用、安全防护、禁止或者限制披露等。法律既要保护消费者对其个人信息享有的人格权益，又要兼顾社会对个人信息的合理利用。鉴于信息自由流通具有的巨大社会效益和经济效益，消费者权益保护法对个人信息权利的规定，应当兼顾消费者个人信息权益和信息资源有效利用的双重目的。

（五）惩罚性赔偿制度

《消费者权益保护法》第 55 条规定，经营者提供商品或者服务有欺诈行为的，应当按照消费者的要求增加赔偿其受到的损失，增加赔偿的金额为消费者购买商品的价款或者接受服务的费用的 3 倍；增加赔偿的金额不足 500 元的，为 500 元。法律另有规定的，依照其规定。经营者明知商品或者服务存在缺陷，仍然向消费者提供，造成消费者或者其他受害人死亡或者健康严重损害的，受害人有权要求经营者依照本法第 49 条、第 51 条等法律规定赔偿损失，并有权要求所受损失 2 倍以下的惩罚性赔偿。

惩罚性赔偿是损害赔偿的一种，与补偿性赔偿相对。惩罚性赔偿是指当被告以恶意、故意、欺诈或放任的方式实施加害行为而致原告受损时，原告可以获得实际损害赔偿之外的增加赔偿。因其目的在于通过对被告施以惩罚，以阻止其重复实施恶意行为，并警戒他人不要采取类似行为。适用惩罚性赔偿制度的前提是经营者实施了欺诈行为。所谓欺诈，就是故意隐瞒真实的情况或者故意告知对方虚假的情况，欺骗对方，诱使对方作出错误的意思表示而与之订立合同。欺诈行为既可是积极的行为，也可是消极的行为。欺诈行为在实践中可分故意隐瞒真实情况使他人陷入错误的欺诈和故意告知对方虚假情况的欺诈。故意隐瞒真实情况是指行为人负有义务向他方如实告知某种真实情况而故意不告知的；故意告知虚假情况就是虚假陈述，如将劣质品说成优等品。

二、产品质量法的相关内容

（一）产品的含义及监管体制

1. 含义

产品是指经过加工、制作，用于销售的产品。

2. 监管体制

其一，国务院产品质量监督部门主管全国产品质量的监督工作。国务院有关主管部门在各自的职责范围内负责产品质量监督工作。

其二，县级以上的地方产品质量监督部门主管本行政区域内的产品质量监督工作。

其三，县级以上地方人民政府有关部门在各自的职责范围内负责产品质量监督工作。

其四，法律对产品质量的监督部门另有规定的，依照有关法律的规定执行。

（二）产品质量要求

生产者生产的产品应当符合下列质量要求：

①不存在危及人身、财产安全的不合理的危险，有保障人体健康和人身、财产安全的国家标准、行业标准的，应当符合该标准；

②具备产品应当具备的使用性能，但是，对产品存在使用性能的瑕疵作出说明的除外；

③符合在产品或者其包装上注明采用的产品标准，符合以产品说明、实物样品等方式表明的质量状况。

（三）产品的包装及标识要求

法律对产品包装及产品标识有如下要求。

1. 普通产品

对普通产品的包装、标识有如下要求：①有产品质量检验合格证明的。②有中文标明的产品名称、生产厂厂名和厂址。③根据产品的特点和使用要求，需要标明产品规格、等级、所含主要成份的名称和含量的，用中文相应予以标明；需要事先让消费者知晓的，应当在外包装上标明，或者预先向消费者提供有关资料。④限期使用的产品，应当在显著位置清晰地标明生产日期和安全使用期或者失效日期。⑤使用不当，容易造成产品本身损坏或者可能危及人身、财产安全的产品，应当有警示标志或者是中文警示说明的。裸装的食品和其他根据产品的特点难以附加标识的裸装产品，可以不附加产品标识。

2. 特殊产品

易碎、易燃、易爆、有毒、有腐蚀性、有放射性等危险物品以及储运中不能倒置和其他有特殊要求的产品，其包装质量必须符合相应要求，依照国家有关规定作出警示标志或者中文警示说明，标明储运注意事项。

（四）生产者的不作为义务

生产者的不作为义务有：生产者不得生产国家明令淘汰的产品；生产者不得伪造产地，不得伪造或者冒用他人的厂名、厂址；生产者不得伪造或者冒用认证标志等质量标志；生产者生产产品，不得掺杂、掺假，不得以假充真、以次充好，不得以不合格产品冒充合格产品。

（五）销售者的义务

产品销售者的法定义务包括：销售者应当建立并执行进货检查验收制度，验明产品合格证明和其他标识；销售者应当采取措施，保持销售产品的质量；销售者不得销售国家明令淘汰并停止销售的产品和失效、变质的产品；销售者销售的产品的标识应当符合法律的规定；销售者不得伪造产地，不得伪造或者冒用他人的厂名、厂址；销售者不得伪造或者冒用认证标志等质量标志；销售者销售产品，不得掺杂、掺假，不得以假充真、以次充好，不得以不合格产品冒充合格产品。

（六）产品的质量责任

产品的质量责任主要包括如下两个方面：第一，生产者的严格责任。因产品存在缺陷造成人身、他人财产损害的，无论生产者主观是否有过错，都应当承担赔偿责任。第二，销售者的过错责任。这是指由于销售者的过错使产品存在缺陷，造成人身、他人财产损害的，销售者应当承担相应的赔偿责任。销售者不能指明缺陷产品的生产者，也不能指明缺陷产品的供货者的，销售者应当承担赔偿责任。

（七）生产者的产品责任与例外

1. 以产品缺陷为前提

因产品存在缺陷而造成人身、缺陷产品以外的其他财产损害的，生产者应当承担相应的赔偿责任。所谓产品缺陷，是指产品存在危及人身、他人财产安全的不合理的危险；产品有保障人体健康和人身、财产安全的国家标准、行业标准的，是指不符合该标准。

2. 例外情形

生产者能够证明有下列情形之一的，不承担赔偿责任：其一，未将产品投入流通的；其二，产品投入流通时，引起损害的缺陷尚不存在的；其三，将产品投入流通时的科学技术水平尚不能发现缺陷的存在的。

三、食品安全法的相关内容

（一）常用术语

1. 食品

这是指各种供人食用或者饮用的成品和原料，以及按照传统既是食品又是中药材的物品，但是不包括以治疗为目的的物品。

2. 食品安全

这是指食品无毒、无害，符合应当有的营养要求，对人体健康不造成任何急性、亚急性或者慢性危害。

3. 预包装食品

这是指预先定量包装或者制作在包装材料、容器中的食品。

4. 食品添加剂

这是指为改善食品品质和色、香、味，以及为防腐、保鲜和加工工艺的需要而加入食品中的人工合成或者天然物质，包括营养强化剂。

5. 用于食品的包装材料和容器

这是指包装、盛放食品或者食品添加剂用的纸、竹、木、金属、搪瓷、陶瓷、塑料、橡胶、天然纤维、化学纤维、玻璃等制品，以及直接接触食品或者食品添加剂的涂料。

6. 用于食品生产经营的工具、设备

这是指在食品或者食品添加剂生产、销售、使用过程中直接接触食品或者食品添加剂的机械、管道、传送带、容器、用具、餐具等。

7. 用于食品的洗涤剂、消毒剂

这是指直接用于洗涤或者消毒食品、餐具、饮具，以及直接接触食品的工具、设备或者食品包装材料和容器的物质。

8. 食品保质期

这是指食品在标明的贮存条件下保持品质的期限。

9. 食源性疾病

这是指食品中致病因素进入人体引起的感染性、中毒性等疾病，包括食物中毒。

10. 食品安全事故

这是指食源性疾病、食品污染等源于食品，对人体健康有危害或者可能有危害的事故。

（二）网络食品交易相关规定

1. 第三方平台提供者的义务

其一，网络食品交易第三方平台提供者应当对入网食品经营者进行实名的登记，明确其食品安全管理的责任；依法应当取得许可证的，还应当审查其许可证。

其二，网络食品交易第三方平台提供者发现入网食品经营者有违反食品安全法规定行为的，应当及时制止并立即报告所在地县级人民政府食品药品监督管理部门；发现有严重违法行为的，应当立即停止提供网络交易平台服务。

2. 消费者的权利

消费者通过网络食品交易第三方平台购买食品，其合法权益受到损害的，可以向入网食品经营者或者食品生产者要求赔偿。网络食品交易第三方平台提供者不能提供入网食品经营者的真实名称、地址和有效联系方式的，由网络食品交易第三方平台提供者赔偿。网络食品交易第三方平台提供者作出更有利于消费者承诺的，应当履行其承诺。

（三）消费者的损害赔偿请求权与惩罚性赔偿制度

1. 损害赔偿请求权

消费者因不符合食品安全标准的食品而受到损害的时候，可以向经营者要求赔偿损失，也可以向生产者要求赔偿损失。接到消费者赔偿要求的生产经营者，应当实行首负责任制，先行赔付，不得推诿；如果是属于生产者责任的，经营者赔偿后有权向生产者追偿；如果是属于经营者责任的，生产者赔偿后有权向经营者追偿。

2. 惩罚性赔偿制度

生产不符合食品安全标准的食品或者经营明知是不符合食品安全标准的食品，消费者除要求赔偿损失外，还可以向生产者或者经营者要求支付价款 10 倍或者损失 3 倍的赔偿金；增加赔偿的金额不足 1000 元的，为 1000 元。但是，如果食品的标签、说明书存在不影响食品安全且不会对消费者造成误导的瑕疵的除外。

四、旅游法的相关内容

(一) 常用术语

1. 旅游经营者

这是指旅行社、景区,以及为旅游者提供交通、住宿、餐饮、购物、娱乐等服务的经营者。

2. 景区

这是指为旅游者提供游览服务、有明确的管理界限的场所或者区域。

3. 包价旅游合同

这是指旅行社预先安排行程,提供或者通过履行辅助人提供交通、住宿、餐饮、游览、导游或者领队等两项以上旅游服务,旅游者以总价支付旅游费用的合同。

4. 组团社

这是指与旅游者订立包价旅游合同的旅行社。

5. 地接社

这是指接受组团社委托,在目的地接待旅游者的旅行社。

6. 履行辅助人

这是指与旅行社存在合同关系,协助其履行包价旅游合同义务,实际提供相关服务的法人或者自然人。

(二) 旅游者的权利和义务

1. 旅游者的权利

旅游者享有如下权利:旅游者有权自主选择旅游产品和服务,有权拒绝旅游经营者的强制交易行为;旅游者有权知道熟悉其购买的旅游产品以及服务的真实情况;旅游者有权要求旅游经营者按照约定提供产品和服务;旅游者的人格尊严、民族风俗习惯和宗教信仰应当得到尊重;残疾人、老年人、未成年人等旅游者在旅游活动中依照法律、法规和有关规定享受便利和优惠;旅游者在人身、财产安全遇有危险时,有请求救助和保护的权利;旅游者人身、财产受到侵害的,有依法获得赔偿的权利。

2. 旅游者的义务

旅游者应当履行如下义务:旅游者在旅游活动中应当遵守社会公共秩序以及社

会公德，并且要自觉尊重当地的风俗习惯、文化传统以及宗教信仰，爱护旅游资源，保护生态环境，遵守旅游文明行为规范；旅游者在旅游活动中或者在解决纠纷的时候，不得损害当地居民的合法权益，不得干扰他人的旅游活动，不得损害旅游经营者和旅游从业人员的合法权益；旅游者在购买、接受旅游服务的时候，应当向旅游经营者如实告知与旅游活动相关的个人健康信息，遵守旅游活动中的安全警示规定；旅游者对国家应对重大突发事件暂时限制旅游活动的措施以及有关部门、机构或者旅游经营者采取的安全防范和应急处置措施，应当予以配合；旅游者违反安全警示规定，或者对国家应对重大突发事件暂时限制旅游活动的措施、安全防范和应急处置措施不予配合的，依法承担相应责任；出境旅游者不得在境外非法滞留，随团出境的旅游者不得擅自分团、脱团；入境旅游者不得在境内非法滞留，随团入境的旅游者不得擅自分团、脱团。

（三）"零负团费"经营行为的禁止及具体认定

1. 禁止"零负团费"经营行为

旅行社企业在经营团队包价旅游中，以不含或基本不含目的地接待费用的低报价招徕旅游者，然后，在行程中利用旅游者信息不对称、身处陌生环境、对旅行社信任和依赖的弱势地位，诱导、欺骗旅游者购物或参加另行付费的旅游项目，再从为旅游者提供商品和另行付费旅游项目经营者方面获取不正当的利益，来弥补成本、获取利润，形成广为社会诟病的"零负团费"经营模式。这种"低报价、高回扣"的经营，已给旅行社行业的健康发展、旅游者、导游等从业人员的合法权益造成极大损害：一是严重扭曲了旅行社的正常经营模式，二是严重侵害了旅游者的合法权益，三是扭曲了导游等从业人员获取报酬的正常机制。

2. 具体认定

（1）关于指定具体购物场所和安排另行付费旅游项目

旅行社在旅游活动中指定具体购物场所和安排另行付费旅游项目的，应当按照诚实信用、自愿平等、协商一致的原则，与旅游者订立书面合同，且不能以不合理的低价组织旅游活动，不得诱骗旅游者，不能通过指定具体购物场所和安排另行付费旅游项目获取回扣等不正当利益，也不得影响其他不参加相关活动的旅游者的行程安排。

旅游者不同意参加旅行社指定的具体购物场所或者另行付费旅游项目活动的，旅行社及其从业人员不得因此拒绝订立旅游合同，也不得提高旅游团费或者另行收取费用。

（2）关于以不合理的低价组织旅游活动

旅行社以低于接待和服务费用的价格或者行业公认的合理价格提供旅游服务，

且无正当理由和充分证据证明的，应认定为"以不合理的低价组织旅游活动"。

（3）关于诱骗旅游者

旅行社或者其从业人员通过虚假宣传，隐瞒旅游行程、具体购物场所及商品或者另行付费旅游项目等真实情况的手段，诱使旅游者参加旅游活动或者购买相关产品和服务的，应认定为"诱骗旅游者"。

（4）关于回扣等不正当利益

旅行社或者其从业人员违反反不正当竞争的有关规定，或者通过诱骗、强迫、变相强迫旅游者消费，收受的旅游经营者以回扣、佣金、人头费或者奖励费等各种名义给予的财物或者其他利益，应认定为"回扣等不正当利益"。

（5）关于影响其他旅游者行程安排

旅行社安排旅游者在指定具体购物场所或者另行付费旅游项目活动时，没有对其他不参加相关活动的旅游者作出合理的行程安排，导致其合法权益受到损害的，应认定为"影响其他旅游者行程安排"。

3. 消费者的救济权利

旅游者有权在旅游行程结束后 30 日内，要求旅行社为其办理退货并先行垫付退货货款，或者退还另行付费旅游项目的费用。

第六节　治安管理处罚法的相关知识

一、负责治安管理工作的主管部门

治安管理工作的主管部门分为全国和地方。在全国，治安管理工作的主管部门是公安部，而在地方，则是县级以上地方各级人民政府公安机关，具体包括各省、直辖市、自治区公安厅（局），各市、州公安局及其公安分局，各县（市）公安局等。治安管理工作是指为了维护社会治安的秩序而所进行的各项行政管理工作的总称，其内容不仅包括对各种违反治安管理行为的查处和打击，还包括了违法犯罪活动的防范工作，而且还包含了对一些与社会治安密切相关的特种行业、物品等的管理工作等。制定专门的治安管理处罚法，其目的就在于规范和保障公安机关、人民警察依法履行治安管理职责，以维护社会治安秩序，保障公共安全，保护公民、法人和其他组织的合法权益。为了规范和保障公安机关、人民警察依法履行治安管理职责，从而能够维护社会治安秩序，保障公共安全，保护公民、法人和其他组织的合法权益，制定专门的治安管理处罚法就显得十分必要。

二、违反治安管理行为的性质与特征

（一）性质

违反治安管理行为是指各种扰乱社会秩序，妨害公共安全，侵犯人身权利、财产权利，妨害社会管理，尚不构成犯罪的行为。

2. 特征

1. 违反了治安管理方面的行政法律、法规的行为

违反治安管理行为是指违反了治安管理方面的行政法律、法规的行为。这是违反了直接与社会治安秩序相关的法律、法规的行为，具体表现为以下情况：其实施了各种扰乱社会秩序，妨害公共安全，侵犯人身权利、财产权利，妨害社会管理的违法行为，但违法的严重程度尚未构成犯罪。比如，殴打他人、故意伤害他人的行为，如果一旦造成较严重的伤害后果，达到了轻伤的程度，其性质就发生了变化，就是犯罪行为。

2. 违反治安管理行为具有一定社会危害性

法律为了保护特定的利益，会给予违法行为一定的惩罚性后果，即指由违法行为人承担相应的法律责任。而行为的社会危害性应当是认定行为是否违法的实质性的标准，有的行为如正当防卫行为、紧急避险行为等，虽然对他人的人身、财产造成了损害，但其实质可能并不具有社会危害性，就不属于违法行为。就违反治安管理行为的社会危害性来说，在程度上又是有一定限度的，如果超过了一定限度，就会成为犯罪行为。

3. 违反治安管理行为具有应受治安管理处罚性

任何违法行为都必须承担相应的法律后果，但是不同性质的违法行为所应当承担的法律后果是不相同的，即民事违法行为承担的是民事责任，刑事违法行为要承担的是刑事责任，而违反治安管理行为应当承担的是行政责任。但是，如果行为情节严重的，应当受到刑罚的处罚，那就属于犯罪行为，而不是违反治安管理行为。

上述的三个特征是具有内在有机联系的统一体，其中一定程度的社会危害性是违反治安管理行为最基本的属性，属于违反治安管理法律、法规的内在根据，也是应当予以治安管理处罚的基础，而违反了治安管理法律、法规则是违反治安管理行为的社会危害性的法律表现，也是违反治安管理行为应当予以治安管理处罚的法律依据，而应当予以治安管理处罚则是行为的违法性和社会危害性的当然法律后果。

三、治安管理处罚的种类

治安管理处罚的种类可以分为：警告、罚款、行政拘留、吊销公安机关发放的许可证。对于违反治安管理的外国人，可以附加适用限期出境或者驱逐出境。

（一）警告

警告具有谴责和训诫的两重含义，是属于最轻微的一种治安管理处罚，只适用于违反治安管理情节轻微的情形，或者是违反治安管理行为人具有法定从轻、减轻处罚情节的情况。警告的处罚由县级以上的公安机关决定，也可以由公安派出所决定。

（二）罚款

罚款是指对违反治安管理行为人处以支付一定金钱义务的一种处罚。罚款的作用就在于通过使违反治安管理的行为人在经济上受到一定的损失，起到对其的惩戒以及教育作用。罚款的处罚一般由县级以上人民政府公安机关决定，但是对于500元以下的罚款，就可以由公安派出所决定。

（三）行政拘留

行政拘留是指短期内剥夺违反治安管理行为人的人身自由的一种处罚。它是对自然人最严厉的一种治安管理处罚。拘留处罚的幅度，可以分为5日以下、5日以上10日以下、10日以上15日以下3个档次。行政拘留处罚合并执行的，最长不超过20日。拘留的处罚只能是由县级以上人民政府公安机关决定。对被决定给予行政拘留处罚的人，在处罚决定生效后，由作出拘留决定的公安机关送达拘留所执行。

（四）吊销公安机关发放的许可证

吊销公安机关发放的许可证是指剥夺违反治安管理行为人已经取得的，由公安机关依法发放的从事某项与治安管理有关的行政许可事项的许可证，使其丧失继续从事该项行政许可事项的资格的一种处罚。吊销公安机关发放的许可证的处罚，应当由县级以上公安机关决定。

（五）附加适用限期出境或者驱逐出境

这仅适用于违反治安管理的外国人。限期出境是由公安机关责令违反治安管理的外国人在规定的时限内离开我国国（边）境，属于责令自行离境，但负责执行的公安机关可以监督其离开。驱逐出境就是强迫违反治安管理的外国人离开我国国

（边）境，是比限期出境更为严厉的一种手段，需要由负责执行的公安机关将其强制押解出境。限期出境和驱逐出境只适用于外国人，包括无国籍的人。

四、追究时效规定

（一）时效规定

违反治安管理行为在 6 个月内如果没有被公安机关发现的，就不再处罚。这 6 个月的期限，是从违反治安管理行为发生之日起计算的；违反治安管理行为有连续或者是继续状态的，从行为终了之日起计算。

（二）基本含义

所谓追究时效，是指追究违反治安管理行为人法律责任的有效期限，即追究违反治安管理行为人的责任必须在规定的期限之内进行，如果超过了所规定的期限，就不能再对违反治安管理行为人进行责任的追究以及给予处罚。所谓被公安机关发现，既包括直接发现，即由公安机关、人民警察亲眼所见，还包括间接发现，如受害人向公安机关报告、单位或者群众举报等。而这里所谓的未被发现，既包括违反治安管理行为没有被发现，也包括虽然发现了违反治安管理行为，但不知该行为是由何人实施的这两种情形。

（三）两种期限起算规则

1. 一般规则

一般情况下追究期限的起算时间是从行为发生之日起计算。行为发生之日是指违反治安管理行为完成或者停止之日。如非法运输少量未经灭活的罂粟等毒品原植物种子或者幼苗的，在路途上用了 3 天，应当以第 3 天将罂粟等运到并转交他人起开始计算追究时效的期限。

2. 特殊规则

特殊情况下的追究期限的起算时间，又分两种情形：一是违反治安管理行为处于连续状态的，从行为终了之日起计算。就是说，违反治安管理行为人连续实施同一违反治安管理行为，时效期限从其最后一个行为施行完毕时开始计算。所谓连续状态，是指违反治安管理行为人在时间间隔较短的一定时期内，基于同一的或者概括的违法意图，连续实施数个性质相同的违反治安管理行为的情形。如违反治安管理行为人在公共汽车上多次偷窃或者在较短的时期内多次殴打他人等。

二是违反治安管理行为处于继续状态的，从违反治安管理行为终了之日起计算。这是指行为人所实施的违反治安管理行为在一定时间内处于持续状态的，时效期限自这种持续状态停止的时候开始计算。所谓继续状态，也就是持续状态，是指行为人实施的同一种违反治安管理行为在一定时期内处于接连不断的状态，没有停止和间断的现象，如非法限制人身自由等。

五、可以当场收缴罚款的情形

受到罚款处罚的人应当自收到处罚决定书之日起 15 日内，到指定的银行缴纳罚款。但是，有下列情形之一的，人民警察可以当场收缴罚款：

①被处 50 元以下罚款的，被处罚人对罚款无异议的；

②在边远、水上、交通不便地区的，公安机关及其人民警察依照规定作出罚款决定以后，被处罚人向指定的银行缴纳罚款确有困难，经被处罚人提出的；

③被处罚人在当地没有固定的住所，不当场收缴事后难以执行的。

需要注意的是，人民警察当场收缴罚款的，应当向被处罚人出具省、自治区、直辖市人民政府财政部门统一制发的罚款收据；不出具统一制发的罚款收据的，被处罚人有权拒绝缴纳罚款。

六、不服治安处罚决定的救济措施

被处罚人对治安管理处罚决定有不服的，可以依法申请行政复议或者提起行政诉讼。

（一）行政复议

行政复议是指运用行政机关系统内部的层级监督关系，依行政管理相对人的申请，由上一级国家行政机关或者法律、法规规定的其他机关依法对引起争议的具体行政行为进行审查并且作出处理决定的一种活动，是行政系统内部对行政权的监督形式。行政复议在范围、程序等方面有自身特有的优势，它具有及时、方便、成本低等特点。

（二）行政诉讼

行政诉讼是指由人民法院对引起争议的行政行为进行审查，以保护相对人的合法权益。这属于一种司法救济，是行政系统外部对行政权的监督形式。由行政系统外部对行政权的行使进行监督，更有利于客观、公正地保护行政相对人的合法权益。

（三）行政复议与行政诉讼的关系

在行政复议程序和行政诉讼程序的关系上，一般情况下，行政复议不是终局裁决，被处罚人对行政复议决定仍不服的，可以向人民法院提起行政诉讼，最终由人民法院来作出最后决定。但是，根据行政复议法和行政诉讼法的规定，被处罚人直接提起行政诉讼，人民法院已经依法受理的，不得申请行政复议；被处罚人申请行政复议，在行政复议期间，不得提起行政诉讼。

第七节　道路交通安全的相关法律知识

一、道路交通安全法常用术语

（一）道路

这是指公路、城市道路和虽在单位管辖范围但允许社会机动车通行的地方，包括广场、公共停车场等用于公众通行的场所。

（二）车辆

这是指机动车和非机动车。

（三）机动车

这是指以动力装置驱动或者牵引，上道路行驶的供人员乘用或者用于运送物品，以及进行工程专项作业的轮式车辆。

（四）非机动车

这是指以人力或者畜力驱动，上道路行驶的交通工具，以及虽有动力装置驱动但设计最高时速、空车质量、外形尺寸符合有关国家标准的残疾人机动轮椅车、电动自行车等交通工具。

（五）交通事故

这是指车辆在道路上因过错或者意外造成的人身伤亡或者财产损失的事件。

二、交强险制度

（一）交强险是强制保险

交强险是由商业保险公司承保的但又不同于商业保险的强制保险。国家实行机动车第三者责任强制保险制度。机动车第三者责任保险，又称机动车交通事故责任强制保险，一般简称为交强险，是指由保险公司对被保险机动车发生道路交通事故而所造成的本车人员、被保险人以外的受害人的人身伤亡、财产损失，在责任限额内予以赔偿的强制性的责任保险。机动车的所有人、管理人有法律义务为其机动车购买第三者责任险。在交强险保险法律关系中，投保人是指与保险公司订立机动车交通事故责任强制保险合同，并按照合同负有支付保险费义务的机动车的所有人、管理人，而被保险人则是指投保人及其允许的合法驾驶人。

（二）不投保交强险的法律后果

不投保交强险会有如下法律后果：

①提供交强险保险单是定期进行机动车安全技术检验的必备条件之一。

②机动车的所有人、管理人未按照国家规定投保机动车第三者责任强制保险的，由公安机关交通管理部门扣留车辆至其依照规定投保以后，并且处依照规定投保最低责任限额应缴纳的保险费的 2 倍罚款。

③未依法投保交强险的机动车而发生交通事故造成损害的，当事人请求投保义务人在交强险责任限额范围内予以赔偿的，人民法院应予以支持。投保义务人和侵权人不是同一人，当事人请求投保义务人和侵权人在交强险责任限额范围内承担连带责任的，人民法院应予支持。譬如，驾驶未投保交强险的机动车因交通事故造成他人损害，即便交通事故责任划分是同等责任的，在交强险赔偿限额内也是百分之百的赔偿受害人。

（三）有权退保交强险的情形

投保人不能解除机动车交通事故责任强制保险合同，但是有下列情形之一的除外：①被保险机动车被依法注销登记的；②被保险机动车办理停驶的；③被保险机动车经公安机关证实丢失的。

三、道路交通事故社会救助基金

（一）救助基金的来源

救助基金的来源包括：①按照机动车交通事故责任强制保险的保险费的一定比例提取的资金；②对未按照规定投保机动车交通事故责任强制保险的机动车的所有人、管理人的罚款；③救助基金管理机构依法向道路交通事故责任人追偿的资金；④救助基金孳息；⑤其他资金。

（二）救助基金的用途

有下列情形之一时，道路交通事故中受害人人身伤亡的丧葬费用、部分或者全部抢救费用，由救助基金先行垫付，救助基金管理机构有权向道路交通事故责任人追偿：①抢救费用超过机动车交通事故责任强制保险责任限额的；②肇事机动车未参加机动车交通事故责任强制保险的；③机动车肇事后逃逸的。

（三）垫付抢救费的程序和范围

因抢救受伤人员需要救助基金管理机构垫付抢救费用的，救助基金管理机构在接到公安机关交通管理部门通知后，经核对后应当及时向医疗机构垫付抢救费用。所谓抢救费用，是指机动车发生道路交通事故导致人员受伤时，医疗机构参照国务院卫生主管部门组织制定的有关临床诊疗指南，对以下情况采取必要的处理措施所发生的医疗费用：其一，生命体征不平稳；其二，虽然生命体征平稳但如果不采取处理措施会产生生命危险的，或者导致残疾、器官功能障碍的；其三，或者导致病程明显延长的受伤人员。

四、行人通行规定

行人通行的基本规定包括：

①行人应当在人行道内行走，没有人行道的靠路边行走。

②行人通过路口或者横过道路，应当走人行横道或者过街设施；通过有交通信号灯的人行横道，应当按照交通信号灯指示通行；通过没有交通信号灯、人行横道的路口，或者在没有过街设施的路段横过道路，应当在确认安全后通过。

③行人不得跨越、倚坐道路隔离的设施，不得扒车、强行拦车或者实施妨碍道路交通安全的其他行为。

④学龄前儿童以及不能辨认或者不能控制自己行为的精神疾病患者、智力障碍者在道路上通行，应当由其监护人、监护人委托的人或者对其负有管理、保护职责的人带领。

⑤盲人在道路上通行，应当使用盲杖或者采取其他导盲手段，车辆应当避让盲人。

⑥行人通过铁路道口时，应当按照交通信号或者管理人员的指挥通行；没有交通信号和管理人员的，应当在确认无火车驶临后，迅速通过。

五、交通事故的紧急处置措施

（一）立法规定

在道路上发生交通事故，车辆驾驶人应当立即停车，保护现场；如果造成人身伤亡的，车辆驾驶人应当立即抢救受伤的人员，并迅速报告执勤的交通警察或者公安机关交通管理部门。如果因为抢救受伤人员而变动现场的，应当标明位置。而乘车人、过往车辆驾驶人、过往行人应当予以协助。在道路上发生交通事故，未造成人身伤亡的，当事人对事实及其成因无争议的，可以即行撤离现场，恢复交通，自行协商处理损害赔偿事宜；但如果是不即行撤离现场的，应当迅速报告执勤的交通警察或者公安机关交通管理部门。在道路上发生交通事故，仅造成轻微财产损失，并且基本事实清楚的，当事人应当先撤离现场再进行协商处理。

（二）基本要点

发生交通事故以后，当事人必须采取紧急的处置措施。处置措施是否得当直接关系到交通事故受伤人员的生命安全与健康，关系到保障交通畅通和交通秩序；与此同时，也对公安机关交通管理部门及时、正确处理交通事故有着重要的影响。

1. 一般交通事故案件的紧急处置要点

一般交通事故案件的紧急处置要点：一是立即停车，二是保护现场，三是立即抢救伤员，四是及时报案。

2. 可以即行撤离现场的前提条件

可以即行撤离现场的前提条件：一是发生交通事故未造成人员伤亡；二是当事人对事实无争议，自行解决赔偿问题。如果双方当事人对交通事故的基本事实存在着争议，或者认为应当由交通警察或者公安机关交通管理部门处理为宜，则可不撤离现场，但是应当迅速报告执勤的交通警察或者公安机关交通管理部门。

3. 应当先行撤离现场的前提条件

应当先行撤离现场的前提条件：一是仅造成轻微财产损失，二是基本事实清楚。

六、对交通安全违法行为的行政处罚

根据道路交通安全法的规定，对道路交通安全违法行为的处罚种类包括以下：警告、罚款、暂扣或者是吊销机动车驾驶证、拘留。公安机关交通管理部门、交通警察对道路交通安全违法行为的处罚有如下 4 种。

（一）警告

这是指责令违法行为人改正违法行为并不再重犯的一种申诫罚，主要适用于比较轻微的道路交通安全违法行为。

（二）罚款

这是指对道路交通安全违法行为进行惩戒的一种财产罚。对道路交通安全违法行为的处罚幅度在 5 元至 2000 元之间，是一种适用比较广泛的处罚。

（三）暂扣或者吊销驾驶证

这是一种剥夺违法驾驶人员驾驶资格的行为罚，又称为能力罚，主要适用于严重违章的驾驶人员。

（四）拘留

它是一种剥夺道路交通安全违法行为人人身自由的处罚，适用于极其严重的道路交通安全违法行为。

七、常见交通安全犯罪行为

（一）交通肇事罪

1. 定罪处罚规定

违反交通运输管理法规，因而发生重大事故，致人重伤、死亡或者使公私财产遭受重大损失的，处 3 年以下有期徒刑或者拘役；交通运输肇事后逃逸或者有其他特别恶劣情节的，处 3 年以上 7 年以下有期徒刑；因逃逸致人死亡的，处 7 年以上有期徒刑。

2. 具体的立案标准

交通肇事具有下列情形之一的，处 3 年以下有期徒刑或者拘役：

①死亡 1 人或者重伤 3 人以上，负事故全部或者主要责任的；

②死亡 3 人以上，负事故同等责任的；

③造成公共财产或者他人财产直接损失，负事故全部或者主要责任，无能力赔偿数额在 30 万元以上的。

交通肇事致一人以上重伤，负事故全部或者主要责任，并具有下列情形之一的，以交通肇事罪定罪处罚：

①酒后、吸食毒品后驾驶机动车辆的；

②无驾驶资格驾驶机动车辆的；

③明知是安全装置不全或者安全机件失灵的机动车辆而驾驶的；

④明知是无牌证或者已报废的机动车辆而驾驶的；

⑤严重超载驾驶的；

⑥为逃避法律追究逃离事故现场的。

（二）危险驾驶罪

1. 定罪处罚规定

在道路上驾驶机动车，有下列情形之一的，处拘役，并处罚金：

①追逐竞驶，情节恶劣的；

②醉酒驾驶机动车的；

③从事校车业务或者旅客运输，严重超过额定乘员载客，或者严重超过规定时速行驶的；

④违反危险化学品安全管理规定运输危险化学品，危及公共安全的。

机动车所有人、管理人对前款第③、④项行为负有直接责任的，依照规定处罚。

有①、②项行为，同时构成其他犯罪的，依照处罚较重的规定定罪处罚。

2. 醉酒驾驶行为的具体认定标准

道路交通安全法的相关规定区分了饮酒以及醉酒两种情形。根据国家质量监督检验检疫总局 2004 年 5 月 31 日发布的《车辆驾驶人员血液、呼气酒精含量阈值与检验》（GB 19522−2004）的规定，饮酒驾车是指车辆驾驶人员血液中的酒精含量大于或者等于 20mg/100ml，小于 80mg/100ml 的驾驶行为；醉酒驾车是指车辆驾驶人员血液中的酒精含量大于或者等于 80mg/100ml 的驾驶行为。在实践中，执法部门也是依据这一标准来判断酒后驾车和醉酒驾车两种行为的。

第六章　网络生活中的法律

第一节　网络侵权

一、侵权行为的构成要件和归责原则

侵权行为一般是指行为人由于过错而侵害他人的财产、人身，依法应当承担民事责任的一种行为。有一种情况是：行为人虽然无过错，但法律有特别规定应对受害人承担民事责任的其他侵害行为，也属于侵权的行为。

（一）侵权行为的构成要件

从构成要件来加以区分，可分为一般侵权行为与特殊侵权行为。其中一般侵权行为是最常见的侵权行为，是指行为人因为有过错直接致人损害的，因而适用于民法上的一般责任条款的行为，如行为人故意损坏他人的财产、故意损伤他人的身体等行为。而特殊侵权行为是指行为虽然无过错，但他人的损害确系与行为人有关的行为、事件或者特别的原因所导致，因而适用民法上的特别责任条款或者民事特别法规定的应负民事责任的行为。

侵权民事责任的一般构成要件包括主观要件和客观要件。其中，客观要件是指要有侵权损害的事实，加害行为的违法性，违法行为与损害结果之间存在因果关系。主观要件则指行为人需要具备行为能力，在主观上要有过错。而对于特殊侵权的民事责任，则实行无过错的原则，即指不管行为人主观上是否有过错，只要其行为造成损害结果的，均要承担民事责任。

（二）侵权行为的归责原则

根据民法原理，民事侵权行为的归责原则有三个，即过错责任原则、无过错责任原则和公平责任原则。

1. 过错责任原则

所谓过错责任原则，是指当事人的主观过错是构成侵权行为的必备要件的归责原则。《民法通则》第106条第2款规定：公民、法人由于过错侵害国家的、集体的财产，侵害他人财产、人身权的，应当承担民事责任。

过错是行为人决定其行为的一种故意或者过失的主观的心理状态。过错违反的是对他人的注意义务，表明了行为人主观上的应受非难性或是应受谴责性，是对行为人行为的一种否定的评价。过错责任的意义表现在：根据过错责任的要求，在一般侵权的行为中，只要是行为人尽到了应有的合理、谨慎的注意义务，即使发生了损害的后果，也不能要求行为人承担责任。其目的就在于引导人们作出合理性的行为。在过错责任之下，对一般侵权责任行为实行谁主张谁举证的原则。受害人有义务举出相应证据来表明加害人主观上存在的过错，以保障其主张得到支持。而加害人过错的程度在一定程度上也会对其赔偿责任的范围产生影响。

2. 无过错责任原则

无过错责任原则，是指当事人虽然其主观上没有过错，但是实施了加害行为，根据法律规定仍然应承担责任的归责原则。《民法通则》第106条第3款规定：没有过错，但法律规定应当承担民事责任的，应当承担民事责任。

随着工业化的发展以及危险事项的逐渐增多，加害人没有过错但致人损害的情形时有发生，证明加害人的过错也就越来越困难。因此，为了实现社会的公平和正义，更加有效地保护受害人的利益，此原则开始逐渐作为一种独立的归责原则在侵权行为法中得到广泛运用。根据我国民法通则的规定，实行无过错责任的主要情形为以下几种：其一，从事高度危险活动致人损害的行为；其二，污染环境致人损害的行为；其三，饲养动物致人损害的行为；其四，产品不合格致人损害的行为等。

3. 公平责任原则

公平责任原则，是指损害双方的当事人对损害结果的发生都没有过错，但是如果受害人的损失得不到补偿并且显失公平的情况下，由人民法院根据具体情况和公平的观念，要求当事人分担损害后果。《民法通则》第132条规定：当事人对造成损害都没有过错的，可以根据实际情况，由当事人分担民事责任。

二、网络侵权的定义及特征

所谓网络侵权，是指计算机互联网用户和网络服务提供者，通过互联网侵害国家、集体或者他人的民事权益而应承担相应责任的行为。由于网络自身所具备的虚拟性，所以产生了许许多多、形形色色的网络侵权行为。与其他一般的侵权行为相比，网络侵权具有以下一些特点。

（一）主体的特殊性

网络技术的不断发展，使得网络用户不再只是网络信息的被动接收者，而正逐渐转变成为主动参与者。因为网络空间的开放性，每天有大量的信息上传到网络上，并且不可避免地混杂着一些侵犯他人合法权益的信息，如侵犯人格权、财产利益、著作权的信息等。这些信息有些是网站管理者自行上传的，有些则是由用户主动上传的。由于我国目前没有实行网络实名制，侵权行为人很容易隐藏其真实身份。

（二）客体的特殊性

与传统侵权行为相比，网络侵权行为的客体有3种类型：一是传统领域所存在的，行为人仅仅通过网络手段实施侵权行为，如银行账户中的资金、名誉权、著作权等。二是在网络领域得到拓展的传统权利客体，如网络作品著作权。三是网络领域新产生的，如网络虚拟财产等。在网络中，各种基于网络服务所提供的用户账号以及其所对应的服务往往都具有一定的商业价值，成为一种新型的财产。

（三）损害后果的特殊性

由于以现代通信技术为基础的网络能够实现瞬间的全球即时通信，此种便捷性以及传播的广泛性使得网络侵权信息在全世界得以迅速的蔓延，难以判断传播的范围以及难以确定接触侵权信息的人数，其损害结果也就可能无法阻断和恢复。因此，这就对网络侵权救济制度提出了新的要求，需要根据网络关系的特殊性创制新的法律救济模式。

（四）案件取证的特殊性

与传统的侵权方式相比，由于网络具备流动性和交互性，使得网络侵权行为的范围广，取证难，不易察觉和识别。而网络中存在的数字化信息由于不存在连续性，具有不稳定性和易变性，就难以发现和鉴别对其所作的修改和删除，使得网络上的证据失去原始性，因此，网络中信息的证据能力令人怀疑。另外，在我国现行的《民事诉讼法》第63条中，明确规定了书证、物证、视听资料、证人证言、当事人的陈述、鉴定结论和勘验笔录这七类证据，根据证据法定主义原则，如果当事人提出的证据不在法定类型的范围内，则难以产生证据效力。因此，对网络侵权行为的认定具有重要支撑作用的计算机领域的证据资源，可能因无法归入法定证据形式、法律地位不明确而无法释放其应有的效能。

（五）侵权责任主体确定的特殊性

网络侵权行为的责任主体众多，当具体到每件案件即原、被告的确定时就比较困难。网络侵权行为的责任主体主要包括始作俑者、传播者、网络服务商和搜索引擎。其中前两类属于网络用户，后两类属于网络服务提供者。俗话说"擒贼先擒王"。因为网络侵权责任的始作俑者往往难以及时地确定，而传播者虽然数量很多，但所谓"法不责众"，或者因赔偿能力不足等问题使大量的传播者被免于追究相应的法律责任。网络世界中，权利人常常难以证明自己的原告身份，人们也难以有效地识别网络侵权人。

（六）管辖的特殊性

一般侵权行为的管辖主要适用被告所在地法或者是侵权行为地法。但是，因特网将全球的计算机及其网络连为一体构成了一个独特的网络空间，同一侵权行为往往是同几个地点相联系的。因此，物理位置在网络空间中的意义就显得微乎其微，从而使传统管辖权的基础在网络空间中发生了动摇，在面对纷繁复杂的网络案件时，就不得不寻找新的管辖依据。

三、网络侵权的危害性

网络侵权不同于一般的民事侵权，一般的民事侵权只包括侵犯人身权和侵犯财产权，而不包括侵犯知识产权。而网络侵权主要是侵犯人身权和侵犯知识产权，另外还包括了侵犯域名权。互联网作为第四媒体，其功能的强大是其他传统媒体无法企及的，而与此同时，网络侵权的危害远比传统的侵权行为要大很多，主要表现在：

第一，计算机网络的全球性和信息传输的快速性决定了网络侵权影响的范围之广以及速度之快。即在网络的环境下，一条侵权言论可以在几秒钟之内就能够传遍全世界每一个角落，相应地其不良影响也会随之遍布全世界。因此，随意的一次点击就可能使所有人的财产化为乌有，给被侵权人带来的精神打击和经济损失愈加严重。

第二，网络侵权责任的界定很困难。一桩网络侵权案件不仅涉及网络内容的提供商，而且还会涉及网络服务的提供商；如果载有侵权信息的网页被链接，其责任涉及范围还更加广泛，其责任认定也将更为复杂。

第三，由于网站内容容易被更改和删除，因此涉及网络侵权的案件在审理过程中取证是非常困难的，也正因如此，网络侵权行为所造成的危害后果，要比传统的侵权行为严重得多。

四、网络侵权的种类

网络侵权行为按主体可分为网站侵权（法人）和网民（自然人）侵权，按侵权的主观过错可分为主动侵权（恶意侵权）和被动侵权，按侵权的内容可分为侵犯人身权和侵犯财产权（也有同时侵犯的情况）。就目前的各种网络侵权现象来看，主要表现为以下几种。

（一）侵犯隐私权

与现实中的隐私侵权相比，网络隐私侵权有其新的特点：前者侵犯的是现实的私人空间，而后者侵犯的不仅有现实的私人空间，还包括有网络虚拟的私人空间，如侵入他人数据库、电子信箱、系统程序等。由于网络空间是虚拟空间，所以它具有开放性、全球性和易于操作性的特点，使得许多法律在网络隐私侵权面前都显得无能为力。

（二）名誉侵权

与传统的名誉侵权相比，网络上的名誉侵权并没有本质上的区别。但前者利用的是传统媒体或者口头传播，而网络环境下的名誉侵权利用的是功能强大的计算机网络，其传播的范围、速度、影响效果、危害性都是传统的名誉侵权无法比拟的，再加上网络的可复制、链接的特点，在短暂的时间内一条侵权信息可以传遍全世界。

（三）知识产权侵权

在网络环境下的知识产权侵权主要是侵犯著作权和商标权。

1. 非法 MP3 音乐免费下载

MP3 是一种新的随身听播放电子产品，容量大、体重小，被广泛应用于网络音频。网站向用户提供音乐下载、试听和收藏的服务（大部分没有授权），网民只要轻点鼠标即可随意下载、试听和收藏自己喜爱的歌曲或音乐，由此改变了传统的获取音乐的模式，对音乐界、唱片业造成冲击，从而引发唱片公司对网站的诉讼。

2. 未授权、假授权电影下载

常见的有未经权利人授权，未付任何报酬，提供整部影片的商业性下载服务，包括收费下载和免费下载。网站提供下载的电影内容丰富、更新速度非常快、下载技术十分便捷。甚至有的影片还没有在电影院被放映，网在上就可以看了，致使影片票房下滑，电影制片商、发行公司损失惨重，不得不在影片公映时如临大敌，采取各种措施，层层防范。

3. 未经权利人许可的软件下载

网上的各种软件应有尽有：操作系统、杀毒软件、图形设计、音频工具……与下载其他作品一样，下载十分方便。在面对正版软件的加密时，网站会提供解密版，甚至还可以像正版软件一样有升级版。这些软件绝大部分都没有授权，上传没有成本，下载不用付费，软件商也得不到一分钱。然而事实上，一个成熟的软件产品，要投入大量的时间、人力、物力，利用大量的资源进行研发，并经过严格的测试以后，才能够进入市场。使用盗版的软件，挤占了正版软件市场的份额，使软件著作权人（大多是软件投资商、开发商）得不到相应的回报，因此给他们造成了巨大的损失，打击了其投资开发的积极性。长期以来，软件产品缺乏竞争力，最终将阻碍民族软件产业的发展。

4. 没有授权的手机彩铃、铃声服务

彩铃、铃声服务是数字音乐服务提供商将内容提供给网站或者电信部门，通过互联网或手机等渠道让手机客户下载。

5. 网络游戏

其中最典型的是"私服"、"外挂"，即指私自架设服务器经营，挂接他人享有著作权的互联网游戏，利用他人享有著作权的游戏软件提供下载服务，损害了游戏软件厂商的著作权。

6. 搜索引擎软件纠纷

这类侵权行为是技术不同或者计算机资源的有限等原因导致，表现在屏蔽、删除或修改他人软件。

7. 利用网络发布经营信息，通过邮寄等形式经营

非法制作侵权盗版制品，如将网站上的影视、音乐、文学作品、录音录像、软件等下载，按照需求，非法刻录成光盘，送货上门等。

9. 未经授权将文字作品数字化

未经授权将文字作品数字化，提供收费在线阅读、下载。

10. 手机电子书下载

最早的电子书需要手持阅读设备，才能在网上阅读。随着信息技术、硬件设备（手机）的发展以及无线通信服务业务的拓展，手机阅读成为另一种更加便捷的获取信息的方式。人们把数字化的图书统称为"ebook"，用户可通过网络或者手机，将数字化的作品下载到手机上进行阅读。虽然这种手机无线通信网络著作权侵权案还算比较少见，但是我国是网络和手机的消费大国，对于这种新的著作权侵权形式更应加以重视，以防止侵权行为的发生。

（四）网络域名侵权

在互联网的发展历程中，网络域名侵权一直是个焦点问题。由于域名具有全球性、唯一性的特点，一旦某一域名被抢注者享有，则在全球任何地域都会失去该域名的注册权。1994 年 4 月，我国正式加入国际互联网，随后不久，我国许多知名工商企业商标都被境外公司抢注域名。为了有效防止域名抢注案件的发生，我国于 2000 年 11 月 1 日颁布了《中文域名争议解决办法（试行）》。2001 年 9 月，中国互联网信息中心又出台了《网站名称注册管理暂行办法》。这两部法规对我国目前的域名抢注起到一定的规范作用。

五、网络侵权的归责原则

2010 年 7 月 1 日开始实施的《中华人民共和国侵权责任法》（以下简称《侵权责任法》）第一次将网络侵权作为特殊的侵权形态进行明确的规定。《侵权责任法》第 36 条规定了两部分内容，第一部分是网络用户或者网络服务提供者利用网络实施侵权行为的责任，第二部分是网络用户利用网络实施侵权行为网站承担连带的责任。

（一）网络用户或者网络服务提供者的归责原则

《侵权责任法》第 36 条第 1 款规定："网络用户、网络服务提供者利用网络侵害他人民事权益的，应当承担侵权责任。"这是一般侵权责任，适用过错责任原则，与第 36 条第 2 款和第 3 款规定的网络服务提供者的连带责任不同。

最高人民法院在 2014 年《关于审理利用信息网络侵害人身权益民事纠纷案件适用法律若干问题的规定》第 10 条中对自媒体的转载责任做出了规定："人民法院认定网络用户或者网络服务提供者转载网络信息行为的过错及其程度，应当综合以下因素：（一）转载主体所承担的与其性质、影响范围相适应的注意义务；（二）所转载信息侵害他人人身权益的明显程度；（三）对所转载信息是否作出实质性修改，是否添加或者修改文章标题，导致其与内容严重不符以及误导公众的可能性。"

（二）网络服务提供者的连带责任

网络服务提供者的连带责任，是指网络用户利用网络实施侵权行为后，网络服务提供者在法定的情况下与网络用户承担连带责任的网络侵权责任形式。《侵权责任法》第 36 条规定：网络用户、网络服务提供者利用网络侵害他人民事权益的，应当承担侵权责任。网络用户利用网络服务实施侵权行为的，被侵权人有权通知网络服务提供者采取删除、屏蔽、断开链接等必要措施。网络服务提供者接到通知后未及时采取必要措施的，对损害的扩大部分与该网络用户承担连带责任。网络服务提供者知道网络用户利用其网络服务侵害他人民事权益，未采取必要措施的，与该网络用户承担连带责任。《侵权责任法》规定了以下两种规则。

1. 提示规则

《侵权责任法》第 36 条第 2 款规定："网络用户利用网络服务实施侵权行为的，被侵权人有权通知网络服务提供者采取删除、屏蔽、断开链接等必要措施。网络服务提供者接到通知后未及时采取必要措施的，对损害的扩大部分与该网络用户承担连带责任。"对此，也有人将其叫做"通知与取下"规则。

提示规则的要点是：网络服务提供者不知道网络用户利用其网络实施了侵权行为，被侵权人知道自己在该网站上被侵权后，有权向网络服务提供者提示，通知其网站上的内容构成侵权，要求其采取删除、屏蔽、断开链接等必要措施。网络服务提供者在接到该提示之后，应当按照其提示，及时采取上述的必要措施。如果网络服务提供者未及时采取必要的措施，构成对网络用户实施的侵权行为的放任，就具有间接故意，视为与侵权人构成共同的侵权行为。因此，就损害的扩大部分，与侵权的网络用户承担连带责任。如果网络服务提供者未经提示，或者经过提示之后即采取必要措施，网络服务提供者就不承担责任，即为"避风港"规则。

2. 明知规则

《侵权责任法》第 36 条第 3 款规定："网络服务提供者知道网络用户利用其网络服务侵害他人民事权益，未采取必要措施的，与该网络用户承担连带责任。"网络服务提供者的明知规则，就是指网络服务提供者明知道网络用户利用其网络实施侵权行为，但是未采取删除、屏蔽或者断开链接必要的措施，任凭网络用户利用其提供的网络平台实施侵权的行为，对被侵权人造成损害的，对于该网络用户实施的侵权行为具有放任的间接故意，应当承担连带责任。

对于连带责任的承担，应当根据《侵权责任法》第 14 条的规定，即连带责任人根据各自责任的大小确定相应的赔偿数额；当难以确定责任大小的，需平均承担赔偿责任。如果支付超出自己赔偿数额的连带责任人，有权向其他连带责任人追偿。另外，在确定网络服务者承担损失扩大责任时，应注意将网络用户责任与网络服务者责任相区别。

六、网络侵权的法律责任

（一）网络侵权的民事责任

《侵权责任法》《信息网络传播权保护条例》规定了网络侵权人的民事责任，包括停止侵害、消除影响、赔礼道歉、赔偿损失等。其中，停止侵害在网络侵权的环境下具有紧迫性，如果不能制止的话，将会导致侵权行为迅速地蔓延，从而造成无法估量的损失。而赔偿损失与赔礼道歉相对来说比较缓和，其具有对侵权人损害的补偿性。

（二）网络侵权的行政责任

《互联网用户账号名称管理规定》第7条、《信息网络传播权保护条例》第18条、19条规定了网络侵权人的行政责任，包括警告、没收违法所得、没收侵权设备、罚款、限期改正、暂停使用、注销登记等责任。

（三）网络侵权的刑事责任

在《关于维护互联网安全的决定》、《计算机软件保护条例》以及《信息网络传播权保护条例》中，明确规定了如果利用互联网侵犯他人知识产权而构成犯罪的，要依照刑法相关的规定追究其刑事责任，并对计算机软件著作权人的合法权益、侵犯软件著作权的刑事责任以及对著作权人、表演者、录音录像制作者的信息网络传播权的保护都作了详细的规定，包括刑罚（侮辱罪、毁谤罪等）和罚金。

第二节　网络犯罪

一、网络犯罪的定义及构成要件

（一）网络犯罪的定义

网络犯罪是指行为主体以计算机或者计算机网络为犯罪工具或攻击对象，故意实施的危害计算机网络安全的，从而触犯有关法律规范的行为。从这个概念可以看出，网络犯罪在行为方式上包括以下两种：其一，以计算机网络为犯罪工具；其二，以计算机网络为攻击对象。

（二）网络犯罪构成要件

1. 网络犯罪主体

网络犯罪的主体既包括自然人，也包括法人，属于一般主体。从网络犯罪具体的表现来看，犯罪主体具有多样性，即网络犯罪包括各种年龄、各种职业的人，并且对社会所造成的危害都差别不大。一般来说，进行网络犯罪的主体通常是具有一定计算机专业知识水平的行为人。另外，由于网络的发展给企业发展电子商务带来了新的契机，这些企业法人为了争夺新的市场空间，作为主体进行网络犯罪也是不足为奇的。

2. 网络犯罪主观方面

这是指犯罪主体具有明显的犯罪故意，并且这种故意通常是直接的。即使有的行为人侵入系统是为了显示自己的能力，但是其也具备了明显的"非得侵入不可"等念头，这就显示了极强的主观故意。

3. 网络犯罪客体

计算机网络犯罪侵犯的是复杂客体，即计算机犯罪是对两种或者两种以上的直接客体进行侵害的行为。计算机网络犯罪的客体是指计算机网络犯罪所侵害的，为我国刑法所保护的社会关系。由于计算机网络犯罪是以犯罪的手段及对象，而不是以犯罪的同类客体为标准而划分的犯罪类型，所以就导致计算机网络犯罪侵害的客体具有多样性。计算机网络犯罪一方面会对计算机系统的管理秩序造成严重的破坏，另一方面会直接严重地危害其他的社会利益。

4. 网络犯罪客观方面

网络犯罪的客观方面表现为利用计算机实施偷窥、复制、更改或者删除计算机的信息，还表现为诈骗、教唆犯罪，网络色情传播，以及犯罪网络侮辱、诽谤与恐吓等行为；还有违反有关计算机网络管理、法规，侵入国家事务、国防建设、尖端技术领域的计算机系统，对计算机信息系统功能、数据和程序进行删除、修改，或者破坏计算机系统软件、硬件设备等侵害计算机系统安全的行为。网络犯罪的行为只能是作为。这是因为犯罪人必须利用自己掌握的计算机及网络技术，通过自己的思考在计算机上输入计算机命令通过防火墙（网络安全保障系统）来侵入网络，造成破坏。这种网络犯罪的行为是积极的作为。

二、网络犯罪的特征

（一）智能性

由于计算机犯罪手段具备技术性以及专业化，就使得计算机犯罪具有极强的智能性。这体现在：实施计算机犯罪，罪犯需要对计算机的技术具备较高专业性的知识并且擅长使用操作技术，才可以逃避安全防范系统的监控以掩盖犯罪行为。这就说明计算机犯罪的犯罪主体，其大多数人能够洞悉网络的缺陷以及漏洞，并运用丰富的电脑知识及网络技术，对网络系统及各种电子数据、资料等信息进行破坏。凭借这样的专业性，网上犯罪作案的时间短，并且手段复杂隐蔽，导致许多犯罪行为的实施往往不留痕迹，这就给网上犯罪案件的侦破和审理带来了极大的困难。另外，随着计算机技术的不断发展，网络作案手段不断翻新，甚至一些原为计算机及网络技术和信息安全技术的专家等专业人员也走向网络犯罪的道路，这部分人所采用的手段则更趋专业化。

（二）隐蔽性

由于网络的开放性、不确定性、虚拟性和超越时空性等特点，使得计算机犯罪具有非常高的隐蔽性，这就使得计算机犯罪案件侦破的难度大大增加。根据调查显示，已经发现的利用计算机犯罪的仅占实施的计算机犯罪总数的 $5\%\sim10\%$。而且通常很多犯罪行为的发现是出于偶然，多数的计算机犯罪都是行为人经过非常周密的安排，运用其计算机专业知识以及所从事的工作进行的智力犯罪行为。当进行这种犯罪行为的时候，犯罪分子只需要向计算机输入错误的指令，就可以轻而易举地篡改软件程序，且作案不留痕迹，使一般人很难察觉到计算机内部软件已经发生了变化。

（三）复杂性

计算机犯罪的复杂性主要表现在以下两个方面。

1. 犯罪主体的复杂性

任何罪犯只要通过一台联网的计算机就可以在电脑的终端与整个网络合成一体，调阅、下载、发布各种信息，实施犯罪行为。另外，由于网络的跨国性，罪犯可能来自于各个不同的民族、国家、地区，网络的"时空压缩"性的特点为犯罪集团或者共同犯罪又提供了极大的便利。

2. 犯罪对象的复杂性

计算机犯罪是行为人利用网络所实施的侵害计算机信息系统以及其它严重危害社会的行为。其犯罪对象也是越来越复杂和多样，表现在：有盗用、伪造客户网上支付帐户的犯罪；有电子商务诈骗犯，侵犯知识产权的犯罪；有非法侵入电子商务认证机构、金融机构计算机信息系统的犯罪，破坏电子商务计算机信息系统的犯罪，恶意攻击电子商务计算机信息系统的犯罪；有虚假认证的犯罪；还有网络色情、网络赌博、洗钱、盗窃银行、操纵股市等犯罪。

（四）跨国性

计算机的犯罪呈国际化的趋势，网络冲破了地域的限制。互联网具有"时空压缩化"的特点，即当各种信息通过互联网络传送的时候，空间压缩具体表现为国界和地理距离的暂时消失。这就为犯罪分子跨地域、跨国界作案提供了可能。犯罪分子只要拥有一台联网的终端机，就可以通过互联网到网络上任何一个站点实施犯罪活动；而且，可以在甲地作案，通过中间结点，使其他联网的地方也受到侵害。由于这样的作案方式隐蔽性强，所以不易被侦破，危害更大。

（五）匿名性

由于罪犯在接受网络中的文字或者图像信息的过程中是完全匿名的，不需要作任何的登记，因而导致对其实施的犯罪行为很难控制。罪犯可以通过反复地匿名登录以致最后达成犯罪的目标。但是，作为对计算机犯罪的侦查，必须得按部就班地调查取证，等到接近犯罪分子时，犯罪分子早就逃了。

（六）巨大的社会危害性

随着计算机网络的普及和在社会各领域的应用，网络犯罪分割的可能是网络服务器、各工作站以及不特定的人，甚至是与网络无直接联系的其他客体。当某个要害环节出问题的时候，可能就会产生灾难性的连锁反应，因而造成的损失是难以估计的。在科技迅猛发展的今天，世界各国对网络的利用将会越来越广泛、依赖将会越来越强，所以网络安全对于一个国家来说是极为重要的。因此，防范网络犯罪、保障网络安全，对于个人、企业、国家来说都是非常重要的。

三、网络犯罪的种类

网络犯罪不是一个具体的罪名，而是指某一类犯罪的总称，其基本类型有两种：针对网络的犯罪以及网络扶持的犯罪。

（一）针对网络的犯罪的表现形式

1. 网络窃密

网络窃密，即利用网络窃取科技、军事和商业情报。当前，通过国际信息高速公路——互联网，国际犯罪分子每年大约可窃取价值 20 亿美元的商业情报。而在经济领域，银行就成了网络犯罪的首选目标。其犯罪形式表现为：通过用以支付的电子货币、账单、银行账目结算单、清单等来达到窃取公私财产的目的。

2. 制作、传播网络病毒

网络病毒是人为制造的干扰破坏网络安全正常运行的一种技术手段。网络病毒的迅速繁衍会对网络安全构成最直接的威胁，现在已经成为社会的一大公害。

3. 高技术侵害

这种犯罪形式是一种为了使整个计算机网络陷入瘫痪、以造成最大破坏性为目的的攻击行为。例如，世界上第一个将黑手伸向军用计算机系统的 15 岁美国少年米尼克，凭着破译电脑系统的特殊才能，曾成功进入"北美防空指挥中心"电脑系统。

4. 高技术污染

这是指利用信息网络传播有害的数据、发布虚假的信息、滥发商业广告、侮辱诽谤他人的犯罪行为。由于网络信息传播面广、速度快，如果没有进行有效的控制，造成的损失将不可想象。

(二) 网络扶持的犯罪的主要表现形式

1. 网上盗窃

网上盗窃案件以两类居多：其一是发生在银行等金融系统，其二是发生在邮电通信领域。前者的主要手段表现为通过计算机指令将他人账户上的存款转移到虚开的账户上，或通过计算机网络对一家公司的计算机下达指令，要求将现金支付给实际上并不存在的另一家公司，从而窃取现金。在邮电通信领域，网络犯罪以盗码并机犯罪活动最为突出。

2. 网上诈骗

这是指通过伪造信用卡、制作假票据、篡改电脑程序等手段来欺骗和诈取财物的犯罪行为。

3. 网上色情

国际互联网是一个"无主管、无国界、无警察"的开放网络，即所谓的"网络无边，法律有限"。有了互联网，无论谁只需要坐在电脑前面，就可以在全世界范围内查阅色情信息。因此，互联网赋予传统的传播淫秽物品行为以更大的广泛性以及更高的集中性。

4. 网上赌博

在网络时代，赌博犯罪也时常在网上出现。

5. 网上洗钱

网上银行给客户提供了一种全新的服务，顾客只要有一部与国际互联网络相连的电脑，就可在任何时间、任何地点办理该银行的各项业务。然而，这些方便条件也为"洗钱"犯罪提供了巨大的便利，利用网络银行清洗赃款比传统洗钱更加容易，而且可以更隐蔽地切断资金走向，掩饰资金的非法来源。

6. 网上教唆或传播犯罪方法

网上教唆他人犯罪的重要特征体现在：教唆人与被教唆人并不直接见面，教唆的结果并不一定取决于被教唆人的行为。这种犯罪有可能产生大量非直接被教唆对象同时接受相同教唆内容等严重后果，具有极强的隐蔽性及弥漫性。

此外，网络犯罪还有网上侵犯知识产权、侵犯隐私权、窃取商业秘密和国家秘密、网上恐怖、侮辱、诽谤、恐吓与敲诈勒索、网上盯梢等多种形式。

四、我国针对网络犯罪的相关法律规定

（一）有关互联网安全和信息保护等方面的法律规范

全国人大常委会 2000 年颁布《关于维护互联网安全的决定》，2012 年颁布《关于加强网络信息保护的决定》，国务院 2000 年制定《互联网信息服务管理办法》。

其中，《关于维护互联网安全的决定》第 1 至第 5 条从不同层面规定了网络犯罪的刑法问题，规定了 5 类网络犯罪的刑事责任。

《关于加强网络信息保护的决定》重点关注的是网络信息安全保护问题。如第 1 条规定，不得窃取或以非法手段获取公民个人电子信息。

《互联网信息服务管理办法》主要针对的是互联网信息服务提供者的信息服务规范问题。

（二）《刑法》有关网络犯罪的专门性规定

《刑法》第 285 条规定了"非法侵入计算机信息系统罪"、"非法获取计算机信息系统数据、非法控制计算机信息系统罪"和"提供侵入、非法控制计算机信息系统程序、工具罪"；第 286 条规定了"破坏计算机信息系统罪"；第 287 条对利用计算机实施金融诈骗、盗窃、贪污、挪用公款、窃取国家秘密或其它犯罪作了提示性规定；第 363 条规定了制作、复制、出版、传播淫秽物品罪；第 364 条对传播淫秽书刊、影片、音像、图片或者其它淫秽物品的犯罪作了规定。

（三）有关网络犯罪的司法解释和规范性文件

这些司法解释和规范性文件主要有：2010 年最高人民法院、最高人民检察院、公安部《关于办理网络赌博犯罪案件适用法律若干问题的意见》，2011 年两高《关于办理危害计算机信息系统安全刑事案件应用法律若干问题的解释》，两高分别于 2004 年和 2010 年颁布的《关于办理利用互联网、移动通讯终端、声讯台制作、复制、出版、贩卖、传播淫秽电子信息刑事案件具体应用若干问题的解释》及《解释（二）》，两高 2003 年出台的《关于办理利用信息网络实施诽谤等刑事案件适用法律若干问题的解释》，最高法 2013 年颁布的《审理编造、故意传播虚假恐怖信息刑事案件适用法律若干问题的解释》、《全国人民代表大会常务委员会关于维护互联网安全的决定》（2000 年）等等。

参考文献

1. 张文显. 法理学（第四版）[M]. 北京：高等教育出版社，北京大学出版社，2011.

2. 张文显. 法治中国名家谈 [M]. 北京：人民出版社，2014.

3. 国家司法考试辅导用书编辑委员会. 国家司法考试教材 [M]. 北京：法律出版社，2016.

4. 秦前红. 中国宪法读本 [M]. 北京：人民出版社，2015.

5. 周叶中. 宪法学（第四版）[M]. 北京：高等教育出版社，2016.

6. 姜明安. 行政法与行政诉讼法（第六版）[M]. 北京：北京大学出版社，2015.

7. 陈啸. 合同法一本通——《中华人民共和国合同法》总成 [M]. 北京：法律出版社，2016.

8. 王利明，方绍坤，王轶. 合同法（第四版）[M]. 北京：中国人民大学出版社，2013.

9. 王利明，杨立新，王轶，陈啸. 民法学（第四版）[M]. 北京：法律出版社，2015.

10. 房绍坤，等. 婚姻家庭与继承法（第四版）[M]. 北京：中国人民大学出版社，2015.

11. 高明暄，马克昌. 刑法学（第七版）[M]. 北京：北京大学出版社，2016.

12. 吴汉东. 知识产权法（第五版）[M]. 北京：法律出版社，2014.

13. 杨颖秀. 教育法学 [M]. 北京：中国人民大学出版社，2014.

14. 张琦. 高等教育法规概论 [M]. 北京：首都师范大学出版社，2007.

15. 詹德强. 最新劳动争议处理实务指引：常见问题、典型案例、实务操作、法律参考 [M]. 北京：中国法制出版社，2015.

16. 李志明. 社会保险法配套解读与实例 [M]. 北京：法律出版社，2017.

17. 国务院法制办公室.《中华人民共和国治安管理处罚法》注解与配套（第三版）[M]. 北京：中国法制出版社，2014.

18. 法律出版社法规中心. 道路交通安全法注释全书：配套解析与应用实例 [M]. 北京：法律出版社，2015.

19. 杨立新. 侵权责任法 [M]. 北京：北京大学出版社，2014.

编写说明

党的十八届四中全会明确指出："坚持把全民普法和守法作为依法治国的长期基础性工作，深入开展法治宣传教育，引导全民自觉守法、遇事找法、解决问题靠法。"大学生作为一个特殊群体，在同龄人中具有相对较多的知识、较高的学历，以及更多的、更好的人生发展空间，其思想和言行在社会中受到较多的关注，因而大学生的法律意识和法治观念以及对法律的践行与传播，对增强全民法治观念、推进法治社会建设有积极的作用。

为了普及大学生的法律知识，提高大学生的法律意识，增强大学生的法治观念，使其成为社会主义法治的忠实崇尚者、自觉遵守者、坚定捍卫者，我们根据大学生的特点和需要，结合落实"四个全面"战略布局对优秀人才的要求，编写了这本《大学生法律知识读本》，作为对大学生进行法治教育的补充读物。

本书由徐科琼担任主编，负责统稿并编写第一章、第二章和第五章；杨莉担任副主编，负责编写第四章和第六章，康玉负责编写第三章。本书的内容不是简单的法律知识汇编，而是对各类法律法规进行梳理、归类，选取与大学生密切相关的法律基础知识和法律法规，包括大学生日常生活、学习、交往、工作、就业、创业等过程中常用的法律知识，以及与高等教育相关的法律法规。要让大学生通过学习养成遵纪守法的行为习惯，能运用法律维护自己的正当权利。

我们在编写过程中参阅了大量的相关资料，特向有关的专家、学者表示诚挚的感谢。本书的内容和编排如有疏漏、不当、不完善之处，敬请读者批评指正。